兰州大学110周年校庆纪念文库

深度学习视域下
MOOC 学习活动设计的理论与实践

崔向平 著

科学出版社

北京

内 容 简 介

新媒体联盟《地平线报告》（2016 高等教育版）将深度学习能力作为衡量学习效果的重要标尺。在 MOOC 学习环境下，对学习活动进行有效设计成为促进学习者深度学习的一种手段。因此，本书借助与兰州大学合作的 MOOC 平台和本书作者建设的“大学信息技术基础” MOOC，从促进深度学习视角出发，在基于设计的研究范式下，综合运用内容分析法、扎根理论研究方法、准实验研究法和行动研究法等研究方法，梳理 MOOC 学习活动的存在形式，构建深度学习视域下 MOOC 学习活动设计理论框架，并开展实证研究。本书兼具科学性、创新性、理论性和实践性，探究深度学习视域下 MOOC 学习活动设计的理论和实践方法，提供 MOOC 学习活动设计、实施与效果评价等方面独特的方法和手段，给 MOOC 学习活动设计以系统深入的理论指导。

本书适用于在线教育机构、高校网络教育学院、高校及中小学 MOOC 主讲教师，MOOC 学习活动设计者，以及 MOOC 及深度学习研究者。

图书在版编目（CIP）数据

深度学习视域下 MOOC 学习活动设计的理论与实践/崔向平著. —北京：科学出版社，2019.11

（兰州大学 110 周年校庆纪念文库）

ISBN 978-7-03-062945-6

Ⅰ. ①深…　Ⅱ. ①崔…　Ⅲ. ①网络教学-研究　Ⅳ. ①G434

中国版本图书馆 CIP 数据核字（2019）第 242364 号

责任编辑：陈　静　陈　琼 / 责任校对：杨聪敏

责任印制：吴兆东 / 封面设计：时代世启

科学出版社 出版

北京东黄城根北街 16 号

邮政编码：100717

http://www.sciencep.com

北京中石油彩色印刷有限责任公司 印刷

科学出版社发行　各地新华书店经销

*

2019 年 11 月第　一　版　开本：720×1 000　1/16

2019 年 11 月第一次印刷　印张：13 1/4

字数：246 000

定价：82.00 元

（如有印装质量问题，我社负责调换）

作 者 简 介

崔向平，1978 年 11 月出生，汉族，甘肃白银人。教育技术学博士，师从南国农先生。兰州大学副教授，硕士研究生导师，美国俄亥俄州立大学访问学者。主要从事高等教育信息化、信息技术教育应用、在线教育及数字化学习等方面的研究。主讲兰州大学 MOOC“大学信息技术基础”和“Blockly 创意趣味编程”。主持 2018 年度教育部高等教育司产学合作协同育人项目、2017 年度教育部人文社会科学研究青年基金项目、2016 年度甘肃省哲学社会科学规划项目及 2016 年度中央高校基本科研业务费专项资金项目等。在 CSSCI 来源期刊发表学术论文十多篇，主编教材三部。作为课程负责人并主讲的“大学信息技术基础”MOOC 在 2019 年度“MOOC 中国杯优质在线教育课程资源评优”活动中荣获“优秀课程教学组织奖”银奖。

序

萃英立根本，昆仑写精神。2019年9月17日，兰州大学将迎来110周年校庆。百十年来，一代代兰大人与国家、民族同呼吸、共命运，屹立西部大地，蕴育时代精英，为世界、为祖国培养了一大批活跃在各行各业的优秀人才，有力地支持了国家特别是祖国西部地区的建设发展。

长期以来，兰州大学始终坚持正确办学方向，落实立德树人根本任务，立足地域特色，发挥科研优势，深度融入参与国家发展战略，主动对接服务地方经济社会发展，“将论文写在中国大地上”，赢得了国内外的广泛认可；熔铸成以“自强不息，独树一帜”为核心的兰大精神，形成了“勤奋，求实，创新”的良好学风，探索走出了一条在西部地区创办高水平大学的成功之路，为中国高校扎根祖国大地创办世界一流大学提供了重要借鉴。

值110周年校庆之际，我校策划组织出版《兰州大学110周年校庆纪念文库》，旨在展现奋战在教学科研一线的兰大人的家国情怀、理论思考和学术积累。丛书作者中有致力于教书育人的教学名师，也有在科研一线硕果累累的科学大家，更有长期坚守在教学科研一线、受学生爱戴的“普通”教师。丛书内容丰富，涵盖理、工、农、医、人文、社科等诸多学科，其中观点颇多见解。恕我才识单调，难以一一点评。在此，谨付梓以供学界参考指正。

新时代新起点，所有兰大人将汇聚成推动兰州大学事业蓬勃发展的强大合力。面向未来，全体兰大人将继续坚守奋斗，以矢志不渝的信念、时不我待的精神、担当奉献的情怀投身中国特色世界一流大学建设，为实现中华民族伟大复兴贡献兰大力量！

是为序。

2019年3月26日

前　言

“互联网+”时代的到来，特别是 MOOC（慕课）的兴起，带来了新的教育生态，打破了学习的时空限制，实现了优质教育资源的共享，重塑了学习方式和思维方式。MOOC 不只提供优质资源共享，更多的是为学习者提供完整的教学服务，这就需要对 MOOC 中的学习活动进行精心的设计和有效的组织，以便更好地促进学习者的在线学习。然而，随着 MOOC 教学实践的深入开展，忽视学习活动设计、学生参与度不够、缺乏针对性指导等问题也开始凸显。这些问题导致学生还停留在浅层学习的层次，缺乏主动探究、批判理解、知识迁移以及解决实际问题的能力，即无法达到深度学习的层次。新媒体联盟《地平线报告》（2016 高等教育版）将深度学习能力作为衡量学习效果的重要标尺。在 MOOC 学习环境下，对学习活动进行有效设计成为促进学习者深度学习的一种手段。因此，本书借助与兰州大学合作的 MOOC 平台和本书作者建设的“大学信息技术基础”MOOC，从促进深度学习视角出发，在基于设计的研究范式下，综合运用内容分析法、扎根理论研究方法、准实验研究法、行动研究法等研究方法，梳理 MOOC 学习活动的存在形式及学习者需求，构建深度学习视域下 MOOC 学习活动设计理论框架，并开展实证研究。

本书探究深度学习视域下 MOOC 学习活动设计的理论与实践方法，主要的研究内容包括以下三个部分：

（1）梳理 MOOC 学习活动存在形式及学习者需求；

（2）构建深度学习视域下 MOOC 学习活动设计的理论框架；

（3）开展深度学习视域下 MOOC 学习活动设计的实践。

全书主要包含 5 章，对研究的过程和研究结果进行全面的阐述，具体内容如下。

第 1 章，绪论。从多个角度对 MOOC 的产生和发展进行全方位的梳理，对 MOOC 的发展现状进行详尽的介绍；同时对深度学习的现状也进行相应解读。

第 2 章，MOOC 学习活动的存在形式及学习者需求分析。通过对目前众多 MOOC 平台上的多个门类的 MOOC 进行分析和解读，采用扎根理论研究方法梳理 MOOC 学习活动存在形式的分类框架；进一步从学习者对 MOOC 学习活动形式的感知质量入手，获取学习者的感知因子，计算指标权重，最终形成 MOOC

学习活动形式的学习者需求。

第 3 章，深度学习视域下 MOOC 学习活动设计的理论。从方法论、模式论、环境论、效果论和管理论五个角度探讨深度学习视域下 MOOC 学习活动设计的理论，并构建深度学习视域下 MOOC 学习活动设计的理论框架。

第 4 章，深度学习视域下 MOOC 学习活动设计的实践。本章是对第 3 章构建的深度学习视域下 MOOC 学习活动设计理论框架在 MOOC 学习环境下的应用和验证，即在设计、实施、评价、反思与改进过程中不断改进活动设计的过程。

第 5 章，总结与展望，是对整个研究过程的归纳总结和展望。

本书得到了“兰州大学中央高校基本科研业务费专项资金资助”校庆学术丛书出版项目（项目编号：2019jbkyzx031）和广西科技计划项目（项目编号：桂科 AA17204096，桂科 AD16380076）的资助，是广西科技基地和人才专项“面向东南亚国家的汉语学习 MOOC 平台关键问题研究及示范应用”项目研究成果之一。

在本书研究的过程中，硕士研究生李东辉、陆禹文、赵冲、黄肖杰、张子豪和范博全程参与，在此对他们的辛劳付出表示感谢！本书理论部分是在参阅借鉴相关文献的基础上完成的，限于篇幅，所有文献未能一一列出，谨向所有涉及的作者表示感谢！另外，本书所用部分截图来自网络资源，版权属于原作者所有，在此一并致谢！

鉴于作者时间和精力的限制，本书只选择作者建设的“大学信息技术基础” MOOC 进行活动设计，并未广泛选取各学科领域课程进行活动设计，因此，对于构建的理论框架的推广性和普适性还需要进一步的验证。对于本书内容和案例存在的局限性，敬请各位专家、同行和读者批评指正。

崔向平

2019 年 6 月

目　录

第 1 章　绪　　论

1.1　MOOC 的相关研究

1.1.1　MOOC 的产生与发展

“互联网+”时代的到来，特别是大规模开放在线课程（massive open online course，MOOC）的兴起，带来了新的教育生态，打破了学习的时空限制，实现了优质教育资源的共享，重塑了学习方式和思维方式。“互联网+教育”的浪潮正在推进，MOOC 在互联网和知名大学的联合下，力争将各名校的优质教育资源共享至最边远的区域，以缓解高等教育领域的教育不公平现象。

1. MOOC 的起源

对于 MOOC 的起源，学术界尚有争论。但是对于 MOOC 的产生，最初起到明显促进作用的是由麻省理工学院 2001 年发起的开放课件运动，即向全世界免费开放学校的课件，让优质的学习资源为全球的学习者服务。而在麻省理工学院的 2000 多门在线课程向全球学习者免费开放后，2017 年课程总访问量竟突破 12.5 亿次。随后，斯坦福大学等世界知名大学也纷纷加入其中，开放教育资源运动的序幕正式拉开。

孟加拉裔美国人萨尔曼·可汗于 2007 年成立非营利性组织可汗学院，继开放课件运动后，在网站上利用十分钟左右的微视频讲解不同学科的内容，并为网友答疑解惑。慢慢地，这一组织在得到认可的同时，也更进一步地促进了开放教育资源运动发生革命性的变革。

2008 年，加拿大学者科米尔（Cormier）和美国乔治城大学的亚历山大（Alexander）共同提出 MOOC 这一术语，并紧接着将这一术语用于描述由西蒙斯（Siemons）和唐斯（Downs）联合开设的课程“Connectivism and Connective Knowledge”，这是 MOOC 第一次运用于实践的教学活动[1]。随后，斯坦福大学于 2011 年开设的“人工智能导论”课程的选课人数超过 16 万人，且学习者分别来自 190 个国家，最终 20000 余名学习者完成了该课程的学习。这一惊人的数字引起了人们对于 MOOC 的广泛关注。MOOC 这一术语出现后，在我国最早被华南师范大学的焦建利教授翻译为“慕课”，而且在国内得到了认可。

2012 年注定是 MOOC 发展史上不平凡的一年。这一年，Udacity 平台、Coursera 平台以及 edX 平台创建和形成，它们共同构成了三大 MOOC 平台，美国的《纽约时报》称 2012 年为“MOOC 元年”，从此引发了全球高等教育领域的教育变革，网络教育开启了大规模的开放时代。

2. MOOC 的内涵

关于 MOOC 的内涵，不同学者持有的观点略有不同。王永固和张庆[2]认为，MOOC 是由具有分享和协作精神的个人或组织发布的、散布于互联网上，以增强知识传播为目的的开放课程，它是一种新型的在线课程模式，无人数、时间和地点等条件的限制，学习者可以通过互联网免费获取相应的课程材料。而维基百科于 2015 年 5 月 10 日将 MOOC 定义为一种通过开放教育资源形式而发展来的，满足于大众人群通过网络进行学习的在线课程[3]。

要了解 MOOC 的内涵，笔者认为应该先通过表 1-1 掌握其字义。

表 1-1　MOOC 的字义

字母	含义
M	massive，意为大规模的，指学习者的数量，一门课程的学习者常以数万人计
O	open，意为开放的，指任何学习者可在注册后免费（或低成本）地进行学习
O	online，意为在线的，强调学习者是通过在线的方式进行学习的，学习活动是通过远程的方式完成的
C	course，意为课程，强调 MOOC 具有完整的课程结构，课程内容是完整的

在了解字义的基础上，结合国内外学者对于 MOOC 内涵的理解，可以认为 MOOC 是一种创新知识的平台，也是一种由开放教育资源和学习支持服务相结合的教育范式，所有的教学过程借助互联网技术实施，来自全球的学习者可以利用网络满足其学习需求[4]。

毫无疑问，究其内涵，MOOC 不仅仅是一类简单的大规模在线课程，更是学习者借助学习资源主动加工知识的平台，在利用讨论区等形式完善其交互性能的同时，以其“将世界上最优质的教育资源传播到地球上最偏远的角落”的宗旨，引发教育形式的革新，引领全球网络教育向开放化发展。

3. MOOC 的特征

1）大规模

大规模是 MOOC 的首要特征，主要体现在学习者人数规模之大、交互规模之大以及学习数据之大三个方面。

首先，在学习者人数方面，物理空间和师资数量限制了传统课堂的教学规模，而 MOOC 的学习者容纳量要远远大于前者。起初，在 MOOC 最早出现时，其一门课程的学习者人数就达千人，甚至有些课程的学习者人数超过 15000 人[2]。同时，MOOC 由于课程资源的设计与制作、在线答疑以及运行维护方面也需要大量的人力资源，一般情况下，不同的课程由相应的团队负责开发。因此，在课程本身的设计开发过程中，MOOC 所需的人力规模要比传统课堂教学大得多。

其次，在交互方面，MOOC 学习过程中，针对学习者在讨论区提出的疑问和困惑，课程助教对在线学习者的提问进行答疑以及学习者在讨论区已有话题或自行发起话题后的讨论交流，都是数千万人参与的交互，从而产生了大规模的交互。

最后，学习者的大规模参与以及课程的大规模交互，使得 MOOC 平台产生了课程学习的大数据，课程团队及平台工作人员利用该学习数据就学习者的学习行为等方面展开学习分析，在适当调整课程本身的结构和内容的同时，MOOC 平台也可完善其学习支持服务。

2）开放性

MOOC 的第二大特征是开放性，郑依萌[5]认为，MOOC 的开放性是儒家学派“有教无类”思想的最佳阐释和最直接的体现。MOOC 的开放性主要体现在学习时空的开放化和学习对象的开放化两方面。

互联网技术的飞速发展打开了 MOOC 学习时空的开放化发展之门。在学习 MOOC 时，学习者可利用智能手机、iPad 以及笔记本电脑等移动学习设备在任何时间、任何地点进行学习，摆脱了传统的物理学习环境所致的学习时间和空间的限制。

学习对象的开放化是 MOOC 吸引大量全球范围内学习者并得以快速发展的原因之一。MOOC 将全球学习者作为其课程学习对象，允许学习者免费学习课程，且与课程相关的资源和服务都是免费开放的。学习者只用在需要申请认证证书时缴纳相应的费用即可。

此外，国内外 MOOC 平台的开放，不仅是教育开放化发展的体现，更是全球知识共享时代的标志。学习者不受其身份的限制，根据自己的学习需求，可以在各大开放的 MOOC 平台进行学习，全球各大知名高校的优质资源对于 MOOC 学习者而言是开放的。

3）在线化

在线化是 MOOC 的第三大特征，主要体现在在线学习环境、学习者个体在线学习的方式以及在线的课程知识三个方面。

首先，在线学习环境是 MOOC 赖以生存和发展的必要前提，MOOC 的学习资源是通过在线的方式生成与传输的，学习者的学习活动和学习过程中的交互都是在在线学习支持服务和工具的支持下得以实现的。

其次，MOOC 的学习者个体采用在线学习的方式，在此过程中，学习者在利用社交媒体工具构建个体的社交网络和知识网络的同时，其知识网络在同化和顺应两种认知机制的牵制下得到更新，进而实现在线学习的学习效果[6]。

最后，课程的知识表征形式也是通过在线手段实现的。MOOC 学习者、教学者、社交媒体、学习资源和学习支持服务相互交叉形成了一个分布式知识库系统，课程知识以片段的形式散布于该知识库系统的各个节点中。

正是这种在线化的特征和发展趋势，将在线课程推向现代网络教育的高潮。MOOC 的在线化特征不仅是 MOOC 开展及学习的形式，更代表了网络教育发展的新阶段，即在线教育。伴随着互联网技术及人工智能技术等现代信息技术的飞速发展，MOOC 的在线化必将更全面、更广泛。

4）个性化

个性化是 MOOC 的第四大特征。个性化学习是当今主流的学习理念之一，相比于传统课堂教学，MOOC 更能够帮助学习者实现个性化学习。MOOC 的个性化主要体现在学习者学习内容和节奏的个性化、MOOC 平台学习支持服务的个性化和学习情景的个性化三大方面。

首先，学习者在 MOOC 平台学习，其学习内容和学习的方式方法、节奏等均由学习者自己选定。学习者不仅可以根据其学习需求选择相应的课程内容进行学习，还可以根据自己的认知风格和已有知识水平决定其课程修读的步骤与节奏，在自主学习方面，实现了学习者的个性化学习。

其次，MOOC 平台可以利用协同过滤推荐技术进行数据分析，依据学习者的个人档案及学习行为，为其推选可能感兴趣的课程，且支持学习者个人创建个性化的学习方案。

最后，无论是传统课堂教学还是在线教育，学习情景都是不可或缺的要素之一。MOOC 平台内部嵌入了个性化的学习情景，学习者可以进行基于情景的个性化学习[7]。学习者在利用移动终端设备进行学习的过程中，不仅摆脱了传统课堂时空的束缚，而且将学习内容与学习情景灵活地融为一体。

5）参与性

除 MOOC 外，视频公开课、网络精品课程和精品资源共享课同样是在线教育的不同形式，毫无疑问，MOOC 与这三者都是网络优质课程资源的共享，但是 MOOC 在参与性方面有别于上述三者，MOOC 中学习者与教师均需参与在线课程教学活动以完成课程教与学的全过程。

首先，在教学方法及教学活动方面，MOOC 与上述三类课程不同。学习者利用 MOOC 进行学习，除观看课程教学的视频资源外，还需在 MOOC 平台在线进行测试、讨论、答疑、作业提交与互评以及申请证书等学习活动。

其次，借助互联网的自动追踪和记录功能，MOOC 平台将学习者在课程学习过程中的学习行为进行记录并保存，并利用数据分析与挖掘技术探究其间的规律。形成性评价结果生成后，反馈给学习者与教师，以供作为学习者个性化学习和教师课程改进与反思的指导性材料。

4. 以 cMOOC 与 xMOOC 论 MOOC 的分类

Lane 认为，完整的一门 MOOC 应该包括内容、社交网络以及任务三部分，而且这三部分在设计方面的侧重点不同，因此可以把 MOOC 分为基于内容的 MOOC、基于社交网络的 MOOC 和基于任务的 MOOC 三类[8]。

从理论层面对 MOOC 进行分类，李青和王涛[9]将 MOOC 分为讲授主义的 MOOC、认知主义的 MOOC、建构主义的 MOOC、社会建构主义的 MOOC 和联通主义的 MOOC 五类。但是学术界更认可以学习理论为基础对 MOOC 进行分类，将 MOOC 分为基于联通主义的 MOOC 和基于行为主义的 MOOC，即 cMOOC 和 xMOOC。

1）基于联通主义的 MOOC——cMOOC

基于联通主义的 MOOC（connectivist massive open online course，cMOOC）起源于西蒙斯与唐斯开设的 CCK08 课程，以西蒙斯 2005 年所提出的联通主义理论为理论基础[10]。联通主义认为知识间的联结是动态的、网络化的，而学习便是连接节点和信息源的过程。cMOOC 作为 MOOC 中的一类，它具有如下特点。

首先，cMOOC 的理论基础是联通主义，以参与者共享资源、创建知识为目标，让学习者根据自己的兴趣爱好自发地进行学习。此时，学习者不仅需要对学习的相关主题有一定的认识和了解，还需要有一定的自制力和自控能力。

其次，cMOOC 是一种以对应主题为基础、为学习者提供非结构化学习资源的课程模式。课程组织者为学习者所提供的非结构化学习资源是围绕确定的主题进行设计和选取的，并将该主题作为连接知识和创作之间的起点。这些资源主要为学习者建立一个学习通道，旨在帮助学习者找到课程学习的“路径”，并对学习内容进行“意义建构”[11]。学习者在开始课程学习后，需要利用给定的学习主题与伙伴展开讨论和交流，并就自己已掌握的该主题相关知识进行分享，在分享的过程中，学习者能够获得其他学习者分享的知识，并通过这种知识的联通来充实个人已有知识并构建新的知识，进而完善个人的知识网络。

此外，由于课程自身是开放且动态变化的，类似于讨论交流等交互活动所发生的场所不能过于单一。cMOOC 整合了多种社会性网络软件，因此其师生关系在平等的基础上也在动态变化，无论是课程的组织者还是课程的学习者，都是课程的参与者，每个参与者在感兴趣的主题下讨论交流、共享知识，并在分享交流的过程中延伸自己的知识网络，习得新知。每个人既可以看作课程的组织者，也可以看作参与课程的学习者。尽管课程组织者最终组织课程测评，但这种测评是对学习者在学习过程中积极参与讨论交流、共享等行为的肯定，有别于传统教育过程中的分数。

cMOOC 也有其自身无法克服的局限性，学习者可能存在基础薄弱且彼此之间的信任度低等问题，导致其间难以建立起协作关系。同时，学习者之间的认知水平、文化背景及学习兴趣方面的差异容易导致其中途放弃学习。也正是这些局限性导致 cMOOC 并没有迅速发展起来。

2）基于行为主义的 MOOC——xMOOC

基于行为主义的 MOOC（mechanical massive open online course，xMOOC）以行为主义学习理论为理论基础，是与传统学历教育相似的一种新型发展形式[12]。它侧重于学习者对于教学内容的掌握情况，而非知识的生成。与 cMOOC 进行比较，可以总结出 xMOOC 具有如下主要特点。

首先，xMOOC 是以行为主义学习理论为理论基础的，行为主义认为学习是行为习得的过程，知识的学习可以通过练习和强化来完成，更偏重于知识内容的传授，通常将利用给定的学习资料掌握学习内容为主要学习目标。

其次，在课程的设计开发方面，xMOOC 主要以视频、作业、测试等方式来完成知识的传播与复制，其教学主体框架与传统课程基本相同。学习者无须很多相关性知识即可开始一门课程的学习，但是在学习过程中需要根据课程进度参考相关资料以拓宽其知识面。学习者在课程学习过程中可以随时加入或退出课程，具有较强的自主选择性。但是，学习者只有在规定时间内参与课程活动并完成作业后才能获得结业证书[8]。

除此之外，xMOOC 中授课教师在整个课程中的主导作用十分明显，因为 xMOOC 中的授课教师都是相当权威的各学科领域内的专家。除课程的学习视频等资源受教师主导外，课程讨论区随时面向全体学习者开放，讨论区与论坛是学习者之间随时可以讨论交流的地方。此外，很多课程按地区成立了线下课程学习讨论组，线上线下相结合形成混合学习模式。讨论区和论坛中参与积极的学习者在课程学习过程中一般较为活跃，课程团队的教师及助教会对讨论区中的问题汇总分类后进行答疑，而对于常见问题，他们会预先给出答案。讨论区较为开放，学习者可以就学习主题进行讨论，各抒己见。

最后，课程结束后，学习者获得证书的前提是参与课程活动并完成了相应的作业和测试，且达到课程合格标准。课程中的作业批阅主要是以互评的方式展开的。依据课程团队给出的评价标准，学习者之间进行互评。在测试环节，题目大多是可多次测试的客观性题目，但是学习者在参加测试前需签写测试信用保证书，当前测试环节主要是以学习者的诚信为基础的。除头像验证等方法外，在考试作弊的监督方面尚缺乏较好的解决方法，很大程度上靠学习者的自觉性。而对于需要由高校认定学分的课程，在考试标准方面相对而言是比较严格的。学习者只有在缴纳一定的考试费用后才能在与高校合作的 MOOC 平台参加测试，测试合格后才能获得课程证书，方可获得相应学分。

1.1.2　国外 MOOC 的现状

1. 美国

作为 MOOC 的发源地，美国现在有多家 MOOC 机构，最著名的 Coursera、Udacity 和 edX 三大平台被誉为 MOOC 领域的“三驾马车”。除此之外，还有可汗学院、Udemy 等 MOOC 平台[13]。

1）Coursera

Coursera 平台（http://www.coursera.org）属于由斯坦福大学计算机学者吴恩

达和达夫妮·科勒于 2012 年 7 月 17 日共同创立的 Coursera 公司，该公司利用网络技术和视频技术为全球学习者提供免费的在线视频课程。斯坦福大学、加州理工学院、密歇根大学等诸多全球知名综合性高校也加入了 Coursera 公司的在线课程项目。

首先，Coursera 平台不仅支持用计算机学习，还支持利用 iOS 或 Android 系统的移动设备进行学习，课程有固定的开放时间且支持 14 门语言，课程学习合格后可免费获得证书，但是认证证书是收费的[14]。其次，为了使视频观看起来更流畅，Coursera 平台与网易公司合作，将课程的视频镜像放在了中国，且该平台的中文版可以降低对学习者英语水平的要求。此外，Coursera 平台强大且丰富的功能支持较强交互，且在提交作业方面，学习者除协作学习外的任务均需由自己独立完成，在提交作业前需签写诚信保证书。由此可见，该平台的课程更适合学习者进行自主学习，而且对学习者的自律性要求较高。

截至 2017 年，Coursera 平台的合作伙伴已有 146 个，分别来自 29 个国家，总共提供的课程量达 1836 门，且该平台对中国用户已经开放了中文版主页。图 1-1 为 Coursera 平台中文版主页。

图 1-1　Coursera 平台中文版主页

2）Udacity

与 Coursera 相同，Udacity 也是由斯坦福大学的教授所创办的一个营利性机构，但它与 Coursera 的不同之处体现在与名校间未形成联盟。Udacity 平台以促进高等教育的大众化为建设目标，目前已开设计算机类、数理类以及商务类等各学科门类的数百门在线课程。尽管课程的数量不多，但是每一门课程都是经过精心细化地设计后开发的，包含数个学习单元，而每个学习单元中又包含由针对性练习以及可打印式的笔记等构成的知识块。

除此之外，Udacity 平台还为学习者提供免费的就业匹配计划，根据招聘公司的要求，由该平台负责将学习者的简历及成绩单等资料发送至 Facebook、Twitter、Google 以及美国银行等合作公司。

起初，Udacity 平台的课程并不收费，学习者可根据自己的需求来选择性地参加收费的认证考试，平台的盈利主要来自为毕业生介绍工作所收取的信息费。2013 年，Udacity 平台的模式发生了变化，由最初的免费课堂模式转向提供专业的在线培训模式。当前，Udacity 平台已经将中心转移至科技类职业的职前培训方面，为科技类专业的毕业生提供在线课程。

就课程而言，Udacity 平台的课程学习更自由，无固定的开课日期，课程学习进度取决于学习者本人。此外，该平台的课程从公司项目的角度设计，可以帮助在职人员较快地晋升职位。但是，Udacity 平台的不足之处在于其课程只支持英文一种语言，就移动学习设备而言，仅支持 iOS 系统的设备，且平台只有英文版本。但中国用户访问该平台（http://www.udacity.com）时，可直接定位至优达学城。图 1-2 为 Udacity 平台中文版（优达学城）主页。

图 1-2　Udacity 平台中文版（优达学城）主页

3）edX

2012 年 5 月 12 日，edX 作为非营利性的在线教育机构由哈佛大学和麻省理工学院的教授共同创建，该机构为全球学习者提供哈佛大学、麻省理工学院、清华大学、北京大学等全球顶尖级知名高校或机构的 MOOC，并且致力于打造全球范围内最高知名度、最高含金量的在线课程。2017 年，该机构已经有 58 个子机构并且开设了近 1000 门涵盖理学、社会科学等多个学科类别的课程。此外，该机构还对课程依据欢迎度进行分类，使得课程类型更加多样化。

edX 为全球范围内的学习者提供免费的在线课程，机构属性更像是与其合作的全球顶尖级知名高校的实验基地。为了保证学习的质量，该机构采取混合式教学并通过为学习者提供电子版教材来帮助学习者更灵活地完成课程学习。在课程证书方面，学习者在 edX 平台学完一门课程后即可获得相应的结业证书，edX 为学习者提供指定荣誉代码和验证证书两类证书，两类证书上都有 edX 及学校名称。但遗憾的是，由于该机构仅允许在 YouTube 上观看其教学视频，所以在中国部分地区教学视频资源无法播放。

汇集诸多名校的教学内容，利用各学校所提供的在线学习工具，edX 可以让全球学习者利用机构网站学习名校课程。由视频教学片段、测验、学习实时反馈、答疑、讨论区等部分组成的在线开放资源学习平台是 edX 的一个实验室，从该平台获取数据后可以研究学习者如何学习，并对其学习行为进行分析。同时，edX 平台的技术是开源的，这就为全球其他高校提供了范型，以支撑其研发自己的在线教育产品。图 1-3 为 edX 平台（https://www.edx.org）的主页。

图 1-3 edX 平台主页

4）可汗学院

由孟加拉裔美国人萨尔曼·可汗创建的可汗学院是除美国 MOOC 的“三驾马

车”外的另一大非营利性的教育组织。作为美国重要的 MOOC 平台之一，可汗学院利用网络影片免费进行授课，该机构以加快全体学习者的学习速度为主要使命，开设课程涵盖数理、文学、天文等领域。图 1-4 为可汗学院主页（https://www.khanacademy.org）。

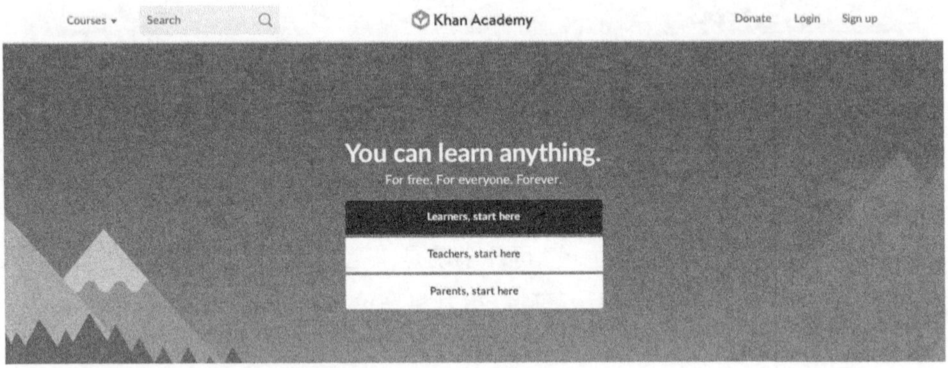

图 1-4　可汗学院主页

在技术方面，可汗学院充分利用网络传输的快捷性和录制影片可重复使用的低成本性，将每段课程从最基础的内容到难度较大的内容进行衔接，尽管使用这种进阶的衔接方式，但是每段课程影片的长度仅在 10 分钟左右。在课程视频中使用电子黑板系统，教师不必出现在影片中。此外，可汗学院还设计开发了专门的练习系统，用来记录每个学习者对相应练习的完成情况，以供教师参考并发现学习者存在的问题。与传统课堂相比，可汗学院的最大优势在于学习者掌握后续学习过程中能用到的基本知识点后，继续进阶进行学习，并根据前期练习系统中的记录结果以及学习进度重新进行班级编排。

在教学方式方面，可汗学院的教师主要利用触控面板进行教学，他们选用不同色彩的笔边书写边录音讲解，并将自己在触控面板上所写的东西全部录制下来，结束后以影片的形式上传至网络。在视频中，教师并不出现，以此来激发学习者的思考。

教学影片极高的点击量使得可汗学院及可汗本人倍受欢迎。可汗学院在 2009 年获得“微软技术奖”中的教育奖，在 2010 年分别收到了来自比尔·盖茨夫妻 200 万美元的慈善基金和 Google 公司 200 万美元的赞助金。在收到赞助金后，可汗学院招聘了一些助理并将其已有的课程视频翻译为汉语、西班牙语、俄语等多国语言。图 1-5 为可汗学院的中文版页面。

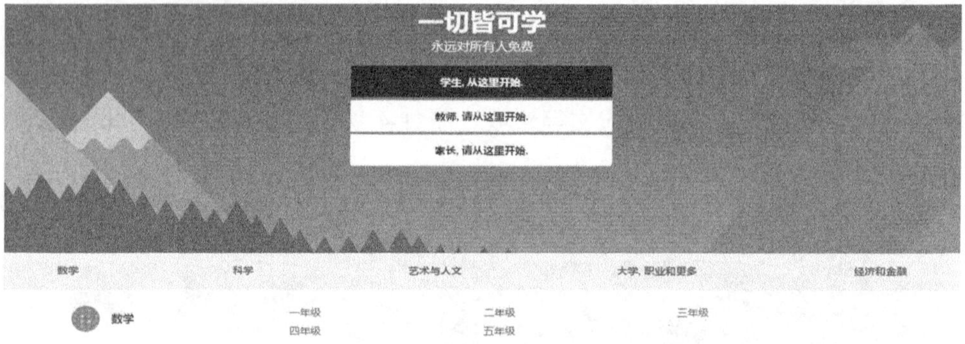

图 1-5　可汗学院中文版页面

作为在线教育的领头军之一，可汗学院是“互联网+教育”实践的产物和典范。它不仅依托教育技术学理论基础，更是将理论与实践融合的产物[15]。

2. 英国

21 世纪初，互联网技术发展迅猛，其应用领域逐渐扩大。在美国创办 Coursera 以及 edX 之后，英国开放大学于 2012 年底成立了第一个英国 MOOC 平台 FutureLearn（未来学习），该平台主要由英国开放大学的下属公司管理和经营。2013 年 9 月，FutureLearn 平台与英国 12 所知名高校合作发布了第一批课程，课程数量多达 12 门。据统计，当时在该平台注册的在线学习者来自 160 多个国家[16]。

英国推出 FutureLearn 平台主要是为了顺应技术发展带来的教育变革，并保留英国教育在全球教育界的重要地位。在 FutureLearn 成立之前，全球各国多所知名高校纷纷加入了 Coursera 平台并与其合作发布课程，而当时英国只有伦敦大学和爱丁堡大学两所高校与 Coursera 平台合作。出现这一格局的原因主要在于英国在线教育的发展速度较为缓慢，且在线学习者对于英国传统教育的青睐度并不高，与众星捧之的美国在线教育相比，英国的 MOOC 很少能让在线学习者对英国教育有清楚的了解。这一现状直到 FutureLearn 成立后才得以改变，伴随着 FutureLearn 的发展，一些世界知名高校纷纷开展与 FutureLearn 平台的合作。

FutureLearn 平台的持续发展必然离不开盈利，但是怎样营利成了 FutureLearn 团队管理人员的困惑。与 Coursera 等其他平台一样，FutureLearn 平台管理人员认为在为学习者提供免费课程学习机会的同时，应保证其良好的学习体验，在此基础上为在线学习者提供推荐学习资料及软件，为其个性化学习提供学习支持服务的增值性项目，以此来增值。

在合作方面，除了与高校之间的合作，FutureLearn 平台为了丰富其课程内容，更好地调节学习者的学习进度，其合作伙伴增加了英国影视学院、大英博物馆等国家级机构。

就平台而言，传统的公开课程中，在线学习者可以随时随地下载并观看课程视频，但是由于学习者缺乏自制力，课程整体的学习效果较差。自美国的 Coursera 平台以及 edX 平台成立后，就对学习者采取固定上课时间、要求参与课程规定的测验、考试等方式，这样使得学习者的课程学习效果有了明显的提升。但是仍有新的问题出现，即这样严格的关卡把控监督使得在线学习者的课程完成率低至10%左右。

FutureLearn 的“Keep it simple”轻量化设计理念很好地平衡了上述的两个极端，即“尽量简洁”。除了界面的设计简洁大方，FutureLearn 平台中对课程页面进行分类，包括 To do（待完成）、Activity（活动）、Replies（回复）以及 Progress（进度）四大板块。例如，当进入某课程的 To do 板块后，课程页面就切换到视频教程及文字介绍共同组成的页面，该板块将 FutureLearn 平台中视频区与讨论区结合在一起，为在线学习者的学习和交流都带来了很大的便利。

在线学习者在 FutureLearn 平台完成课程学习后，需要参加考试来取得课程结业证书或付费申请课程修读证书（Statement of Participation），这一考核方式也是该平台盈利模式的直接体现，但是目前该平台的在线课程结业证书的学分还没有获得高校承认。

FutureLearn 是英国在线教育发展的标志之一，它不仅与高校之间合作，保证了课程的数量和质量，还与英国文化交流协会等非高校的机构之间合作，从而使得其发展过程中获得了社会性的保证和支持，并开始用新的角度去阐释教育，推动英国教育的发展。作为国际性的在线教育平台，FutureLearn 的合作高校不仅来自英国，还有澳大利亚、爱尔兰等国家，未来将会有更多全球知名高校加入其中，共同推动在线教育的发展。

3. 澳大利亚

2013 年 4 月，澳洲开放大学联盟（open universities Australia，OUA）推出 Open2Study 平台，这一免费的在线学习平台是澳大利亚 MOOC 平台，在成立后不到半年，平台推出的课程数量超过 50 门，注册的在线学习者人数近 9.4 万人。令人惊讶的是，这些课程的完成率竟接近 25%，这样的在线课程完成率在全球范围内都是很高的。图 1-6 为 Open2Study 平台主页（https://www.open2study.com）。

图 1-6　Open2Study 平台主页

OUA 的前身是 1993 年由格里菲斯大学、皇家墨尔本理工大学、南澳大学以及科廷大学等七所澳洲的高校合作创立的通过网络授课的远距离课程，即 Open Learning Agency of Australia Pty Ltd，简称 OLAA。OUA 的学习者主要来自于澳大利亚，该联盟同时也吸引了全球各地的学习者，2017 年，其在线学习者的数量已超过十万人。

OUA 推出 Open2Study 平台不仅是为了提高教学质量，更多的是期望能够吸引 Open2Study 平台上的在线学习者来选修 OUA 的付费课程，但是目前从 Open2Study 平台转向 OUA 的在线学习者数量并没有达到最初的期望值。

Open2Study 平台课程最大的特色在于多为入门型课程，学习周期较短，一般为 4 周左右，这样的设计使得学习者对于各个领域的核心概要都能够很快有一个初步的理解，进而激发其对新领域知识学习的兴趣。该平台的课程涵盖自然科学、人文艺术、商务以及财经等 7 个领域，且这些课程多为实务类课程。

此外，为了调动在线学习者参与课程的积极性，Open2Study 平台为其课程设计了 10 余种的勋章，且用不同颜色的小图标来表示不同的课程大类，如绿色的小图标代表自适应课程，而橙色的小图标则代表推荐课程。学习者完成课程讨论或绑定社交媒体即可获得相应的勋章，所获得的勋章将在用户档案中与个人信息一同保存。

学习者不仅可以在个人主页查看自己所获取的勋章，也可以看到同伴的勋章收集情况，这样就能激发学习者去收集更多更完整的勋章，进而调动了其参与课程的积极性。这种与同伴互比的心理使得在线学习有了游戏化的成分，使得 MOOC 的学习变得更加有趣。

4. 德国

2013 年 10 月，由德国人开发的 MOOC 平台 iversity 在柏林正式推出，作为免费的 MOOC 平台，由于该平台在欧洲地区的领先性，故称作欧洲的 Coursera。就其名称而言，iversity 中字母“i”代表互联网，即“Internet”，而其名称的后半部分“versity”截取自“university”一词，因而 iversity 为网络大学之意。

除与高校以及企业之间合作外，iversity 平台更倾向于和部分教授之间合作，这一点是其与美国的 MOOC 平台之间最大的差异，iversity 平台对高品质的追求体现了德国人一丝不苟的精神。平台中的课程主要涵盖哲学、医学、经济以及设计等学科领域，且课程以英语授课和德语授课为主。由于该平台的课程是面向世界各国征集的，所以其教师也是来自于世界各国的高校、科研院所以及设计研究院等机构，且该平台的教师会通过举办线下聚会来为学习者的学习提供便利。图 1-7 为该平台的主页（https://iversity.org）。

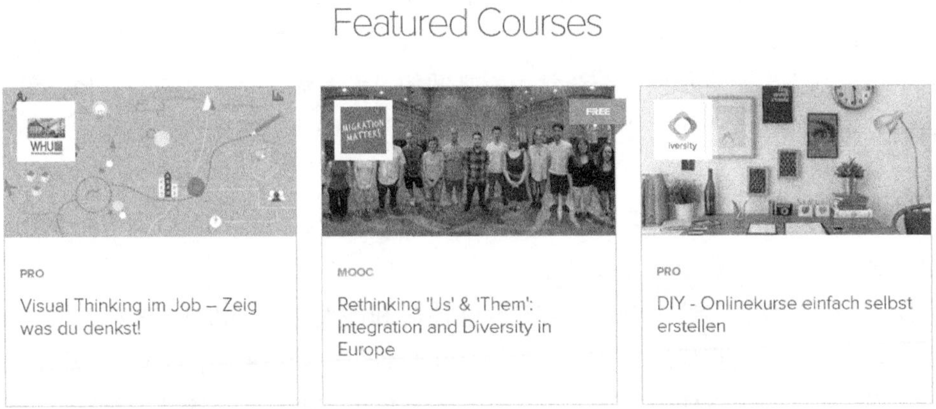

图 1-7 iversity 平台主页

iversity 平台的课程与其他 MOOC 平台的不同之处在于课程测验方面。iversity 的课程中，测验被安排在视频课程的前面，以便于在线学习者带着测验过程中遇到的问题进行学习。在课程的视频下方同时有课件、拓展资料以及话题区（讨论区）。在话题区，在线学习者可以自由地发表其见解或者直接进行提问，且对于话题区的讨论帖，学习者可以点赞以示赞同，这样一来，使得学习者的学习动力有所提高。

5. 日本

与其他国家相同，日本在线教育的发展也依托于自己的课程平台，即 school。该平台是以“经商技能”、“创新创业”以及“IT 与科技”等关键词为主题开设课程，以此来吸引上班族作为学习者的在线教学平台。school 平台中的讲师数目已高达百人，而且这些讲师都是来自各大领域的名人，他们为平台录制的课程影片长度在 1 小时左右。

school 平台与 2014 年 2 月设立的“live 教学”于每天晚上 7：30 至 10：30 进行。该教学项目学习者的参与活跃度很高，其日均观看频次达 1000 人次，最高纪录为 4000 名付费学习者同时观看。

在课程的传送方面，school 平台主要用现场直播的方式来传递课程的教学内容，且通过这种方式传送的课程内容占平台总体课程的 80%。平台的经营者紧紧抓住了网络传输服务的即时性，来保证讲师阵容、课程内容的高品质传输，并且保障讲师与在线学习者之间的沟通以及在线学习者彼此之间的沟通的时效性。

就课程本身而言，school 平台的课程一般在前半小时内专注于课堂教学方面，后半小时则主要是讲师以及在线学习者之间的讨论交流，这一课程设计模式就与其“经商技能”、“创新创业”以及“IT 与科技”三个主题的课程学习相接，使得这些主题的课程更易学、更有趣。

school 平台的盈利主要来自于付费学习者的学费、广告收益以及节目平台上架费等。其中，付费学习者每月需要交纳 525 日元的费用，且付费学习者的比例是所有学习者总人数的 3%。其实，这种盈利的商业模式的原型来自于日本 NicoNico 网站，其直播加即时留言互动的模式使得平台获得了惊人的流量及盈利。

近年来，随着信息技术及通信技术的飞速发展，MOOC 在国外的发展十分迅速。继美国的“三驾马车”之后，各国都有了其自己的 MOOC 平台，且不同国家的 MOOC 平台在课程设计、平台运营以及盈利方面均有一定的差异性，未来国外 MOOC 会是怎样的发展前景，我们将拭目以待。

1.1.3 国内 MOOC 的现状

随着 MOOC 在全球范围内的飞速发展，国内 MOOC 的发展也越来越好，蒸蒸日上。2013 年，北京大学和清华大学先后加入了作为 MOOC 三大平台之一的 edX，与此同时，复旦大学和上海交通大学纷纷加入了 Coursera。在此之后，中文 MOOC 也开始慢慢发展起来，中文 MOOC 的雏形逐渐形成。上海市成立的“高校课程共享中心”使得来自市内的三十多所高校能够共享优质课程资源，并且学习者能够选择平台提供的通识选修课程，同时可以计入学分。在此之后，九校联盟（简称 C9，包括北京大学、清华大学、复旦大学、上海交通大学、南京大学、浙江大学、中国科学技术大学、哈尔滨工业大学、西安交通大学九所高校）拟建立若干高水平在线课程平台，实现在线优质课程共享。2013 年 8 月底，由海峡两岸 5 所交通大学合力建立 ewant，其主要目的是建立第一个专属于全球华人的在线教育平台。目前，中文 MOOC 的来源主要有两个：一是包括一些对应的网站以及培训机构在内的教育信息化公司，其中比较大众化的是网易公司的“网易公开课”；二是高校或联盟机构，如清华大学的“学堂在线”、中国东西部高校课程共享联盟、上海市的“高校课程共享中心”等。

经过一段时间建设 MOOC 的实践和思考后，2014 年 6 月，主题为“开启 MOOC 学习新时代”的中国大学 MOOC 发展论坛在北京召开，包括清华大学、北京大学、上海交通大学在内的多所高校在论坛上发布了各自的“MOOC 实践报告”，揭示中国大学 MOOC 建设和发展的现状。此次论坛还就当前中国 MOOC 建设和发展达成 5 点共识：一是建设属于中国的 MOOC 是必然选择，无论从意识形态和价值取向的角度看，还是从加盟国外 MOOC 平台的成本和费用的角度看，建设中国的 MOOC 平台是必然的；二是认为 MOOC 与传统开放教育资源（open educational resource，OER）和视频公开课是不同的，不同之处在于 MOOC 具有教学过程和教学参与，而后两者没有；三是对于翻转课堂、线上到线下（online to offline，O2O）的混合学习模式的认可；四是强调对教师的培训，尤其对于非计算机专业的教师，要加强关于在线课程资源建设、教学组织实施等方面的培训；五是强调对课程建设和运行的成本加强控制，尽量运用常规条件和服务来建设 MOOC，这也是中国高校要自主建设 MOOC 必须重视的一点。

1. 中国大学网络课程建设历程

在经过十多年来我国政策环境以及各类网络课程建设工程项目的实践后，中国大学 MOOC 具备了一定的基础，主要分为三个方面。

（1）“新世纪网络课程建设工程”是教育部高等教育司于 2000 年面向试点高校启动的工程项目，目标是通过大概两年的时间，建成大约 200 门的基础性网络课程、试题库和案例库，为现代远程教育提供优质网络教学资源。截至 2004 年，已有 299 门网络课程通过验收，其中部分课程已广泛在网络教育学院使用。

（2）2003 年，教育部启动“国家精品课程建设工程”，此后连续 8 年开展精品课程申报和评审。截至 2010 年共评审出 3800 多门国家精品课程，同时带动建设数万门省级、校级精品课程。“国家精品课程建设工程”面向全国所有本科院校、高职高专、网络教育学院、军队（含武警）院校，使得网络教学资源库大幅扩大。

（3）2010 年以来，耶鲁大学等众多国际知名学校的视频公开课在国内反响热烈，倍受欢迎，为此“网易公开课”专门为其开设课程频道，以便学习者观看。在国际趋势的推动下，为了推进优质教育资源的开发与共享，教育部于 2011 年启动“国家精品开放课程建设工程”，建设开发精品视频公开课和精品资源共享课，后者是对国家精品课程的升级改造。2011～2013 年，参与建设国家精品视频公开课的知名高校共有 200 多所，并向社会免费开放共计 120 多门精品视频公开课。

2012 年，MOOC 在全球快速且广泛传播。2013 年，中国大学加入建设和实践 MOOC 的行列中。北京大学、清华大学、香港大学和香港科技大学四所大学加盟 edX。北京大学、复旦大学、香港科技大学、香港中文大学、台湾大学、上海交通大学六所大学加盟 Coursera，其中北京大学和香港科技大学同时加盟 edX 和 Coursera。2014 年 6 月，上海交通大学、复旦大学与 FutureLearn 在伦敦就 MOOC 签署合作备忘录，并在该平台开发优质课程。这一连串的加盟合作的优势体现在两个方面：一是引进国外优质的 MOOC；二是推广中国 MOOC。在课程引进方面，清华大学与 edX 签订协议，“学堂在线”获得中国 edX 的唯一授权。2017 年清华大学“学堂在线”已有 120 多门由 edX 高校联盟开放的优质 MOOC。关于课程开设方面，8 所加盟大学一共在国外 MOOC 平台上开设了 50 多门课程，涉及社会、历史、医学、文学、民俗、艺术、计算机、建筑、传播、地理、电子电路等多个专业领域，其中文理科居多，工科较少，国内主要的 MOOC 平台如表 1-2 所示。

表 1-2　国内主要的 MOOC 平台

平台	创办单位	成立时间	网址	概述
学堂在线	清华大学、北京慕华信息科技有限公司	2013 年 10 月 10 日	http://www.xuetangx.com/	我国首个 MOOC 平台，最大的中文 MOOC 平台；2016 年 3 月，成为首批国家双创示范基地项目
中国大学 MOOC	爱课程网、网易云课堂	2014 年 5 月 8 日	http://www.icourse163.org	承接的是教育部国家精品开放课程的任务，提供中国知名高校的 MOOC
华文 MOOC	北京大学	2015 年 2 月 19 日	http://www.chinesemooc.org/	中文 MOOC 平台

续表

平台	创办单位	成立时间	网址	概述
好大学在线	上海交通大学	2014年4月8日	http://www.cnmooc.org/home/index.mooc	中国高水平大学MOOC联盟的官方网站，中国顶尖的MOOC平台
优课在线	深圳市优课在线教育有限公司、深圳大学	2016年9月1日	http://www.uooconline.com/	专注在线教育，专注高等教育，主要面向地方高校学生
智慧树	上海卓越睿新数码科技有限公司	2012年10月	http://www.zhihuishu.com/	全球知名的学分课程服务平台，致力于成为全球最大的教育运营服务商；也是中国东西部高校课程共享联盟的运营服务单位
人卫MOOC	人民卫生出版社有限公司、人民卫生电子音像出版社有限公司	2015年11月	http://www.pmphmooc.com/	中国医学教育MOOC联盟官方平台
超星MOOC	超星公司	2012年	http://mooc.chaoxing.com/	着力打造的MOOC学习教育品牌

2. 中国大学MOOC实践现状

经过多年的学习和借鉴，中国大学MOOC逐渐进入建设实践阶段，其中在机构设置、教师队伍培训、课程建设、平台建设、教学应用和大数据分析等方面进行了有益的探索，包括清华大学在内的7所国内大学走在MOOC应用前列。

1）清华大学MOOC实践

清华大学对于建造MOOC的愿景是通过融入先进的教学理念、利用前沿科技成果、汇聚优质教育资源，建造一个全国领先的中文MOOC平台，服务于中国教育。

作为我国首个推出MOOC平台的大学，清华大学使用edX开源平台，同时在edX的基础上将其进行本土化发展。清华大学于2013年5月加盟edX，随后马上进行团队的组建和平台研发工作，主要进行改造的方面有关键词检索、多视频源改造、编程作业自动评分、可视化公式编辑、用户行为分析等。2013年10月，“学堂在线”正式对外发布，有5门课程作为第一批课程对外开放，同年又开展了首批小规模私有在线课程（small private online course，SPOC）的试点。2014

年 4 月，教育部在清华大学设立在线教育研究中心。

在用户的行为分析方面，清华大学 MOOC 平台的数据显示，学习者的年龄分布主要在 20～30 岁，此后年龄越大，学习者越少；在地区分布方面，学习者主要集中于沿海中心城市；在学历层次方面，学习者人数的学历最多为本科，其次为硕士研究生、专科、高中；有效学习者（获得证书的和学习过程中表现活跃的）平均占比为 9.76%，这个数据与国际上 MOOC 完成率不到 10%的比例相近。

2）北京大学 MOOC 实践

北京大学在发展 MOOC 方面的主要目标是提高学校教学水平，辐射优质教育资源，强调全社会的责任与贡献，为中国高等教育事业的发展而努力。

2013 年 3 月，北京大学启动“北大网络开放课程”建设项目，提出要在 5 年内开设 100 门 MOOC，该目标已于 2017 年年底提前实现，并且先后与 edX 和 Coursera 签署合作协议。2014 年，北京大学分别在 edX、Coursera 和“学堂在线”三个平台推出 15 门课程。同时，北京大学还在 Coursera 平台上打造自己学习的私有平台，为北京大学全校师生开放。这个平台不仅包含在 edX 和 Coursera 上已开设的所有 MOOC，而且包含学校教师为校内部分全日制学习者开设的 SPOC。

北京大学的特色在于为 MOOC 的开设提供全方位的支持，包括开课培训、经费、设备、环境、教学环境与课件制作等。其中，北京大学的现代教育技术中心在这一过程中扮演了十分重要的角色，最突出的表现为对教师的培训。

3）上海交通大学 MOOC 实践

上海交通大学 MOOC 开发的战略目标是建设高质量的 MOOC，形成“MOOC inside”课程的新教学模式；建设“好大学在线”，为国内外大学提供高质量的开放式在线课程教学平台；建立大学 MOOC 共享机制，促进大学之间共享高质量课程和课程学分转换。上海交通大学于 2013 年初成立了大型开放式在线课程推广办公室，同年 7 月举办了在线教育发展国际论坛，并与 Coursera 建立了合作伙伴关系。2014 年 4 月，上海交通大学自主开发的“好大学在线”平台正式发布。该平台与百度合作加强技术支持，汇集了上海交通大学建设的 30 门课程以及北京大学、香港科技大学和台湾新竹交通大学的 4 门课程。上海交通大学还成立了大型开放式在线课程研究所，并于 2014 年 6 月首次举办了校际大型开放式在线课程教师研讨会。上海交通大学 MOOC 实践的突出特点体现在两个方面：第一，它具有促进优质教育资源的实践基础，从网络课程、视频共享课程到“南阳学校”的微型课程以及其他开放共享课程；第二，开发的 MOOC 主要面向在校学生，探索与上海西南片区的大学共享高质量教育资源，并在MOOC的基础上进行学分互认。这与上海西南片区高校联合办学的历史密不可分。上海西南片区高校联合办学组织成立于1994年8月，成员高校20多年的跨校学习和“跨校第二专业”深受学生欢迎。基于MOOC改进教学模式，学生可以在自己学校在线学习，然后去开设MOOC的学校参加翻转班学习和考试，从而促进混合教育。

4）复旦大学MOOC实践

复旦大学MOOC的方向一方面是将复旦大学的课程推向社会，承担大学为社会服务的责任；另一方面希望引入在线和离线同时进行的大学教学改革，将MOOC的建设纳入传统教学体系。2013年7月，复旦大学和Coursera签署了合作意向书。复旦大学负责为Coursera提供高质量的课程内容，Coursera负责培训复旦大学教师。复旦大学依托教师教学发展中心、现代教育技术中心和校园信息办公室，组建了在线课程建设和研究团队，以加强复旦大学课程的总体规划和教学研究。

教师教学发展中心以教学研究和教学改革激励项目为出发点，设立MOOC建设实践项目，聚集一大批优秀教师，边讨论，边学习，边实践，边研究。2014年4月，复旦大学的第一门课程“大数据和信息传播”在Coursera平台推出。复旦大学也加入了U21国际大学联盟的MOOC计划，将推出英文MOOC。

复旦大学推进MOOC的主要特色是务实，以服务于学校的教学改革和研究，复旦大学提出iMOOCs的概念。i是指internal，意指有内在需求和内在动力的MOOC。iMOOCs以学习者为中心，聚焦于课程内容学习成效、混合式教学改革和课程背后大数据的教学研究等，而不是聚焦于技术或做大学不擅长的市场和平台。

5）南开大学MOOC实践

南开大学积极开发MOOC主要基于三点考虑：一是利用MOOC平台建设学习型社区和学习型社会；二是共享高质量的教育资源，展示社会责任感；三是增强学校的国际影响力。目前，南开大学正在与国际知名的MOOC平台运营商进行沟通和联系，希望加入该平台，与许多顶级国际大学一起在线提供免费课程。

在加入MOOC平台的实践中，南开大学依托远程教育学院，重点关注三个方面的工作：第一，课程本身的建设；第二，在学习过程中优化资源；第三，建立强大的学习支持系统。南开大学MOOC侧重于自己的优势学科，如环境科学。目前，南开大学有30多门优秀的资源共享课程和向公众与社会免费开放的课程。

这些课程的经验为南开大学加盟开放式在线课程平台奠定了基础。

6）深圳大学 MOOC 实践

深圳大学在 2013 年 12 月于深圳举行的关于地方高校发展的全国研讨会上提出了组建 UOOC（University Open Online Course）联盟的倡议，得到了 28 所地方高校代表的回应和支持。2014 年 5 月，深圳大学率先推动了全国各地地方高校 UOOC 联盟的建立，共有 56 所学院和大学加入了联盟，分布在全国 40 个城市，其中广东省有 18 所高校加入了联盟，目前有多门课程正在建设中。

作为一所地方大学，深圳大学 MOOC 的建设在推广和操作方法上有别于清华大学和北京大学等其他大学。总的来说，它体现了四个特点：第一，它以地方大学联盟的形式促进了理事会秘书处、课程管理委员会、运作中心和课程中心的建立。第二，以学生学历教育为主，联盟高校将联合开展 MOOC 建设。基于统一的 UOOC 平台，促进课程共享和学分获得承认，在此基础上逐步为公众提供课程学习服务。第三，课程的来源不同。这些课程不仅来自联盟大学，还来自社会名流、商业导师、行业精英等。第四，经营模式是面向市场的。UOOC 联盟计划成立专业运营公司来协助运营，培养一批专业的在线课程生产公司，吸引各行各业的投资，并开展课程认证以探索健康成长的商业模式。

UOOC 建设目前也面临着许多问题，包括优秀教育资源（课程和教师）的短缺、地方高校贡献的意愿很小、许多高校难以组织和协调，以及资本投资的压力。

7）国防科技大学 MOOC 实践

作为中央军事委员会（简称国家中央军委）直属的综合性国家重点大学，国防科技大学自 MOOC 兴起以来一直在跟踪研究。通过对国内外成熟的大型开放式在线课程平台的分析，该校认为，MOOC 是信息网络技术与现代教育理念深度融合的产物。这对建立全员学习、开放性、终身学习的现代军事和职业教育模式具有重要的参考价值，必须采取超常措施，向先进的教育理念和教育模式要战斗力。

2013 年初，该校开始在大型开放式在线课程中组织小规模讨论和交流。5 月下旬，该校决定在大型开放式在线课程中开展试点实践。6 月初，学校召开了相关工作的动员和部署会议，明确了高度重视、理性研究和稳步实践的工作思路。从那时起，学校成立了一个试点工作小组。

2013 年 8 月初，梦课学习平台完成并启动了一个试点项目。首批参加试点申请的单位之一，广州军区某装甲团，开始组织报名学习。从 9 月初开始，学校和其他军事领域，沟通协调，并适当扩大试点范围。9 月 15 日，试点项目的第二阶段正式启动。这所学校已经正式启动了面向所有军事单位的 MOOC 的试点实践。10 月中旬，超过 10000 人参加了试点研究。12 月，国防科技大学组织了第一批在线课程考试。自梦课学习平台开通到 2014 年 3 月，注册人数已超过 4.5 万人，平均每天上线人数约为 3000 人，有 1.2 万人已经完成部分课程的学习，并在考核后获得了课程结业证书。

国防科技大学的梦课学习平台具有三个特点：简单性、针对性和自主性。基层单位学习者只要有使用普通网站的经验，就可以进入自主学习平台，不需要训练。目前，该平台提供的服务功能包括微型视频教学课程、论坛学习、进度跟踪、课堂测试和客观作业批判、课程考试、用户管理、课程管理、学习过程管理和学习、数据查询等。具有慕课特色的前端和后端管理功能正在逐步完善，并逐步开发课程资源自助管理、主观作业、同伴互评、大数据分析和挖掘等功能。

对于在校学生，学校强调在现有培训计划和课程体系不变的情况下，探索基于 MOOC 的教学计划改革。在这方面启动了两个试点项目：一是在本科生和硕士研究生中试点选择符合培训计划要求的外国高水平大型开放式在线课程；二是将整个学校的四门基础公共课程转变为高水平的大型开放式在线课程，并放在 MOOC 平台上，帮助学习者对公共基础课进行预习和复习。

MOOC 是一个新事物，将在有效提高大学教育的整体质量方面发挥非常积极的作用。这种影响体现在两个方面：第一，引进一流的国际课程。共享国际一流的大型开放式在线课程，包括国内大学的大型开放式在线课程，将对提高教学质量发挥积极作用。第二，有效地支持大学课堂教学的改革。例如，国防科技大学计算机学院根据计算思维的概念为大学开发了一门计算机基础课程。2013 年，200 名新生探索了翻转教室的教学改革。课后，学习者将通过大量开放式在线课程学习基础知识，并独立完成这些课程。课堂时间主要用于师生互动的讨论式教学。教师的主导地位和学习者的主体性已经得到彰显，并得到了积极的回应。

接下来，学校将重点关注 MOOC 和大学教育方法的结合。翻转课堂、小规模私有在线课程、网络课程和大数据分析等方法的应用将促进学校教学改革和教学模式创新，促进以学习者为中心的教育理念的实施，实现从教学中心向学习中心的转变，促进教师水平、课堂教学质量和人才培养质量的提高。

3. 中国大学 MOOC 实践特点

从上述七所大学的 MOOC 实践来看，目前 MOOC 实践呈现出以下主要特点。

（1）理解概念。基于 MOOC 的教育教学改革和高校服务社会职责的履行，各高校将把 MOOC 的发展作为其主要发展战略，加快教育教学和人才培养模式的改革，促进优质教育资源的开发和共享，更好地为建设学习型社会和人力资源强国服务。

（2）推进模式。MOOC 从过去的政府主导体制已经逐渐转向高等院校的自主推广，并得到政府的支持和指导。“新世纪网络课程建设工程”、“国家精品课程建设工程”、优秀视频公开课和优质资源共享课都是由国家教育行政部门牵头和推动的，而目前的大学 MOOC 建设主要是由大学自身推动的。正因为如此，所有高校都在密切关注 MOOC 的建设成本和可持续发展。目前，MOOC 的实践发展非常不平衡。

（3）组织实施。重视学习和借鉴，加强团队建设，开展相关研究。许多大学已经加入了著名的国外大型开放式在线课程平台，引进了国外大型开放式在线课程，并推出了自己的大型开放式在线课程。高校重视加强团队建设，开展相关研究，科学推进 MOOC 的发展。例如，上海交通大学设立了大型开放式在线课程推广办公室和大型开放式在线课程研究所；北京大学和深圳大学主要依靠现代教育技术中心和信息中心开展工作。

（4）合作与共享，包括大学之间以及大学与企业之间的合作与共享。除了 UOOC 联盟，大学之间的合作和共享包括 2012 年 5 月成立的高校课程共享中心和 2013 年 4 月成立的中国东西部高校课程共享联盟。“学堂在线”和“好大学在线”也引进了国内其他高校的优质课程。大学与企业之间的合作主要有“好大学在线”与百度加强技术合作，UOOC 联盟与企业合作开发 MOOC 系统，网易云课堂和爱课程网合作推出中国大学 MOOC。

总之，随着信息技术的发展及国家关于教育信息化方面相关政策的支持，MOOC 在国内的发展较快，国内有大批高校开始将 MOOC 平台的学分予以认证，使得高校 MOOC 学习者的数量剧增，同时学习者课程完成的质量也有所提高。

1.1.4 MOOC 技术与 MOOC 平台

1. MOOC 的相关技术

MOOC 的开发和实施必然要有相关技术的支持，这些技术主要包括网络教学平台技术、视频课件制作技术、学习分析技术以及云计算技术等，它们共同承担起支持 MOOC 实施的重任。

1）网络教学平台技术

网络教学是指利用互联网所开展的教与学的活动。网络教学平台，又称网络教学支持平台，指的是由互联网及全面支持并服务于在线教学的相关软件共同构成的系统平台[17]。一般而言，一个完整的网络教学平台应该包括四个系统，即网上教学系统、网上教务管理系统、网上教学资源管理系统以及网络课程开发系统。

从功能上来讲，网络教学平台主要具有用户管理、教师教学、答疑、测试及公告发布等功能。而 MOOC 教学平台的功能较为复杂且要求较高，一个完善的 MOOC 教学平台应具备如下功能。

（1）课程管理。在课程管理功能中，主要包括对课程的构建、剪辑及删改等操作，同时包括对与课程相关的所有资源的管理等，并且可以协助网络教师创建 MOOC。

（2）在线教学。MOOC 平台应具备支持教师展开各教学环节的功能，如在线备课、授课、测试以及答疑等，而且应该有相应的功能来支持移动学习。

（3）用户管理。按照不同用户在平台中承担角色的不同来授予其不同的管理权限，如系统管理员、在线教师以及在线学习者之间的权限是不同的，系统管理员等管理权限较高的用户有权进行批量注册。

（4）学习管理。在线学习者在 MOOC 平台进行递进式的学习，在线教师可以调控并管理学习者的学习过程，通过跟踪学习者的学习记录来监督和管理其学习。

（5）作业管理。在线教师可以利用网络教学平台进行作业的设计、布置并对学习者提交的作业进行批改，且有些平台还具有作业重复率检测功能，帮助教师轻松地管理学习者作业。在线学习者可以利用平台在线完成并提交作业，结合重复率检测功能，可以有效地提高在线学习者的作业质量以及真实性。

（6）话题区管理。话题区是网络教学平台中师生之间进行交流的重要场所，依托话题区，在线学习者之间可以互帮互助、探讨交流、互相答疑，也可以向教师提问，教师利用该话题区的讨论功能对学习者的疑惑进行解答。这样既可以激发在线学习者的学习兴趣，也可以减少教师的工作量。

（7）评价管理。网络教学平台支持多元化、多样化的评价方式，不仅可以由教师展开评价，也可以由在线学习者之间展开互评。此外，系统还可以针对在线学习者的表现自动地展开评价。在学习评价的基础上，教师可以根据学习者的学习困难情况借助平台推送针对性的学习资料以加强学习者的理解。

（8）数据统计。教师可以利用网络教学平台，结合学习分析技术对在线学习者的学习行为等进行记录，然后对其学习效果进行分析并汇总成分析表。

（9）认证学分。在线学习者在学习结束，完成课程所要求的作业及测试等任务并顺利通过测验后，即可申请课程修读认证证书。通常在申请认证证书时需要缴纳一定的费用，在网络教学平台中在线学习者就能够实现缴费等操作。

2）视频课件制作技术

无论是线下的传统课堂还是线上的 MOOC，课件都是重要的教学媒体之一。尤其是对于 MOOC 而言，视频课件是其课程学习资源的重要组成部分。MOOC 中的视频课件可以看作一种由电声技术及录像技术相结合的，通过视觉和听觉双通道进行传播的电子教材。这些视频课件在设计之初，就具有鲜明的教学目标和适当的教学方法，严格按照课程大纲制作，教学对象明确，具有高度的科学性和严谨性，通常以流媒体技术支持的微课或教学动画（长度在 5～12 分钟）为主。

视频课件的形式多样，常见的有讲授类、专题片类、动画类、综合类等。无论是哪一类视频课件，它们都以动态的视觉画面为主，利用视听双通道传递教学信息。

3）学习分析技术

关于学习分析技术，学术界尚未形成一个统一的定义，不同学者所持观点不同。通过对比不同学者之间的观点，可以将学习分析技术理解为借助数据收集工具及分析技术，对学习者在学习过程中的学习行为等在记录的基础上进行分析，进而为课程的改进以及教学评估提供依据。

MOOC 的发展加速了在线教育的发展进程，在线教育领域利用大数据技术进行学习分析的方法已经应用于在线教育的实践中，学习分析技术也越来越受到教育领域管理者、科研人员以及教师的关注。

学习分析技术采用自动化的数据采集方式，分析的数据主要来源于 MOOC 数据库；利用数据挖掘技术，采用适当的分析工具及方法对数据展开挖掘分析；在分析结果呈现方面，学习分析技术可以将可视化的分析结果呈现出来，供教师对自身的教学以及学习者对自己的个人学习情况进行判断和评价；在服务对象方面，学习分析技术是直接面向教师及学习者提供服务的。

4）云计算技术

云计算（cloud computing）技术是一种以互联网为基础的计算方式。云计算技术可以实现软件资源及信息按需传递至计算机等设备，主要由互联网络、各种资源的系统设备以及云管理平台构成。其最明显的特征是服务的可计量性以及自助按需服务。通常，按照云计算交付方式的不同，将其分为软件服务、设施服务以及平台服务三大类。

MOOC 平台自身就是一个大规模开放的在线教育平台，资源数量及用户量都十分多，云计算技术保障校内外均可流利地访问这个知识共享的在线教育平台[18]。

2. MOOC 平台

MOOC 自身是一种课程，而 MOOC 平台则是这些在线课程的支撑板，它为 MOOC 供给了最基础的设施以及相应的规则。“MOOC 元年”(即 2012 年)MOOC 数量的飞速增长也是依托于 MOOC 平台的，正因为如此，2012 年后全球各国的 MOOC 平台纷纷涌现。这些平台中，有些与大学高校、企业、公司等进行合作，也有些是私立的，有些是营利性的，有些是非营利性的。此外，这些平台之间在课程特色、盈利模式等方面均有较大的差异。

全球 MOOC 平台发展的领头羊就是美国的“三驾马车”，继美国的 MOOC 平台出现之后，全球各国的 MOOC 平台相继问世。纵观这些 MOOC 平台，可将其大致分为高校或教师发起的 MOOC 平台、由早期网络公开课演变而来的 MOOC 平台以及商业公司开发的 MOOC 平台三大类。

1）高校或教师发起成立的 MOOC 平台

全球各国的 MOOC 平台大部分是由高校或高等教育机构等发起成立的，尽管有些 MOOC 平台并不是由高校成立的，但是这些平台都与高校之间存在一定的联系，如校企合作创立的 MOOC 平台、高校教师建立的 MOOC 平台以及高校借助企业的 MOOC 平台等。

就国内 MOOC 平台而言，清华大学创办的“学堂在线”以及由上海交通大学创办的“好大学在线”等 MOOC 平台，是高校创立 MOOC 平台的典范。

2）由早期网络公开课演变而来的 MOOC 平台

早期的公开课网站以及部分在线教育机构在运营后期创办了 MOOC 平台，这些 MOOC 平台既涵盖了 MOOC，也保留了早期的网络公开课课程和精品课程。例如，英国开放大学成立的 MOOC 平台 FutureLearn 是由英国开放大学的下属公司管理和经营的。此外，还有 OUA 创立的 Open2Study 平台，这两个都是由公开课机构演变或发起的 MOOC 平台。

国内由在线课程机构成立的 MOOC 平台中，中国大学 MOOC 是最典型的例子。中国大学 MOOC 是由爱课程网与网易云课堂合作创办的中文平台，该平台不仅向广大学习者提供了名校的 MOOC，还承接教育部国家精品开发课程开发的任务、向大众提供中国知名高校的 MOOC。

3）商业公司开发的 MOOC 平台

商业公司创立 MOOC 平台归根结底就是为了发布自己公司的内容或者与教育机构之间合作盈利。与教育机构合作时，商业公司为教育机构的课程提供平台，而教育机构的课程为商业公司的平台提供课程内容。

国外由商业公司创办 MOOC 平台的典范是 2010 年 5 月创办的美国 Udemy 平台，该平台与国内的网易云课堂有些类似，支持用户在 MOOC 平台上学习或创建课程，以创建课程为契机，将自己熟知的知识传递给全球的在线学习者。

3. MOOC 平台的成果认证

1）认证形式

在线学习者在 MOOC 平台的学习成果通常是由听课时长、章节测验、话题区活跃程度、课程测试成绩等多种形式综合体现的。不同的 MOOC 平台、不同的 MOOC 对于各部分的计算比例是不同的，一般在课程开课前学习成果的评价方案都会在课程平台上公布出来，在学习结束后按照最初的方案来综合评价在线学习者的学习成果，并确定在线学习者能否通过最终的课程认证。

与高校之间合作的 MOOC 平台，如德国的 iversity 平台，通常与欧洲学分转换体系（European credit transfer system，ECTS）之间联合，在线学习者在该平台完成相关课程的学习并顺利通过 ECTS 组织的考试后，可以获得 ECTS 的学分。在国内，“好大学在线”与 iversity 两平台相似，该联盟内部的在线学习者修完联盟高校在“好大学在线”MOOC 平台中的课程后，可以在学习者所在学校实现学分兑换。

此外，国外有些 MOOC 平台采用勋章式的方法来体现在线学习者的学习成果，例如，澳大利亚的 Open2Study 平台的在线学习者在平台完成注册、积极参与讨论、顺利完成测试以及通过课程考核时，都会有相应的勋章奖励，而且这些勋章通常与在线学习者的个人资料是一体的。

2）认证证书

众所周知，任何 MOOC 平台在在线学习者学习完相应的 MOOC 后都会用不同的形式来反馈其学习成果。一般情况下，MOOC 平台会通过向在线学习者发放证书的形式来承认其学习成果。以美国的三大 MOOC 平台为例，它们向学习者颁发的证书通常有课程学习完成证明和课程认证证书两种，前者是免费的，但是只能作为在线学习者完成课程学习的证明，对于具体的完成情况等信息并不会进行说明；后者通常会对学习者所得的成绩进行说明，但认证证书是收费性的。

自 2014 年来，越来越多的 MOOC 平台开始对课程认证证书进行收费制管理，这也是 MOOC 平台的盈利方向之一。例如，美国的“三驾马车”先后于 2014～2015 年内取消了免费证书的发放，改为收费制，而英国的 FutureLearn 平台在创办之初课程证书的颁发就是收费的。

（1）国外 MOOC 平台认证证书。英国的 FutureLearn 平台在课程学习认证形式方面与美国三大 MOOC 平台不同。就在线学习者而言，无论是申请课程参与证明还是课程成就证书，都需要支付一定的费用，而且课程成就证书的申请条件是在线学习者必须学习完课程内容的 90%并参加所有测验（每次测验成绩需达到总分的 70%以上），并且需要向平台缴纳 39～59 英镑的费用。

而德国的 iversity 平台除向学习者颁发免费的课程参与证明外，还向学习者提供了“蓝色证书”、“绿色证书”以及“金色证书”三种收费的认证证书供其选择。三种证书之间最大的区别在于“金色证书”需参加 ECTS 组织的线下考试后才能申请，且三种证书需要缴纳的费用在 49～149 欧元。

（2）国内 MOOC 平台认证证书。在国内 MOOC 平台中，中国大学 MOOC 的课程认证方法比较全面。该平台向学习者提供了电子版的结业证书、电子版的杰出证书以及纸质版的认证证书三类。其中，电子版的两种证书均是免费发放的，但是结业证书与杰出证书之间的区别在于前者只需达到课程合格标准即可获得，而后者的颁发条件是在线学习者获得结业证书且成绩达到优秀。纸质版的认证证书要求与结业证书相同，但是纸质版的认证证书需要单独申请而且需要缴纳一定的费用。

由国内多所“985 工程”高校联盟成立的“好大学在线”平台的课程证书只有纸质版，学习者需要完成课程学习内容且成绩合格后方可申请，每份课程认证证书的申请费用为 100 元。清华大学的“学堂在线”平台为学习者提供了普通证书和认证证书两类，普通证书包括电子版和纸质版（需要付费），在学习者完成课程学习后即可获得；而认证证书获取的前提是在线学习者是以加入课程并申请认证证书的方式选课的，完成课程考核后，学习者需要签字确认以获得电子版和纸质版的认证证书，签字确认是收费的，证书是免费的。

4. MOOC 平台的盈利模式

为全球学习者提供平等学习机会的 MOOC 平台大多数都是营利性的，因为平台的发展必然会面临费用问题。纵观国内外 MOOC 平台，其盈利模式可大致分为向学习者提供附加服务、与高校合作以及与企业合作三种。

1）向学习者提供附加服务

MOOC 平台中认证证书、个别化指导以及资料推荐等服务均属于课程的附加服务，这些附加服务都是收费性的。2015 年 12 月起，edX 平台不再向在线学习者提供免费的荣誉证书。

MOOC 由于具有大规模开放的特性，其学习者数量十分庞大。这就导致了 MOOC 中缺乏个别化针对性指导，在线学习者的学习难度增加，为此，MOOC 平台向学习者提供了付费的专家个别化一对一指导。美国的 Coursera 平台还于 2016 年设计了导师指导类课程，这类课程使得在线学习者的学习困难问题会较好地得到解决，但是导师指导类课程每门需要缴纳 248 美元的服务费用。

有些 MOOC 平台甚至对高质量的在线课程单独进行分类，采取收费注册制，以此来吸引除去在线学生外的社会精英学习者，这种系列课程收费制的模式也是 MOOC 平台盈利的重要手段之一。

2）与高校合作

MOOC 平台中的课程大多数是由高校提供课程内容的，MOOC 平台为高校的这些课程提供课程内容的空间，这样就达到了互惠互利的效果。与高校联合的 MOOC 平台中，成功的典范就是美国的 Coursera 平台，该平台在获得收入后，合作高校将获得其总收入的 6%～15%，具体的比例取决于 Coursera 平台整体的收入情况。

3）与企业合作

MOOC 平台的盈利模式并不单一，如今越来越多的企业与一些 MOOC 平台展开了合作。MOOC 平台既可以为企业提供培训类的课程用于企业员工的培训，又可以为企业推荐在线学习者中的优秀人才，共同受益。这种盈利模式在国外 MOOC 平台中已较为成熟，如美国 Coursera 平台所提出的“全球技能计划”以及 Udacity 平台推出的“纳米学位 Plus 计划”等。

1.1.5 MOOC 在大学教学中的应用

随着 MOOC 教学理念的日益延伸，教学改革的重点——高等教育，同样不可避免地受到了它的影响。利用优质的 MOOC 资源丰富大学的课堂教学，促进高等教育改革，更新教育理念和教学方式已经成了教育工作者的共识。但是目前仍然面临着很多问题，如高校能否提供足够规模的优质课程资源，MOOC 考试的诚信问题，如何让更多的学生参与挑战等。因此面向网络大众学习和管理的 MOOC 资源如何更好地融入大学校园，如何能够适应大学教学过程中的学分管理和成绩评价，如何将 MOOC 资源与现有大学的教学资源整合等，这一系列的问题都需要深入分析和探究。

1. MOOC 课堂与实体课堂

MOOC 成为近几年世界各大名校联合推出的新型网络教学模式，主要是因为互联网的广泛性和开放性，而且 MOOC 的教学模式已基本定型、众多平台的加入、风险基金和慈善基金的加入等，使其相对于传统的实体课堂而言，拥有无法匹敌的优势，并得到广泛关注。但同时也不可避免地存在虚拟课堂特有的一些弊端。就近期来说，MOOC 课堂与实体课堂一直是争议不断的内容。例如，未来的教育——MOOC 课堂是否能够完全替代实体课堂而存在；又如，MOOC 课堂与实体课堂能否相结合，进而成为一种新型教学模式。就目前而言，MOOC 课堂在以下几方面还是存在一些突破实体课堂的优势。

1）时间比例

网络课程最突出的特点就是能随时随地的学习，实现碎片化学习，因此 MOOC 在时间上没有硬性规定，时间长短可以由制作者自定，每节课可以花费任意多的时间去精雕细琢。大多数 MOOC 基本都选自顶尖高校中优秀教师的精品课程，因此 MOOC 的内容质量是高于实体课程内容的。

2）形式自由

由于 MOOC 平台是线上平台，所以在时间空间上没有过多的限制。课程主讲教师在录制课程时，可以采用最适宜的课堂实录方式，增强教学的趣味性、真实性。教师也可以根据需要在书房、办公室等较为轻松的环境下进行授课，将教学内容更加高效地传递给学生，毕竟让学习者更容易接受和理解教学内容，学到真正的知识才是课程的主要目的。由于其形式的自由，教师也可以自行录制课程。

课程录制的简易性吸引了越来越多优秀教师的加入。

3）后期制作，改进积累

课程在制作完毕之后并非一成不变，而是在后期通过学习者的反馈或者自身的检查中逐步发现问题，然后教师有针对性地对课程进行修改，优秀的部分可以发扬，不足的地方可以改正使之逐步完善。通过对课程的不断完善，学习者有更好的学习体验。

4）课程内容精良

由于 MOOC 的特征，课程需要较多各方面专业人才的共同参与，并非单个人就能完成，需要教师、摄影师、后期制作人员等的共同协作和努力。因此 MOOC 在内容的正确程度及精细程度上是毋庸置疑的。

当然，就教学现状而言，实体课堂还是存在一些 MOOC 课堂无法取代的优势，MOOC 课堂要想在未来取代实体课堂，在教学领域取得主体地位，还需要在以下几个方面取得进一步发展。

首先，MOOC 很难还原课堂的一些面授内容，如互动、小组汇报。在教与学的过程中，反馈是非常重要的。师生之间双向反馈的及时性，不仅能够实时改进教学过程，而且可以促进学习者的学习。尽管绝大多数 MOOC 平台都设有讨论区，可以供学生之间、学生和教师之间交流互动，但是在 MOOC 教学的交流互动中，即使是开设视频讨论，网络上的交流效率也往往达不到面对面交流的效果。同时，在实体课堂中，教师通常会强调“教书育人”“传道授业”，毫无疑问，实体课堂教学对人格品质和精神思想的影响很大，这也在很大程度上依赖于教师和学习者的面对面接触，而这点在 MOOC 课堂中很难实现。

其次，MOOC 的教学内容往往被简化，因为一些未授权的图表、影像资料、数据和内部信息的约束，加上一些课程内容是教师多年研究成果，在授课之前并未发表等问题，所以这种公开面向广大群体的网络课程往往需要进行版权保护，从而删减课程内容；同时，MOOC 的根本目的是面向广大群众，并非展示高深的教学内容，诸如一些与实际生活有关的一些课程，就是为了普及，并不需要学习者进行深入挖掘，这类课程也不必有过多的内容。此外，有些课程课时太长，而想要通过 MOOC 实现该门课程的难度很大，再加上 MOOC 一个知识点的时间并不长（一般情况下为 10 分钟左右），所以在高成本低效益的现实条件下， MOOC 的全面发展受到了限制。

MOOC 对教师和学生都提出了更高的要求，MOOC 在实体课堂中主要通过翻转课堂来颠覆实体课堂模式[19]。与实体课堂不同，MOOC将知识内化的过程放到了课堂中，教师在课堂更多的是培养学习者的知识运用能力，学习者在课堂中也不仅仅是知识的接受者，要在课前通过线上MOOC的学习，在课堂中发表观点，教师也要接受来自于学习者的疑问，与学习者共同探讨问题，解决疑问。

2. MOOC与网络公开课

网络教学在早期就有了一定的发展，网络公开课就是在网络时代飞速发展的背景下知识教学与网络资源相结合的产物。早期的网络公开课在一定程度上突破了传统课堂教学的约束，出现了哈佛大学开设的“幸福课”等形式[20]。

当时的网络公开课吸引了大家的广泛关注，扩大了教育资源的影响范围，但是由于初期各方面条件的限制，网络公开课并没有得到大范围的传播和发展。

与网络公开课相比，MOOC有明显的差异。MOOC有着不同于网络公开课的优势。网络公开课的本质也是学习资源的一种网络共享，主要面向广大群众，但是课程内容其实是对实体课堂的全程录制，传统的教学模式并未发生变化，与实体课堂并没有区别，只是换了一个平台展现教学内容。MOOC与网络公开课最大的区别在于以下几点。

MOOC不是实体课堂的录像上传，而是在线视频课程，它是专门为网络学习者设计的。网络公开课的视频录制中没有过多的形式，就是将实体课堂照搬到网络上。而MOOC有专门的制作程序，前期的录像直到后面的剪辑都有一定的模式，是经过精雕细琢的。另外MOOC中教师通常会安排课程作业、期末考试来辅助学习，作业形式多样，并且有课程结业证书，一些学校也在不断完善MOOC学分认证，在一定程度上对学习者的学习有积极促进作用，提高了学习者学习的积极性。同一课程的学习者还可以在课程论坛上相互帮助和交流，能够在同一学术区域进行专题课题讨论，加深对该课程的理解。授课教师也会出现在论坛中与学习者相互讨论，加强了生生交流和师生交流，教师的参与进一步提高了学习者学习的积极性，学习者在讨论区可以自由发表观点，开拓学习者的思维，从而促进深度学习（deep learning）。

MOOC大多数都是定期开课的，课程时间长短不一，可操控性大。而网络公开课由于内容以及形式的限制，每节课的时间是1小时左右，学习者必须单独找出一段时间才能进行学习，且注意力也不能长时间集中。而绝大部分MOOC录制时间很短，在一定程度上给MOOC学习者提供了充裕的学习时间。一个知识点的讲解视频基本维持在10分钟左右，使学习者在课余时间就可以进行MOOC的学习，并使学习者在学习过程中注意力高度集中，极大地节约了时间。此外，学习者没必要安排自己一大段完整时间来学习课程，对在线学习者而言，零散时间也能够进行一节 MOOC 学习，加强学习者的碎片化学习，减少学习者的学习压力和负担。MOOC 的本质特性就是优质教学资源的共享，因此大多数课程都是高校名师讲授的优质课程，学习内容一定是经过反复修改、最精良的，可以免费收看，教师也随时可能“空降”讨论区，与学习者交流互动，解决疑难问题，但是申请认证证书需要缴纳一定的费用。

MOOC 不像传统的网络公开课那样只提供共享的教学资源。网络公开课虽然有讨论区，但都是学习者与学习者之间的讨论，可以说是一个自学和互学的过程，教师不参与讨论和解决疑问[20]。而 MOOC 所依托的平台都有着完善而科学的教学管理和成绩评定功能，如国外的 Coursera、Udacity、edX 以及国内的“学堂在线”、“中国大学 MOOC”和“MOOC 学院”等，并且 MOOC 的教学模式已基本定型，或者可以说 MOOC 更像是一个学习平台，让学习者在有约束的条件下完成学习任务。学习者必须完成课程的学习，如视频观看、讨论、作业、期末考试等内容，达到及格分数后才能申请认证证书。

3. MOOC 适应大学教学形式

MOOC 的开放性、大学教学的封闭性，这二者看上去似乎存在矛盾，但是相同的理念会促使缩小规模的 SPOC 的出现，让更好的在线课程进入大学课堂，从而提供解决思路。SPOC 延续了 MOOC 教学的一些特点，如开放性和共享性，而主要区别在于学习者数量少，SPOC 中的学习者数量在几十人到数百人[21]。在校注册学习者除了学习在线的视频课程和完成作业，还有其他辅助答疑，采用线上或线下答疑，极大地提高了学习者的学习效果，同时也加强了生生交流和师生交流。可以说，目前大学校园中最适合实施的网络教学形式就是 SPOC。

与 MOOC 教学相比，SPOC 教学增加了师生之间的交流，这是在大学校园中利用 SPOC 学习的优势所在。一般情况下，SPOC 使用线上学习线下交流讨论的混合式教学方法，以此来使学习者之间的交流互动更加高效，因此可以理解为“MOOC+补充交流=SPOC”。表 1-3 为 MOOC 与 SPOC 的比较。

从教学效率方面来看，SPOC 需要更多的时间和精力的投入，在课程教学过程中，它所容纳的人数只有 MOOC 的 1%甚至 1‰，这样一来它的“效率”就很低了。但是，相对于 MOOC，SPOC 最明显的优点就是全程关照，即教师参与整个教学过程，包括教师或者助教对学习者的作业进行批改，与学习者进行充分的

表1-3　MOOC与SPOC的比较

角度	MOOC	SPOC
含义	massive online open course，直译是大规模在线开放课程，我国通常称为MOOC	small private online course，直译是小规模限制性在线课程或小规模私有在线课程，也形象地称为私播课
覆盖范围	社会学习者——向全社会开放，互联网范畴内人员均可登录MOOC平台学习	校内学生——仅向特定学校年级学生开放，教师组织学生登录SPOC平台（通常由MOOC平台虚拟而成）进行学习
典型特征	（1）任何人均可以登录学习 （2）学习通过可获得证书或其他证明	（1）局限在特定学校的特定课程班 （2）在线学习与考核是课程成绩的一部分
优点	（1）课程共享性与开放性强 （2）平台服务质量好，优质课程影响力大	（1）互动相对充分，学习针对性更强 （2）更加适合在校生学习，线上教学效果好，便于开展相适应的线下课堂教学 （3）学习体验感好
不足	（1）学习者群体庞大，互动交流不全面 （2）学习进程控制相对不灵活 （3）适合在校生学习的体验感不强	（1）课程覆盖面窄 （2）课程影响力小

交流讨论，对学习者在学习过程中遇到的问题进行必要的答疑，甚至包括在线下对学习者进行“补课”。但是在MOOC的学习过程中，都是学习者独立完成作业，作业结束后学习者之间采用互评的方式进行作业的批改，然后评定综合成绩，虽然也有讨论区，但是学习者在讨论区中的讨论只是很少一部分人的舞台，教师或助教进入讨论区与学习者互动的机会也不多，学习者的兴趣也不大，异步讨论使学习者将讨论当作一项作业，没有太多有价值的问题，再加上都是在线上进行的，因此提问效果自然不如SPOC的面对面答疑好。

MOOC的出勤管理模式并不是十分规范，而SPOC则是采用明显或不明显的方式给学习者带来规范的出勤管理模式，对学习者施加一些出勤的压力，确保出勤管理模式的规范化。学习者若选择了某一门SPOC，学习平台就会督促学习者进行学习，要求学习者在规定时间内完成规定的学习进度，这样就会在无形中促使学习者及时完成学习任务，帮助学习者完成课程。同时，根据SPOC的教学计划，平台会给教师和学习者安排面对面的交流活动，这种交流可以是周期性的，也可以是非周期性的，在交流的过程中，可以进行课程答疑、课程辅导、对某一问题的交流探讨等，这些活动也会加深学习者的知识内容，促进深度学习。

由于MOOC的适用对象是全体网络上的学习者，所以必然会出现学习水平参差不齐的现象，而且学习一门MOOC的人数众多，在这种情况下，教师就无法根据学习者的特点进行因材施教，或者说教师对于听自己课程的学习者的学习情况一无所知，只能根据自己的进度进行教学。但是 SPOC 教学的针对性更强，主要针对大学生，大学生的数量相对较少，而且他们的认知能力、学习水平甚至智力基本都是处于同一水平线上的，因此，SPOC 的实施相对也就更加容易，SPOC 还采用大数据技术，使教师能够清晰地了解学习者的学习特征，为教师根据学生的特点对学生进行因材施教提供可能性，从而达到更好的教学效果，学习者的学习效率也会大大提升。对于教师和学习者而言，都会提高效率。SPOC 教学由于针对性更强，学习内容和进度由教师全程进行安排，学习者一旦选择了某门课程，就要按照教师的规定走，完成教师布置的任务，如随堂作业、课程讨论等，从而使学习者完成知识的内化[22]。因此，相对于 MOOC 的学习者，SPOC 学习者失去了一部分自由选择的东西，但这也体现了大学课堂教学过程中的强制性的特点。这也是 SPOC 能够与实体课程相结合的一个原因。与 MOOC 相比，SPOC 更加适用于高校，使高校教学既有灵活性、个性化，又有一定的强制性，也非常符合高校的教学理念。

纵观当前国内的 MOOC 格局，相对缺乏专业开发设计 MOOC 的公司，缺少专业人才的指导和推广。由于 MOOC 的运行成本、制作成本相对较高，需要融入大量资金，而且 MOOC 对教学内容要求较高，要求其必须为精品课程，所以只有一些师资雄厚、经费充足、教学观念领先的高校才能进行 MOOC 的录制、上传，在整体格局上处于名校领跑、普通高校跟跑的状态，并不能实现所有高校全员参与的情况，它的录制和推广决定了这仅仅是一些名校的舞台。SPOC 是在 MOOC 的基础上成功开设的，面向大学内的学习者，将学习者的数量减少，同时融入 MOOC，从而促进教学效果。一些高校也在积极实施“SPOC+实体课堂”的形式来提高高校的教学效果，MOOC 与 SPOC 融入大学课堂，对校园课程的影响将会更加深远，教学质量也将会更上一层楼。

毋庸置疑，SPOC 的基本实现模式应该为：教师在学校开设 SPOC，选择一门或多门优秀的 MOOC 教学资源，再加上一些自己制作或者从网上找到的更适合本校的本专业或者本人需要的个性化材料，组成在线课程，这样既符合教学大纲要求，又能够开阔学生的视野，还能进行个性化教学，实施因材施教。学习者自主地完成在线视频学习，然后在课堂上与教师和同学进行讨论以及互相解决对方存在的困惑。另外，也要完成与 SPOC 相对应的实验教学的环节，最后进行线下的期末考试，由教师给出相应的成绩的评定。这种模式具有以下三个优点。

1）授课效果增强

在 MOOC 的制作过程中，都是经过很多次的经营改善和大众反馈、筛选，对于不足的地方进行反复修正，最后才形成一些各具特色的精品 MOOC；而教师在进行授课时，通过对 MOOC 进行再次加工，并结合能够进行因材施教的材料，根据教学目标，形成个性化、本土化的在线课程，这样就相当于站在巨人的肩膀上对 MOOC 加以改造，效果自然会越来越好。因此，授课这一环节中，将 MOOC 融入 SPOC 会创造比单独的 MOOC 更强的授课效果。同时，SPOC 还利用大数据分析，可以对学习者的学习特征进行分析[23]，找到更加适合学习者的材料，从而更好地进行因材施教，促进学习者对知识的内化。

2）教学模式先进

教育就是为了让学习者在接受知识后能够对知识进行加工、处理，从而能有所创造，如质疑、深入探究、撰写报告、综合制作等，而 SPOC 可以在这些方面发挥一定的优势，给学习者提供更好的平台，也让学习者有机会来锻炼自己。在这种模式运行的过程中，课堂不再仅仅关注知识的讲授，而是要求在学习者自学的基础上进行探讨式教学，包括对学习者进行答疑解惑、深入探究、交流讨论、实践创新等，将传统的教学模式“课上讲授内容，课下进行知识内化”变为“课下进行知识学习，课上进行知识内化”，即翻转课堂。这样的教学模式颠覆了传统的教学方式，更能提高学习者的学习效果，培养学习者形成新的思维方式，使学习者达到深层次学习的效果，教师因材施教，从而更好地实现个性化教学。

3）教师水平提升

在翻转课堂教学模式下，教师自己找 MOOC 提供给学生，所以在这个过程中，教师必须熟悉 MOOC，了解其内容、讲课思路，甚至评价其优缺点，找到满足该课程需要的 MOOC，加以比较、分析，再让学生学习，这个过程也是教师之间的经验交流的过程，这样教师在上课之前就会有所收获，从而更轻松地为学习者答疑。与传统教学相比，这种教学模式下，教师有更多地学习机会以及与优秀教师交流的机会，同时在课堂中为学生的答疑辅导的过程中，教师和学生也在共同进步，共同成长，从而使教师对于自己所传授的课程的理解更加深入，教学相长。除此之外，教师还需要自己设计或者查找一些与该校该专业该学生相适合的课程，在这个过程中，也锻炼了自己的课程设计能力，使教师专业能力得到更好的发展。

1.2 深度学习的相关研究

最近几年，随着教育信息化的不断推进以及学习科学的不断发展，深度学习逐渐成为热点研究问题。计算机科学领域中的深度学习属于机器学习领域，而教育领域中的深度学习则是相对于浅层学习（surface learning）而言的深层次学习。深度学习在计算机科学领域和教育领域中均有所发展，由于其对现代产业技术的发展以及对学习能力的发展有重要价值和意义，所以引起了两个领域内研究者的广泛关注[24]。

1.2.1 计算机科学领域中的深度学习研究

计算机科学领域中，深度学习作为专有名词第一次出现于 1986 年，当时美国加利福尼亚大学计算机科学系的 Dechter[25]在检测可能的机器学习框架以衡量搜索效率的提高和学习量时提出了深度学习的方法。然而，在 20 世纪这种技术方法尚未成熟，直到 2006 年 Hinton[26]又一次把“深度学习”的概念推了出来，并更新了神经网络，添加隐层的深度，观察到如果人工神经网络的隐层充足，采用合适的连接函数和架构，并且为无监督学习添加“预训练”网络，则将会具备更强的表达能力。该项研究的成果减轻了传统训练算法的局部最小性，从而引发了人们对机器学习领域的广泛关注。因此，从 2006 年开始，深度学习演变为机器学习的一个分支，也是机器学习当前最为重要的研究内容，并定义为“一系列尝试使用多重非线性变换对数据进行多层数据抽象的算法”[27]。深度学习无限的应用前景和商业价值快速吸引了学术界和工业界的强烈关注。

1.2.2 教育领域中的深度学习研究

教育领域中，早在 20 世纪 50 年代中期，瑞典教育心理学家、哥德堡大学的 Marton 和 Saljo 就深度学习进行了实验研究，并于 1976 年联名发表了名为《学习的本质区别：I——结果和过程》（*On Qualitative Differences in Learning*: *I-Out Come and Process*）的文章[28]，第一次阐述了深度学习和浅层学习这两个相对的概念。浅层学习是被动、机械式学习，它将信息作为单独的事实进行被动接受、简单重复和机械记忆[29]。深度学习意味着学生可以基于理解学习，批判性地学习新的想法和事实，将它们整合到原始的认知结构中，并与各种思想联系起来，将习得的知识迁移到新的情境中，并做出决策和解决问题[30]。

1. 深度学习的内涵与特征

深度学习的目的是培养高水平的思维能力，实现有意义的学习，其核心思想体现了批判、理解、整合、迁移、反思、创造等认知科学领域的概念。美国学者布卢姆[31]将学习目标分为六个层级，分别为“知道”、“领会”、“应用”、“分析”、“综合”以及“评价”。“知道”和“领会”这两个层次是对知识的机械记忆，它们处于较低的认知水平，属于浅层学习范畴；“应用”、“分析”、“综合”和“评价”这四个层次更侧重于对知识的深度理解和应用迁移，处在更高的认知水平上，属于深度学习的范畴。虽然浅层学习和深度学习的性质不同，但经常会被学习者采用，而且学习者更容易停留在浅层学习层面，很难跨越迁移、应用和创造的深度学习水平，学习效果有限。

简而言之，深度学习是积极主动的探究性学习，需要学生实施深层的信息处理和主动的知识建构、批判性的高阶思维、有效的知识转化、迁移应用和实际问题解决[32]。深度学习是理解性的学习，学生可以批判性地学习新的知识和内容，并能将它们与原有认知相结合，可以连接众多思想，将已有的知识在新的问题情境中迁移应用，做出决策并解决问题。深度学习和浅层学习是一个完整连续的统一体。

深度学习的特点包括注重批判性理解、强调信息整合、促进知识建构、着意迁移应用、面向问题解决和倡导积极学习终身学习，其核心特征是高阶思维，高阶思维的发展有助于促进深度学习。

2. 深度学习的理论基础

2012年，张浩提出深度学习的理论基础，包括建构主义理论、情境认知理论、分布式认知理论和元认知理论，并就其对深度学习的理论指导意义进行了论证[33]。这一提法近年来被大多数人所接受。张浩指出，作为学习理论的重要组成部分，认知学习理论中的几个流派都同深度学习中的核心概念有关，虽然各有侧重，但并不是绝对独立的，而是具有某种关联的。

建构主义理论从学习过程、学习结果和学习条件等角度相对完整地阐述了深度学习。情境认知理论、分布式认知理论以及元认知理论也从不同角度丰富和完善了建构主义的相关研究。元认知理论的思想则渗透于深度学习的各个过程，并且涉及建构主义理论和情境认知理论[29]。

3. 技术支持的深度学习研究

国内外研究人员高度重视先进技术的使用，特别是通过现代信息技术以促使学习者进入深度学习层面。伴随着信息技术的不断发展，近年来国内外研究者逐步研究信息技术支持下的深度学习，涉及在线课程、虚拟学习环境、社交网络服务（social network service，SNS）平台[34]、e-Learning 环境、Moodle 平台、Web2.0 社交软件、校际协作环境、教育游戏、智能教师、概念图和教育大数据等。

伴随着信息技术的迅猛发展，新的技术和新兴媒体（如在线课程、虚拟学习环境、教育游戏、Moodle 平台、教育大数据等）用于教学探索和实践的案例越来越多，而深度学习则是促使学习更具针对性和高效的途径之一。因此，对促进深度学习的新技术和新媒体的研究正在全面展开。研究教育游戏的设计实践与直接使用新技术和新媒体对学生的学习动机以及深度学习策略使用的影响时，发现让学生自主设计教育游戏并付诸实践时，更能引起学生的学习兴趣，促进其进入深度学习。通过分析教育大数据，挖掘其背后的巨大潜力，获取有意义的教学信息和知识，有助于优化教学过程并改善学习效果。相当多的研究结果从理论上给出了新技术和新媒体对深度学习的支持策略，也有一些研究通过调查和实验等实证研究验证了它们在教学实践中应用的具体效果，但并不够全面和深入。因此，促进深度学习的新技术和新媒体的支持策略需要进一步的研究[35]。

在实际教学中，相当多的本应该进入深度学习的方面却只停留在了浅层学习，所以非常有必要对深度学习进行研究与推广[36]。要使学习者能够更好地进入有意义的学习，就一定要提供形式多样的问题情境或者社会生活情境，把问题或者任务设置在情境里面，让所创造的情境能够吸引和提高学习者的注意力与兴趣，促使学习者进一步高投入的学习[37]。自从开始深度学习研究以来，它已经成为学习科学领域很有分量的课题。国内外学者都对信息技术支持的深度学习开展了研究，但大多数只是侧重于如何利用特定技术推动深度学习，而对于信息技术支持的具有普适指导意义的理论研究很少。

1.2.3　深度学习视域下 MOOC 学习活动的相关研究

尽管中国许多知名大学都在积极推广 MOOC，但总的来说，MOOC 在中国还处于起步阶段。调查显示，MOOC 使用者的年龄、地区和职业都有较为扎堆的现象，主要是生活在城市的青年和大学生群体，并且具有完整的 MOOC 深度学习经历的学习者人数非常少；在区域分布方面，学习者主要集中于东部沿海地区和经济发达的省市以及中西部地区经济相对发达、高等教育资源相对丰富和人口较多的省市，且以城市地区为主[38]。

伴随着 MOOC 上线课程以及注册人数的迅速增长，MOOC 学习的质量问题逐渐显现。蒋梦娇和邹霞[38]指出，MOOC 的优质教育资源和学习过程给学习者带来了新的学习体验，但呈现形式单调、缺乏针对性指导、线上参与度不足等问题导致学习者难以进入深度学习状态。引导 MOOC 学习者进入深度学习是解决 MOOC 学习质量问题的关键举措。

在 MOOC 教学实践中，教师指出活动设计最为关键、也最困难，缺乏可重用、可共享的学习活动设计理论。现有的研究文献中，有关深度学习领域的 MOOC 学习活动设计的研究很少，可以检索到的文章如下：《基于深度学习理论的 MOOC 学习活动设计——以“现代教育技术”课程为例》[39]、《MOOC 与翻转课堂融合的深度学习场域建构》[32]、《视频标注工具支持的深度学习研究——以 MOOC 学习环境为例》[40]。以上研究成果为本书提供了一定的指导和支持。同时，通过文献分析发现这些研究仍然相对分散，依旧没有系统深入的理论能够对 MOOC 学习活动设计进行指导。为此，本书致力于探究深度学习视域下 MOOC 学习活动设计的理论和实践方法，提供 MOOC 学习活动设计、实施与效果评价等方面独特的方法和手段，给 MOOC 学习活动设计以系统深入的理论指导。

第2章　MOOC学习活动的存在形式及学习者需求分析

本章主要解决以下问题：①MOOC 学习活动可以抽象为哪些存在形式？如果能总结出这些活动形式，那么活动设计者（教师）就可以在设计 MOOC 学习活动时根据需要套用相关的设计元素，提高设计的效率。②学习者对 MOOC 学习活动的不同存在形式有哪些需求？如果能梳理出学习者的需求，那么将有助于活动设计者（教师）在设计 MOOC 学习活动时把握重点，尽可能满足学习者的需要。

2.1　MOOC 学习活动的存在形式分析

2.1.1　研究设计

对于MOOC学习活动存在形式的分析是后续研究的基础，只有将已有MOOC学习活动的主要存在形式总结出来，才能够对教师或者学习活动的制定者提供一定的参考和帮助。因此，笔者通过对国内主流 MOOC 平台所开设的课程进行注册、试学，从而收集到足够多的 MOOC 学习活动形式的案例，并使用扎根理论所提出的系统方法对搜集到的 MOOC 学习活动资料开展定性分析。整个定性分析的过程将严格按照扎根理论所提出的系统化质性资料分析方法进行开放编码、主轴编码、选择编码的三级编码步骤，将 MOOC 学习活动的存在形式分类框架梳理出来。笔者所采用的扎根理论编码步骤如图 2-1 所示[41]。

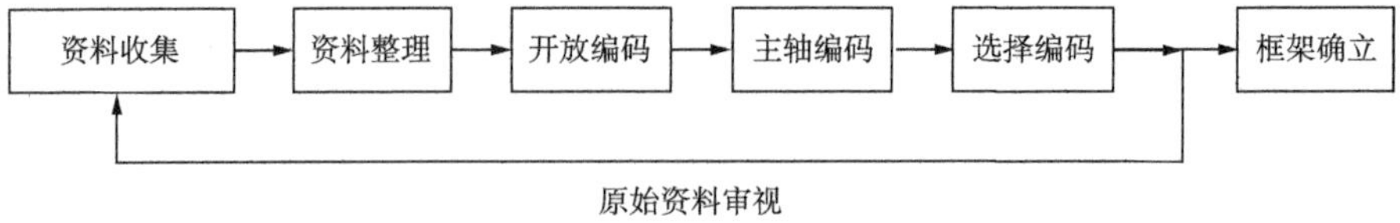

图 2-1　扎根理论编码步骤

2.1.2　资料收集与编码

1. 资料收集

笔者通过在国内主流 MOOC 平台注册学习账户，综合考虑课程的报名人数和点击率等因素，从多个 MOOC 平台选取数门受欢迎度较高的 MOOC，进行报名学习，从而取得第一手的有关 MOOC 学习活动形式的资料，为后续的研究做资料收集工作。

2. 资料整理

从所收集到的 MOOC 学习活动资料中整理出以下所列出的基本信息，并对每一个活动案例进行整理和模板记录，从而使 MOOC 学习活动的资料规范化。具体的 MOOC 学习活动案例记录模板如表 2-1 所示。

（1）课程基本信息：课程名称、学科性质、学习对象、MOOC 平台。

（2）活动基本信息：活动名称、活动目的、活动覆盖知识点、活动主要过程概述。

将这些基本信息以表 2-1 的形式进行记录、整理和整合，为开放编码做好准备。

表 2-1　MOOC 学习活动案例记录模板

课程基本信息	
课程名称：	学科性质：
学习对象：	MOOC 平台：
活动基本信息	
活动名称：	
活动目的：	
活动覆盖知识点：	
活动主要过程概述：	

笔者按照理科、工科、文科三大学科门类进行划分，一共选取了 20 门 MOOC 作为 MOOC 学习活动存在形式的案例进行资料收集。由于笔者研究的是 MOOC 学习活动的存在形式，而不是 MOOC 的学科门类，所以对于每一门课程都会进行几个课时的学习，从实际学习体验中收集相关的 MOOC 学习活动的资料。笔者虽然只报名并体验学习了 20 门 MOOC，但是已基本将目前 MOOC 平台发布的课程门类覆盖。笔者对这 20 门 MOOC 所开展的学习活动进行模板记录，总共有超过 100 个 MOOC 活动案例。表 2-2 就是笔者记录的 MOOC 学习活动案例之一。

表 2-2　MOOC 学习活动案例记录之一

<table>
<tr><td colspan="2">课程基本信息</td></tr>
<tr><td>课程名称：微观经济学</td><td>学科性质：经济学类</td></tr>
<tr><td>学习对象：大学生</td><td>MOOC 平台：中国大学 MOOC</td></tr>
<tr><td colspan="2">活动基本信息</td></tr>
<tr><td colspan="2">活动名称：发布课程公告“MOOC 微观经济学第十次课程的授课说明”</td></tr>
<tr><td colspan="2">活动目的：通过课程公告对课程内容、学习活动、考核方式及时间等进行说明</td></tr>
<tr><td colspan="2">活动覆盖知识点：微观经济学的课程结构说明</td></tr>
<tr><td colspan="2">活动主要过程概述：课程公告随着课程的发布一同发布，主要是为了通过公告的方式对报名参加学习的学生进行先导性指导，以便于学习者对课程有一个宏观的认识，在后续学习过程中能够准确把控学习进度，提高学习效率</td></tr>
</table>

3. *开放编码*

对 MOOC 学习活动案例的资料进行分解提炼，将资料的每种状况都贴上概念标签，并将相似的概念归类，识别出更高抽象层次的概念，即范畴。在这个环节尽量用概念和范畴来恰当反映案例资料的内容。研究者在开放编码时，需要从已经存在的记录中搜寻关键字、关键事件或主题，记录下最初的概念或者统一的标签，将大量的案例资料抽象整理成多个类别。笔者在进行开放编码时尽可能地将活动理论六要素的内容呈现出来，按照①主体—②共同体—③工具—④规则—⑤活动内容—⑥目标规则进行编码。表 2-3 就是 MOOC 学习活动存在形式的开放编码表之一。

表 2-3　MOOC 学习活动存在形式开放编码表之一

<table>
<tr><td colspan="2">课程基本信息</td></tr>
<tr><td>课程名称：微观经济学</td><td>学科性质：经济学类</td></tr>
<tr><td>学习对象：大学生</td><td>MOOC 平台：中国大学 MOOC</td></tr>
<tr><td colspan="2">活动基本信息</td></tr>
<tr><td colspan="2">活动名称：发布课程公告“MOOC 微观经济学第十次课程的授课说明”</td></tr>
<tr><td colspan="2">活动目的：通过课程公告对课程内容、学习活动、考核方式及时间等进行说明</td></tr>
<tr><td colspan="2">活动覆盖知识点：微观经济学的课程结构说明</td></tr>
<tr><td colspan="2">活动主要过程概述：课程公告随着课程的发布一同发布，主要是为了通过公告的方式对报名参加学习的学生进行先导性指导，以便于学习者对课程有一个宏观的认识，在后续学习过程中能够准确把控学习进度，提高学习效率</td></tr>
</table>

续表

活动基本信息
开放编码：①报名学习的学生—②课程的参与者，包括主讲教师、助教以及学生—③通过平台发布公告—④在课程发布的同时发布公告，以便告知每位学习者课程的进度安排—⑤教师发布课程公告，学习者在报名 MOOC 时认真阅读课程公告，并根据公告制定自己的学习安排—⑥通过发布课程公告对学习者的学习过程进行相应指导，以便让学习者能够对该课程有一个宏观认识，并对课程学习安排有明确的认识

4. 主轴编码

主轴编码是将开放编码中得出的各项范畴联系在一起的过程，通过模式记录发现概念与概念、概念与范畴之间的关系，从而将资料进行新的整合，发展出主要范畴。在开放编码环节，研究者的分析重点是资料本身，需要对每一个资料的主题添加特定的编码标签，并不关注主题之间有何关联性或主题所对应的概念。但是在主轴编码时，研究者要从初始概念入手，关注初步编码主题，而不再关注资料本身。该阶段需要研究者对已经形成的概念属性进行进一步的整合，发现存在于概念之间的联系，建立关系网络[42]。

在主轴编码阶段，笔者将 20 个 MOOC 的众多案例的开放编码整合在一起，以探索 MOOC 学习活动存在形式为目的，将其中类似的编码合并重组，最后形成 13 个类别，得到表 2-4 所示的主轴编码表。

表 2-4　MOOC 学习活动存在形式主轴编码表

活动形式类别	活动举例
（1）学习指导	a.开始学习前对整门课程的导学部分，对学习者的整体学习进行相应的指导和规划，包括对课程相应活动进行说明等。 b.某个章节内容的知识地图以及学习策略的指导。 c.导学视频，教师对课程概况进行相应介绍，奠定整个学习的基调。 ……
（2）教学视频	a.对相应知识点的讲解，一般采用录播的形式。 b.以大家访谈的形式，对某个知识点展开探讨，以求对学习者有所启发。 c.对某些实验原理进行演示示范、仿真操作等。 ……
（3）实践活动	a.要求学习者动手完成与课程内容相关的实验、实践等。 b.学习者撰写论文，体现对课程的理解。 ……

续表

活动形式类别	活动举例
（4）在线讨论	a.通过MOOC平台的讨论区（讨论模块）开展主题讨论。 b.由MOOC的教师或者助教建立微信群、QQ群进行讨论。 c.通过wiki来进行课程话题讨论。 ……
（5）教师在线答疑	a.教师在MOOC平台上答疑区（问答模块）解答学习者提出的相关疑问。 b.教师针对学习者比较集中的问题开设主题答疑讨论，对相关问题进行统一解答。 ……
（6）学生互助答疑	a.学习者在MOOC平台上提问，其他学习者就自己所熟识的问题给予回答。 b.在专门的学习伙伴问答模块，学习者可以提问并得到其他学习者的解答。 ……
（7）教师分享资源	a.教师在MOOC平台上传相关学习资源。 b.教师在MOOC平台发布公告，将网络学习资源的链接告知学习者。 c.教师在讨论区分享优秀的学生作品，达到资源分享的目的。 ……
（8）学生分享资源	a.对于主题讨论帖的跟帖，将自己认为好的网络资源分享给大家。 b.在作品展示模块将自己的作品分享给大家。 c.学习者在学习过程中通过MOOC平台笔记模块记录学习笔记，共享给其他学习者。 ……
（9）个人自评	a.学习者对自己展示的作业（作品）进行说明。 b.学习者对自己的学习情况进行自我评价。 ……
（10）学生互评	a.教师给出评价标准，由学习者对彼此的作业（作品）进行评价。 b.教师给出评价标准，学习小组对其他小组的作品进行客观的评价。 ……
（11）教师点评	a.教师从众多学生作品中挑选出优秀作品，进行置顶操作，以表示对该学生的肯定和鼓励。 b.教师对学生作品直接进行评分和评价。 c.教师对学生的作业进行批阅。 ……
（12）投票评选	a.在作品展示区由大家一同选出优秀作品。 b.通过第三方平台（微信小程序、问卷星等）对相关作品进行投票。 ……
（13）撰写学习反思	a.教师对课程的整体开展情况进行相应的反思，对教学中的心得体会进行记录，并分享给学习者。 b.学习者对MOOC学习的整体体验进行客观评价，并对自己的学习情况进行合理的反思，书写学习反思日志。 ……

5. 选择编码

选择编码是对各类别进一步分析，抽象成几个具有较强概括力和较强关联能力的核心概念（范畴），并以此整合其他概念（范畴），把它系统地和其他范畴予以联系，验证其间的关系，并把概念化尚未发展完备的范畴补充完整的过程。通过不断地比较和抽象，将范畴的抽象层次不断提高，从而得到与最多其他范畴有着系统联结的范畴，核心范畴具有中央性。

笔者对主轴编码中抽象出来的 13 个类别继续重组整合，凝练出三个核心范畴，最终形成表 2-5 所示的 MOOC 学习活动存在形式选择编码表。

表 2-5 MOOC 学习活动存在形式选择编码表

<table>
<tr><th rowspan="14">MOOC 学习活动存在形式分类框架</th><th>核心范畴</th><th>活动类别</th><th>含义</th></tr>
<tr><td rowspan="3">理解创建类活动</td><td>学习指导</td><td>教师在课程公告中给出学习指导，帮助学习者对课程脉络有一个清晰的认识，以便于学习者学习</td></tr>
<tr><td>教学视频</td><td>教学视频是 MOOC 学习的一个重要环节，几乎所有 MOOC 都会有配套的教学视频，来直观地呈现教学内容</td></tr>
<tr><td>实践活动</td><td>实践活动包括课程作业和习题的完成</td></tr>
<tr><td rowspan="5">交互分享类活动</td><td>在线讨论</td><td>在线讨论包括实时讨论和异步讨论，学习者通过平台的讨论区或者第三方社交软件进行文字、图片、音频、短视频等形式的讨论交流</td></tr>
<tr><td>教师在线答疑</td><td>在 MOOC 平台上教师对学习者所提的问题进行解答</td></tr>
<tr><td>学生互助答疑</td><td>学习者在问答区提出问题，然后会有其他学习者对相关问题解答</td></tr>
<tr><td>教师分享资源</td><td>任课教师或者助教在 MOOC 平台的特定板块分享一些学习资源</td></tr>
<tr><td>学生分享资源</td><td>学习者在讨论区或者展示区分享、推荐一些优秀的学习资源</td></tr>
<tr><td rowspan="5">评价反思类活动</td><td>个人自评</td><td>学习者对自己的展示作品或者学习完成情况进行评价</td></tr>
<tr><td>学生互评</td><td>学习者之间相互评价作业或者作品，并得到反馈</td></tr>
<tr><td>教师点评</td><td>教师从众多学生作品中挑选部分作品进行评价，促进学生思考</td></tr>
<tr><td>投票评选</td><td>师生在线投票选出优秀作品</td></tr>
<tr><td>撰写学习反思</td><td>教师或学习者就参与 MOOC 学习活动的感受和心得体会在 MOOC 平台上发布，与他人分享</td></tr>
</table>

2.1.3 活动存在形式的分类框架

通过以上资料收集、整理和编码等步骤，最终形成 MOOC 学习活动存在形式的分类框架，如图 2-2 所示。

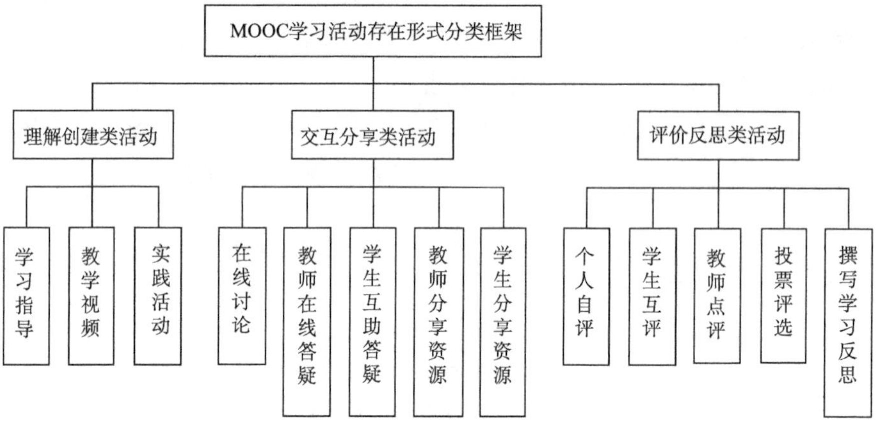

图 2-2 MOOC 学习活动存在形式分类框架

2.2 MOOC 学习活动存在形式的学习者需求分析

2.2.1 研究设计

本节重点探讨学习者对 MOOC 学习活动形式的需求。对学习者需求的研究将建立在对 MOOC 学习活动形式分类的基础上。此外，为了更深入地分析与挖掘学习者需求，本节将从学习者对 MOOC 学习活动形式的感知质量入手，获取学习者的感知因子，以学习者为中心，把握 MOOC 学习活动的设计要点。

本节在 MOOC 学习活动形式分类框架的基础上，针对三个核心范畴，通过对参与过 MOOC 学习活动的学习者进行问卷调查，了解他们在参与活动时的感受和体验。同时，为了探测学习者对 MOOC 学习活动形式的需求，识别影响 MOOC 学习活动感知质量的因素，本节在问卷调查的基础上，对学习者进行个别访谈，请他们分别描述他们认为高质量和低质量的 MOOC 学习活动的特征，以及带给他们的不同学习体验；请每人分别列举所参与过的 MOOC 学习活动中哪些形式比较好，好在哪里，并描述带给他们的体验和感受，以及参与过的 MOOC 学习活动中哪些形式不理想，原因是什么，并描述带给他们的体验和感受。对学习者的描述进行内容分析，将所列举的描述全部转为正向表达，得到一系列对 MOOC 学习活动形式感知质量产生重要影响的因子。最后采用问卷调查，计算指标权重，归纳 MOOC 学习活动形式的学习者需求。研究流程见图 2-3。

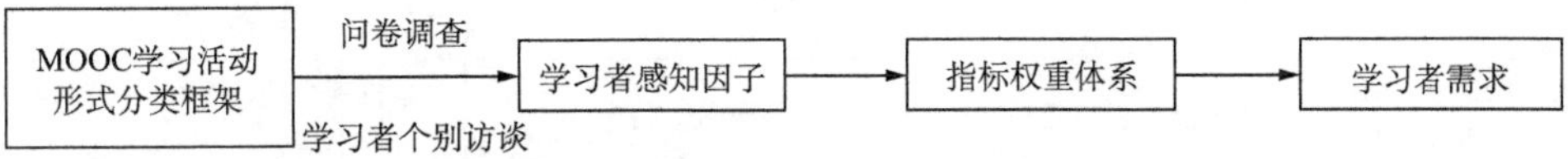

图 2-3　MOOC 学习活动形式的学习者需求研究设计

2.2.2　需求指标体系构建

因子经过合并和归类后，得到 MOOC 学习活动形式的需求指标体系，具体如表 2-6 所示。

表 2-6　MOOC 学习活动形式需求指标体系

总体调查目标	一级指标（核心范畴层 C）	二级指标（活动形式类别层 T）	三级指标（感知因子层 S）
MOOC 学习活动形式的感知质量	理解创建类活动（C_1）	学习指导（T_1）	学习目标明确、学习的重点和难点突出、提供有效的学习方法
		教学视频（T_2）	视频清晰度高、有合适的字幕显示要点内容、播放流畅、声音清晰无干扰、教师表达清楚流畅
		实践活动（T_3）	课前测试的难度和数量适中、课后作业难度和数量适中、测试反馈及时、个人作品创建要具备一定的挑战性和启发性
	交互分享类活动（C_2）	在线讨论（T_4）	讨论有序、网络流畅、互动频繁、时间控制恰当
		教师在线答疑（T_5）	回应迅速、解答有效、帮助详细
		学生互助答疑（T_6）	教师引导与反馈得当、对最佳答案的筛选及时、奖励机制有效
		教师分享资源（T_7）	内容实用、富有趣味、导航清晰
		学生分享资源（T_8）	奖励机制合理、导航及时更新、质量有所监控和保证
	评价反思类活动（C_3）	个人自评（T_9）	有一定的客观性、较强的反思性、得到启发、促进深度思考
		学生互评（T_{10}）	评价方式和方法明确、反思和批评性强、评价标准清晰

续表

总体调查目标	一级指标（核心范畴层 C）	二级指标（活动形式类别层 T）	三级指标（感知因子层 S）
MOOC 学习活动形式的感知质量	评价反思类活动（C_3）	教师点评（T_{11}）	点评覆盖面广、启发性强、学生获得点评的机会均等
		投票评选（T_{12}）	投票机制合理、评价目标明确、评价标准清晰
		撰写学习反思（T_{13}）	非强制性、反思效果明显、经常被浏览、反馈丰富

2.2.3 指标权重计算

1. 获取指标标定值

由于学习者对 MOOC 学习活动质量的感知具有不可避免的模糊性，笔者采用层次分析法（analytic hierarchy process，AHP），以感知因子之间的比较作为计算起点，提高探测结果的精确度。根据判断矩阵的标度理论，采用 7 级 Likert 量表（量级为 1～7），分别对 13 种 MOOC 学习活动形式中的高频感知因子权重进行测量，按照 MOOC 学习活动形式的学习者需求指标体系设计意见征询表，然后向学生发放，从而比较和标定每个感知因子对 MOOC 学习活动感知质量影响的重要程度。意见征询表全部有效回收，得到初步评价指标标定值。

2. 构建判断矩阵

根据所得指标间相对于上一级指标重要性的比较标定值 u_{ij} 和 $u_{ji}=1/u_{ij}$，建立各指标间相对重要性的标定值判断矩阵 $\boldsymbol{A}=\begin{bmatrix} u_{11} & u_{12} & \cdots & u_{1n} \\ u_{21} & u_{22} & \cdots & u_{2n} \\ \vdots & \vdots & & \vdots \\ u_{n1} & u_{n2} & \cdots & u_{nn} \end{bmatrix}$，以学习指导活动形式类别层 T_1 为例，判断矩阵为 $\boldsymbol{A}_{T1}=\begin{bmatrix} 1 & 0.961 & 0.989 \\ 1.041 & 1 & 1.030 \\ 1.011 & 0.971 & 1 \end{bmatrix}$。

3. 计算指标权重

用方根法求出判断矩阵 $\boldsymbol{A}$ 的最大特征根所对应的特征向量 $\boldsymbol{W}$：

$$\boldsymbol{W}=(W_1, W_2, \cdots, W_n)\ T$$

其中，$W_i=\sqrt[n]{\prod_{j=1}^{n}u_{ij}}\Bigg/\left(\sum_{i=1}^{n}\sqrt[n]{\prod_{j=1}^{n}u_{ij}}\right)$。

$\boldsymbol{W}$ 的各分量即各指标的权重分配，以 T_1 层为例，计算的方法如下：

$$\boldsymbol{A}_{T1}=\begin{bmatrix}1 & 0.961 & 0.989\\ 1.041 & 1 & 1.030\\ 1.011 & 0.971 & 1\end{bmatrix}$$

有

$$\sqrt[3]{1\times0.961\times0.989}=0.983$$
$$\sqrt[3]{1.041\times1\times1.030}=1.024$$
$$\sqrt[3]{1.011\times0.971\times1}=0.994$$

则 T_{11} 的权重 $W_1=\frac{0.983}{3.001}=0.328$，$T_{12}$ 的权重 $W_2=\frac{1.024}{3.001}=0.341$，$T_{13}$ 的权重 $W_3=\frac{0.994}{3.001}=0.331$。

同理可通过判断矩阵求得其他活动形式类别层 T_n 中各感知因子的排序权重。

4. 一致性检验

为确保层次单排序的可信度，需计算判断矩阵 $\boldsymbol{A}$ 的最大特征根 $\lambda_{\max}$，以进行判断矩阵的一致性检验。

$$\lambda_{\max}=\frac{1}{n}\sum_{i=1}^{n}\frac{(\mathrm{AW})_i}{W_i} \tag{2-1}$$

$$\mathrm{CR}=\frac{\mathrm{CI}}{\mathrm{RI}}=\frac{(\lambda_{\max}-n)/(n-1)}{\mathrm{RI}} \tag{2-2}$$

式中，$(\mathrm{AW})_i$表示向量 **AW** 的第 i 个元素，CR 为检验值，CI 为一致性指标，RI 为判断矩阵的随机一致性指标。以 C 层为例进行一致性检验：

$$\mathrm{AW}=\begin{bmatrix}1 & 0.961 & 0.989\\ 1.041 & 1 & 1.030\\ 1.011 & 0.971 & 1\end{bmatrix}\begin{bmatrix}0.328\\ 0.341\\ 0.331\end{bmatrix}=\begin{bmatrix}0.983\\ 1.023\\ 0.994\end{bmatrix}$$

则

$$(\mathrm{AW})_1=0.983,\ (\mathrm{AW})_2=1.023,\ (\mathrm{AW})_3=0.994$$

由式（2-1）可得

$$
\begin{aligned}
\lambda_{\max} &= \frac{1}{3}\times\left(\frac{0.983}{0.328}+\frac{1.023}{0.341}+\frac{0.994}{0.331}\right) \\
&= 3.001
\end{aligned}
$$

由式（2-2）可得

$$
\mathrm{CR}=\frac{\mathrm{CI}}{\mathrm{RI}}=\frac{(3.001-3)/(3-1)}{0.58}\approx 8.621\times10^{-4}
$$

计算得到随机一致性比率 CR 远远小于 0.1，因此可以认为层次单排序结果是满意的，否则需要调整判断矩阵标定值。其他层次判断矩阵也以相同方法检验，经计算所得结果满足一致性。

5. 量化指标权重

以 100 分按权重赋予各个指标分值，结合以上计算得到 MOOC 学习活动形式的学习者需求权重指标体系，以柱状图表示，如表 2-7 所示。

表 2-7　MOOC 学习活动形式的学习者需求权重指标体系

<table>
<tr><th rowspan="4">MOOC 学习活动形式的感知质量</th><th>核心范畴</th><th>活动形式类别</th><th>感知因子</th></tr>
<tr><td rowspan="3">理解创建类活动（C_1）</td><td>学习指导（T_1）</td><td>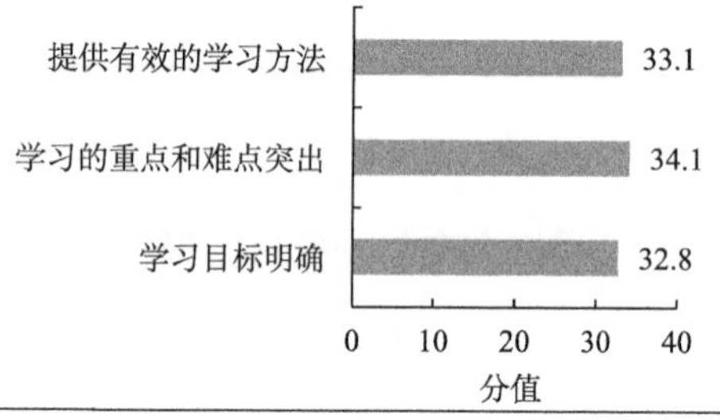
</td></tr>
<tr><td>教学视频（T_2）</td><td>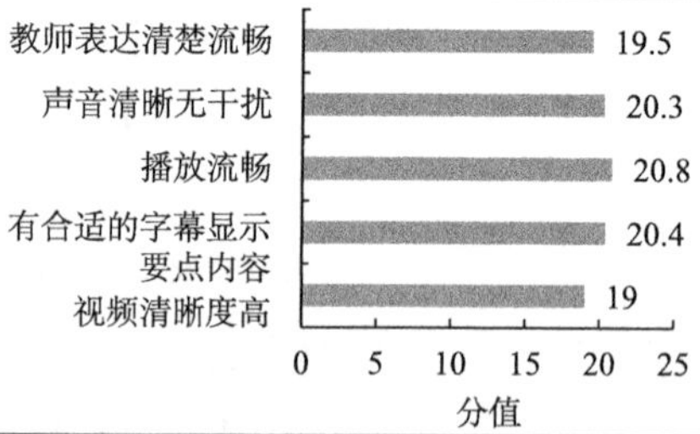
</td></tr>
<tr><td>实践活动（T_3）</td><td>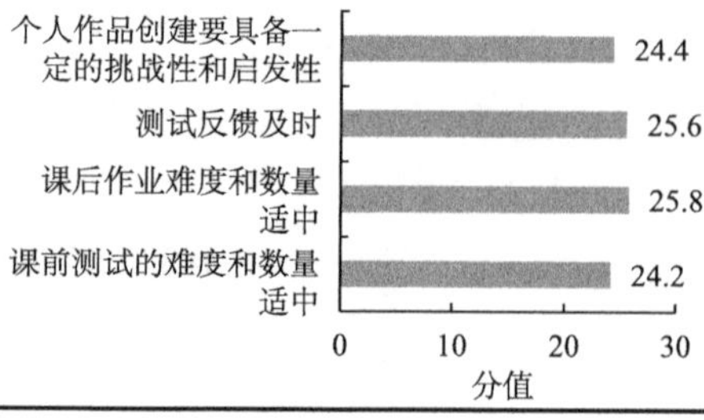
</td></tr>
</table>

续表

<table>
<tr><th></th><th>核心范畴</th><th>活动形式类别</th><th>感知因子</th></tr>
<tr><td rowspan="5">MOOC 学习活动形式的感知质量</td><td rowspan="5">交互分享类活动（C_2）</td><td>在线讨论（T_4）</td><td>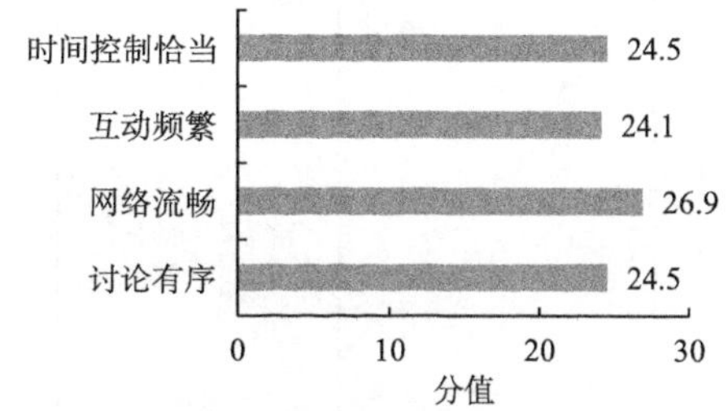
</td></tr>
<tr><td>教师在线答疑（T_5）</td><td>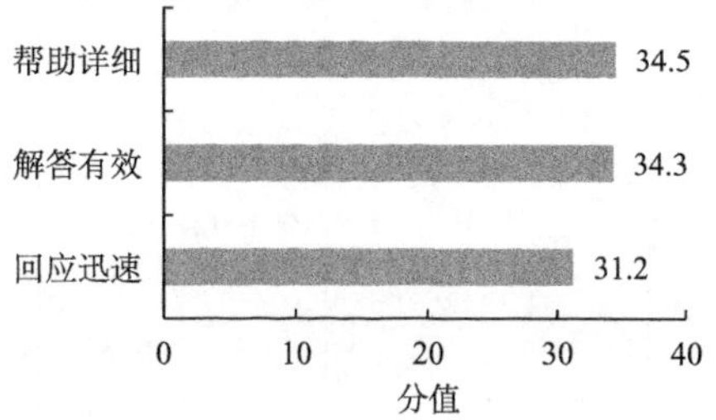
</td></tr>
<tr><td>学生互助答疑（T_6）</td><td>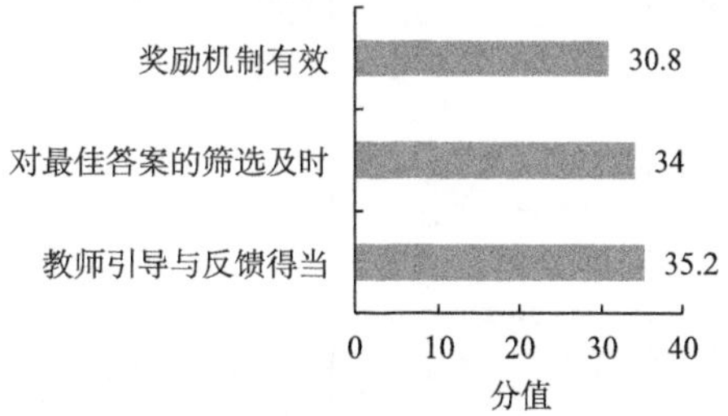
</td></tr>
<tr><td>教师分享资源（T_7）</td><td>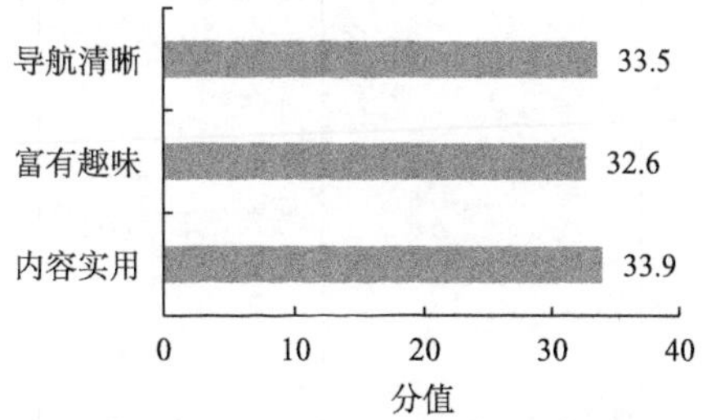
</td></tr>
<tr><td>学生分享资源（T_8）</td><td>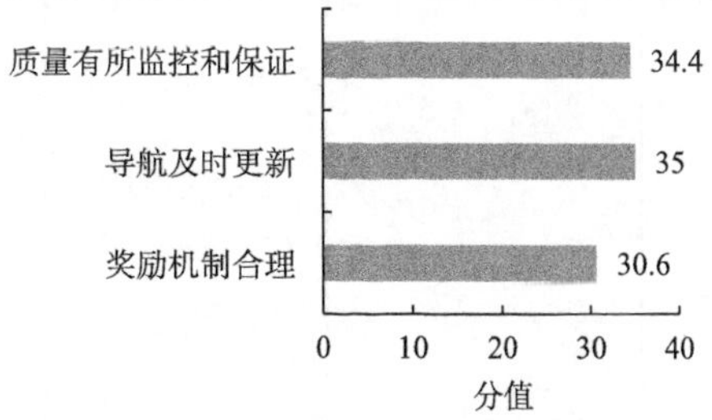
</td></tr>
</table>

续表

	核心范畴	活动形式类别	感知因子
MOOC 学习活动形式的感知质量	评价反思类活动（C_3）	个人自评（T_9）	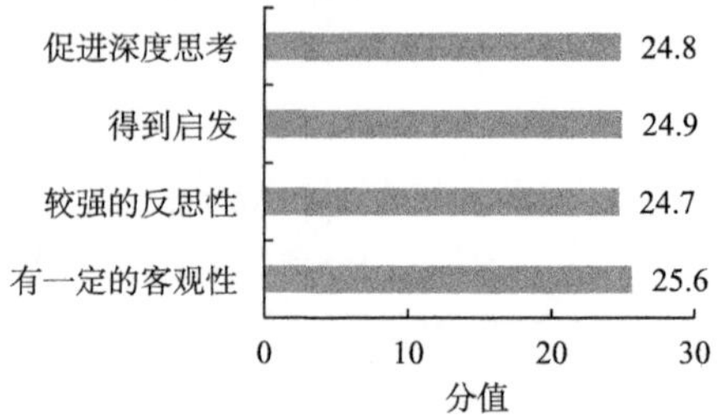
		学生互评（T_{10}）	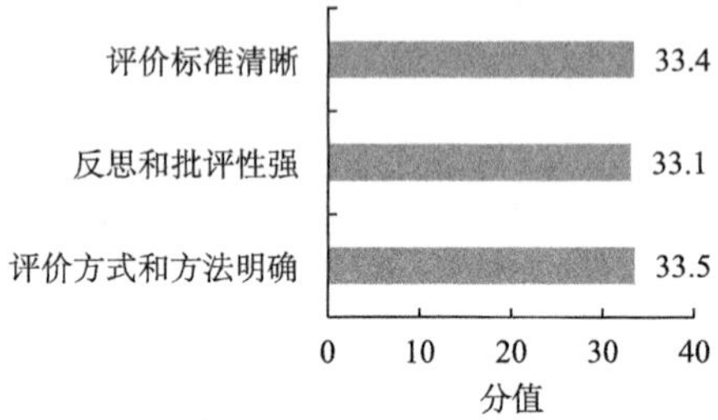
		教师点评（T_{11}）	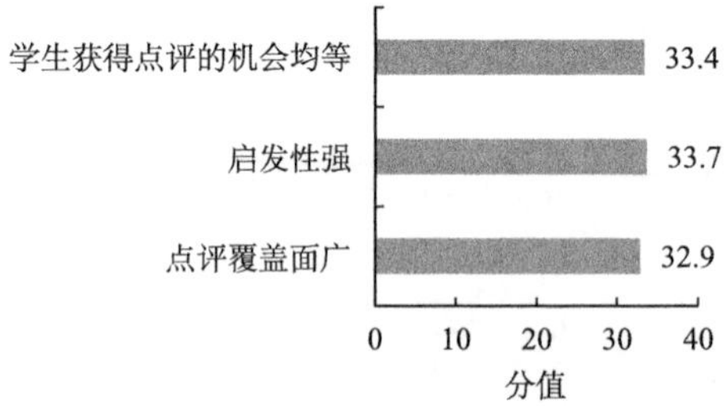
		投票评选（T_{12}）	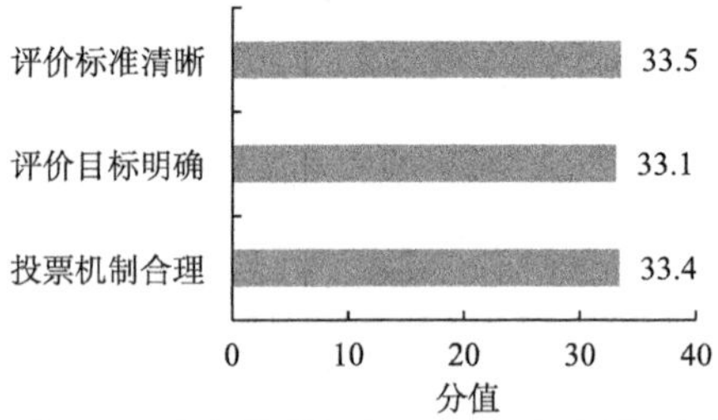
		撰写学习反思（T_{13}）	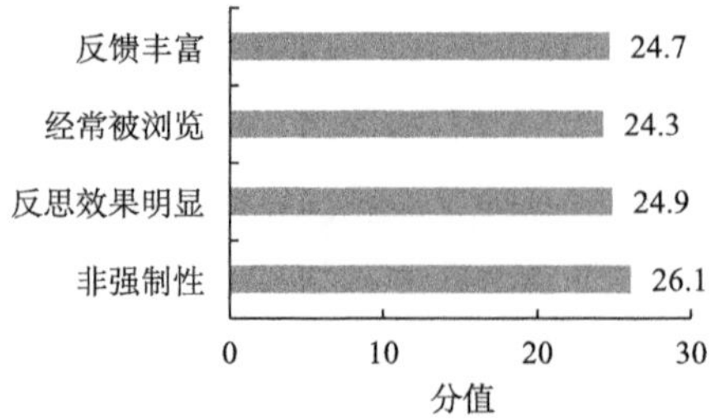

6. 分析

基于学习者对 MOOC 学习活动形式的需求，结合笔者对参与过 MOOC 学习活动的学习者的问卷调查和分析，对于 MOOC 学习活动形式的特点、实施难点和解决策略进行进一步分析。

1）理解创建类活动

理解创建类活动形式的特点是 MOOC 学习者通过 MOOC 能够获得有效的学习指导、优质的教学视频并允许进行实践活动。

（1）学习指导。教师在课程公告中给出学习指导，帮助学习者对课程脉络有一个清晰的认识，以便于学习者学习。

对于学习指导活动形式，学习者需求程度按照从高到低排列依次是：学习的重点和难点突出、提供有效的学习方法、学习目标明确。可见，在开始 MOOC 学习之前，学习者希望对课程的重难点有清楚的认识。笔者认为教师应当在课程公告处展示课程介绍、学习目标、学习重难点等课程相关信息。学生通过浏览课程公告，可以掌握课程基本情况，并结合自身实际情况调整学习策略，高质量地完成 MOOC 学习。此外，教师应当整理学生在课程学习过程中常见的错误和疑问，连同相应的回答展示在课程公告处，避免后续进行学习的学生出现同样的问题。

（2）教学视频。教学视频是 MOOC 学习的一个重要环节，几乎所有 MOOC 都会有配套的教学视频，来直观地呈现教学内容。

对于教学视频活动形式，学习者需求程度按照从高到低排列依次是：播放流畅、有合适的字幕显示要点内容、声音清晰无干扰、教师表达清楚流畅、视频清晰度高。可见，学习者希望 MOOC 平台能够流畅地播放教学视频。笔者认为，在进行 MOOC 学习之前，MOOC 平台管理者应当对系统进行调试，确保系统的稳定性以及视频传输的流畅性。同时，教学视频应配有字幕，一方面可以帮助学生抓住课程重点内容，另一方面可以避免因视频录制缺陷或教师表达不清而出现学生遗漏教学内容的情况。此外，录制教学视频时应保证录制清晰且录制现场安静无杂音，教师则应在录制视频前多次排练以保证录制时能够清楚地表达教学内容。

（3）实践活动。实践活动主要是学习者完成课程作业和习题。

对于实践活动形式，学习者需求程度按照从高到低排列依次是：课后作业难度和数量适中、测试反馈及时、个人作品创建要具备一定的挑战性和启发性、课前测试的难度和数量适中。可见，在课程结束后学习者需要适当难度和数量的课后作业。笔者认为，适量的课后作业可以帮助学生巩固本节课所学知识，学生可以进行自我评价，通过测试反馈结果，了解自己的学习情况并调整学习策略。同时，教师应为学生布置具有一定挑战性和启发性的任务，学生需要经过一定的思考与尝试才可以完成，促进学生深度学习的发生。

2）*交互分享类活动*

交互分享类活动形式的特点包括 MOOC 学习者在 MOOC 平台上借助各种交流工具公开地发表见解和观点；学生在 MOOC 平台提问，由教师或其他学生在线答疑，远程互助；师生通过 MOOC 平台推荐、共享、评论学习资源。

（1）在线讨论。在线讨论包括实时讨论和异步讨论，学习者通过平台的讨论区或者第三方社交软件进行文字、图片、音频、短视频等形式的讨论交流。

对于在线讨论活动形式，学习者需求程度按照从高到低排列依次是：网络流畅、时间控制恰当、讨论有序、互动频繁。笔者认为，实时讨论活动对网络平台的技术性要求往往较高，例如，要安装相关的客户端，网络带宽要足够高，如果网络或仪器导致交流不顺畅，现实中师生就容易产生挫败感，因此最好在活动开始前对系统进行调试，确保系统的稳定性。同时，教师应该在讨论过程中尽可能激发学生去思考，引导学生的讨论围绕主题展开；此外，对于讨论的目标、程序、学习任务等都最好以文本或图表的方式阐述清晰，让学生感到清楚明白，并经常浏览且回复学生的讨论，激发学生的参与热情。

（2）教师在线答疑。教师在线答疑活动形式类似于在线辅导。教师在线答疑通常没有面对面答疑那么方便，尤其是对于操作性较强的学习内容，由于无法面对面地演示，远程答疑的效果不是太理想。

对于教师在线答疑活动形式，学习者需求程度按照从高到低排列依次是：帮助详细、解答有效、回应迅速。笔者认为，教师除了应详细地解答学生的提问，帮助学生解决困惑，还应该针对本课程学生提问较多的知识点形成一些辅导材料并展示在 MOOC 平台上，最终形成常见疑难问题库，降低重复答疑的次数，提高答疑效率。同时，对于操作性较强的内容的答疑可以采用录制视频的方式解决，当然这消耗的成本和时间精力更多，但是制作出来的答疑视频可以收藏进常见疑难问题库中，方便日后学生的学习。另外，对于不愿意公开提问的学生，可以让他们私下以电子邮件或 QQ 等方式向教师请教。

（3）学生互助答疑。学生互助答疑类似于在线的互动和对问题的探究与讨论。

对于学生互助答疑活动形式，学习者需求程度按照从高到低排列依次是：教师引导与反馈得当、对最佳答案的筛选及时、奖励机制有效。可见，学生对于从同学那里获得的答案不能十分确定，更希望得到教师的引导和反馈。笔者认为，在学生互助答疑的过程中，教师应该及时对学生互助答疑提供反馈，引导学生在探索过程中不断靠近最终答案，必要的时候，还需要从多个答案中为学生确定出最佳答案。同时，教师应该重视每一个学生互助答疑的过程，因为每一个互助答疑的过程都是一个问题探究的过程，教师可以通过必要的激励机制（如加分机制、轮岗助教形式等）提高学生的参与度与积极性。另外，对一个问题的讨论接近尾声时，可以由教师或提问的学生进行总结梳理，整理出最佳答案与其他同学分享。

（4）教师分享资源。MOOC 教师分享教学课件、阅读材料等学习资源后，学生可以根据需要下载学习。

对于教师分享资源活动形式，学习者需求程度按照从高到低排列依次是：内容实用、导航清晰、富有趣味。可见，学生对于教师上传的学习资源在内容方面的要求最高。笔者认为，教师在分享学习资源的时候主要基于差异，上传各知识点的特色资源，上传的资源数量应适度，因为资源数量越多，就越难摆放，也越容易给学生带来认知负荷和学习压力。为使学生很好地运用资源，教师可以先取消某些资源的可见性，在学生需要使用该资源的时候才将其显示出来，一方面让学生不至于看得眼花缭乱，另一方面减轻学生学习的心理负担。同时，教师可以在课程公告或课程论坛将某一知识点涉及的在线资源向学生进行简单介绍，并且指出重要性较高的资源以及该资源的使用方法，学生如果对资源的使用存在疑问，还可以随即提出，以此来增强学生对学习资源组织形式的了解。另外，根据学生的需求，教师提供的学习资源应该尽可能丰富，注重其内容实用、富有趣味，提供导航页面和学习指引，从而提高资源的使用效率。

（5）学生分享资源。学生之间相互分享学习资源可以促进共同学习某一门 MOOC 的学生彼此的交流和资源的有效利用，尤其是开放型教育资源的利用。

对于学生分享资源活动形式，学习者需求程度按照从高到低排列依次是：导航及时更新、质量有所监控和保证、奖励机制合理。可见，学生对于其他学生上传的学习资源在导航方面的要求最高。笔者认为，MOOC 平台学生相互分享学习资源通常是随意性的，看到好的资源就发帖上来分享，这样容易导致资源的数量多、类型差别大、质量参差不齐等问题。因此，教师应该商议并制定资源推荐的规范，要求学生除了上传资源或发帖提供链接，还应该以文字形式简单介绍该资源的特色和使用方法，及时浏览资源，及时更新推荐资源的导航帖，并帮助学生筛选，一方面协助学生将资源列表整理得更有条理，另一方面激发学生继续推荐资源的积极性。另外，教师还可以利用在线讨论时间将其他班次学生上传的较好的资源向本班学生介绍，给学生形成较清晰的指引，提高使用资源的积极性。

3）评价反思类活动

评价反思类活动形式的特点是通过各种在线评价工具（如发帖评论、投票等）对 MOOC 学习者的作业、作品或研究成果提供反馈。

（1）个人自评。个人自评活动的主体是学生，学生需要对自己的展示作品或者学习完成情况进行评价。

对于个人自评活动形式，学生需求程度按照从高到低排列依次是：有一定的客观性、得到启发、促进深度思考、较强的反思性。可见，有一定客观性的个人自评对学生最有意义。笔者认为，教师应当监督个人自评活动的进行，对于不够客观的评价，教师应当做出及时反馈，要求学生重新进行自评。同时，教师在学生进行个人自评时应当给予适当的引导与启发，促进学生深度思考的发生，通过个人自评活动，学生可以对自身的不足做出反思，调整自己的学习策略。

（2）学生互评。学生互评活动形式主要由学生完成反思和评价的过程，教师参与其中进行引导。

对于学生互评活动形式，学生需求程度按照从高到低排列依次是：评价方式和方法明确、评价标准清晰、反思和批判性强。可见，学生希望在互评时能有明确的评价标准和规则作为参考和指引。笔者认为，教师应明确评价方法和评价要求，教师在评价方法上的指引越清楚和直观，活动的效果就越好。教师可以给出明确的评价标准，最好给出正面和反面的评价例子文本，引导学生学会评价。另外，对学生间的互评，教师应适当地给出反馈，教师的参与对学生互评活动将起到很大的促进作用。

（3）教师点评。教师点评活动的主动权在于教师，通常一次 MOOC 学习活动进入总结阶段，由教师统一进行评价。

对于教师点评活动形式，学生需求程度按照从高到低排列依次是：启发性强、学生获得点评的机会均等、点评覆盖面广。可见，教师的评价对学生来说具有较高的权威性。笔者认为，每一次作业（作品），教师最好以一定的规则来选择学生或小组给予点评，力求几次作业（作品）的点评能够公平覆盖所有的学生。

（4）投票评选。投票评选活动形式程序简单，能够返回一个量化的评价结果，但它本身并不存在很大的意义，其主要作用在于为学生的作业（作品）的制作过程提供动力，增强学生的动机感。

对于投票评选活动形式，学习者需求程度按照从高到低排列依次是：评价标准清晰、投票机制合理、评价目标明确。笔者认为，在线的投票评选操作简单，可以在小组或个体之间形成一种竞争氛围，投票评选活动的目的在于促进学生以更高的热情完成活动任务（如小组作品等），教师应在投票活动开始前给出评选的规则和标准，让学生在投票评选中学会分析和比较，对于 MOOC 学习者的作品能够相互借鉴、相互学习，共同提高。

（5）撰写学习反思。撰写学习反思是在网络平台上的非正式互动，这种互动以个体作为活动的主体，但此过程中也融合学习的元素。

对于撰写学习反思活动形式，学生需求程度按照从高到低排列依次是：非强制性、反思效果明显、反馈丰富、经常被浏览。笔者认为，教师不应强制要求每个学生都写学习反思，应以研究的心态进行教学，教研同行，积极撰写教育叙事类的日志，对学生能够起到言传身教的作用，也有利于改善师生关系，增强师生互动。同时，教师需要经常浏览学生的学习反思并给出反馈，鼓励其他的学生一起阅读和思考，这样可以带动所有学生对撰写学习反思活动形式的重视。

第3章　深度学习视域下MOOC学习活动设计的理论

本章主要对促进深度学习的 MOOC 学习活动设计构建理论体系框架，希望所构建的理论框架能成为给予 MOOC 学习活动设计及其实施以更为具体化指导的中层理论框架。从方法论、模式论、环境论、效果论和管理论五个角度探讨深度学习视域下 MOOC 学习活动设计的理论。

框架通常被认为是一种观念或事物的基本结构，一种概念性方案、结构或系统，或将相关的组成部分（构件）按照一定的理念、规则或标准统整在一起的结果[43]。理论框架则包含对理论体系进行建构的过程和结果两个方面[44]。本章将以促进学习者深度学习为目标，以在线资源共建共享为主要途径，在活动理论、混合学习理论以及在线学习共同体理论等的指导下进行 MOOC 学习活动设计理论框架的构建研究。

3.1　方　法　论

3.1.1　方法论概述

MOOC 作为开放在线学习的典型代表，具有大规模、开放性、在线课程的特点，打破了时间和空间等对学习活动的限制，允许学习者通过网络无限制地访问 MOOC 平台，进入网络学习社区进行互动和交流[45]。但是，随着 MOOC 教学实践的深入开展，一些问题日渐显现：忽视学习活动设计、学生的参与度不够、缺乏针对性的指导等[38]，这将导致学生的学习处于浅层阶段，学生学习的知识无法内化，不能激发学习者自主探究、批判理解、知识迁移和问题解决的潜在能力，即学生未能达到深度学习的层次[39]。《地平线报告》（2016 高等教育版）将促进深度学习作为衡量学习效果的重要标尺，并将转向深度学习作为高等教育技术采用的关键趋势[46]。因此，本节在梳理国内外在线学习活动设计方法后，尝试在相关理论的指导下，结合 MOOC 平台的学习活动特点，探究深度学习视域下 MOOC 学习活动设计的方法。

方法论是对某一领域的问题阶段、任务、工具、方法技巧进行系统的论述、分析的方法。它包括与一个知识分支相关的理论和原理的分析，会对一系列具体方法进行研究，系统总结并最终提出较为一般性的原则。通常，它包含范例、理论模型、阶段和定量或定性技术等内容[47]。基于方法论的视角，笔者将国内外在线学习活动设计的方法进行梳理，以期对深度学习视域下 MOOC 学习活动设计方法给予启示。

MOOC 学习活动设计在活动理论的指导思想下，将活动作为基本教学单元，不仅关注教学策略和方案的线性结构，更关注影响活动的诸多因素间的非线性结构，并对活动内部各要素以及各要素间的关系进行研究[48]。活动理论逐步应用于多种在线学习活动设计中，且被证实具有积极指导意义[49]。因此，基于活动理论，通过对 MOOC 学习活动的深入研究，探索符合 MOOC 学习特征和规律的学习活动设计方法，是增强 MOOC 深度学习的必要途径之一。

深度学习视域下 MOOC 学习活动设计方法的相关研究较少，因此，笔者从其上位概念——在线学习活动设计方法的相关研究中寻找启发。Britain[50]指出在线学习活动设计核心思想是在 e-Learning 环境下提高学习活动的有效性和多样性。杨开城[51]认为学习活动设计是对不同类型学习活动成分的设计。因此，有效的学习活动需要精心的设计，学习活动设计应该是可重用和共享的，而学习活动设计模型的建立使之成为可能。

3.1.2　国内外在线学习活动设计方法的相关研究

1. 国外在线学习活动设计方法的相关研究

1）CSALT 框架

兰卡斯特大学高级学习技术研究中心（Centre for Studies in Advanced Learning Technology，CSALT）成立于 1992 年，专注于网络学习环境的设计。CSALT 以学习活动为中心，其目的是探究学习活动的本质，建立基于技术环境学习活动的一般模型。CSALT 将学习看作发生在一定组织情境中的学习活动序列，设计者在教学设计中将“任务”与“学习活动”分割开来，具体如图 3-1 所示。CSALT 框架图基于情境将学习过程分为两个部分：教学方法（包括教学战术、教学策略、教学法、教育哲学）和活动结构（设计者结合学习任务以及环境、教育技术等因素组织学习活动的过程），这两者相互映射，最终目的是服务于教学结果，让学生掌握学习内容[52]。

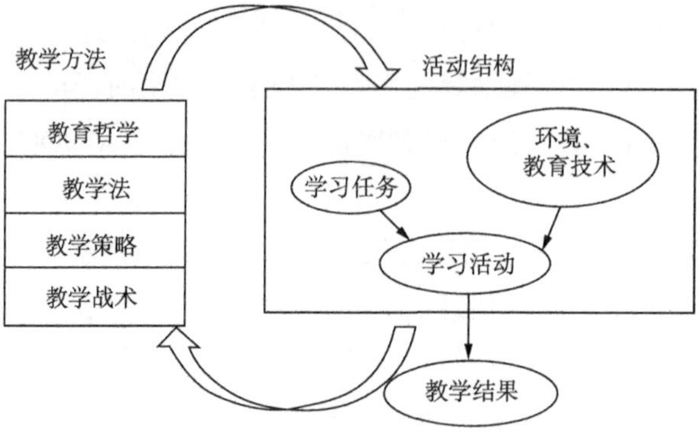

图 3-1　CSALT 框架图

2）Dialog PLUS 学习活动设计模型

Dialog PLUS 是由美国国家科学基金（National Science Foundation，NSF）和英国联合信息系统委员会（Joint Information Systems Committee，JISC）共同资助的项目，该项目开发了用于学习活动设计的工具包 DPT（Dialog Plus Toolkit），DPT 能够帮助教师对需求进行表达，并指导教师创建详细的学习活动计划，在教学方法和资源工具方面给予提示与支持。DPT 的核心概念是学习活动，因此该项目给出了学习活动构成模型，包括三个维度：活动发生的环境、学与教方法和学习活动任务。针对三个维度又分别采用了多个二级维度进行描述，具体如图 3-2 所示。

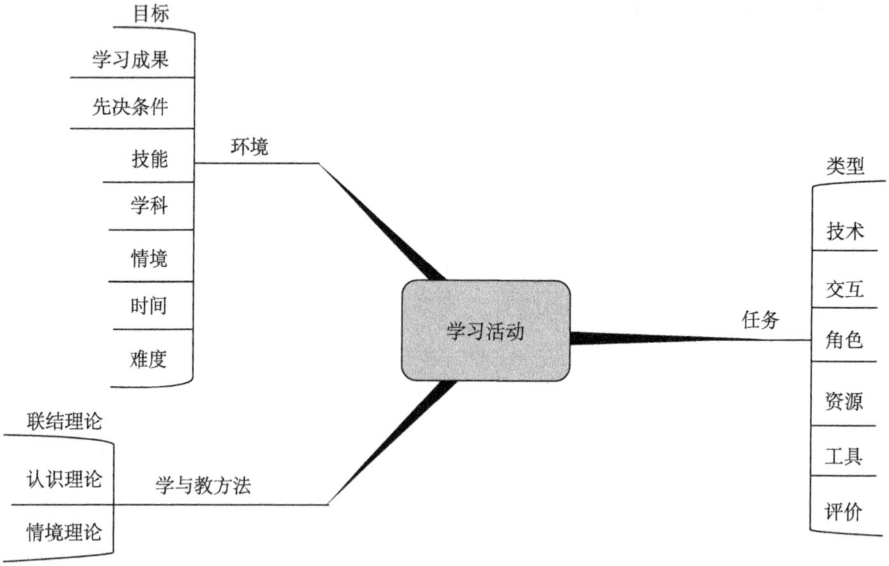

图 3-2　Dialog PLUS 学习活动设计模型的顶层

从图中可以看出，活动发生的环境维度进一步包括目标、学习成果、先决条件、技能、学科以及活动发生的情境、时间和难度等。学与教方法维度包括理论部分。理论部分是从联结理论、认知理论和情境理论三方面进一步阐述的。活动承担的任务维度包括指定的任务类型、所用的技术、学习同伴间的交互、承担的活动角色、学习活动的相关工具、资源和评价等[53]。

3）LARM

学习活动参考模型（learning activity reference model，LARM）由 JISC 资助的 LADiE 学习设计项目开发，旨在鼓励人们使用适当的技术设计学习活动。LARM 提供了设计和实施有效学习活动的过程，以及在创建和实施学习活动时使用的许多技术工具与服务，支持在学习活动规划时做出决策。LARM 认为，学习活动是一个或者多个学习者与环境之间的交互（包括内容资源、工具和设备、计算机系统和服务，以及“真实世界”的事件和物件等），目的是达到特定的预期学习成效[54]。LARM 注重在学习活动创作过程中，教师灵活地运用教学理论和教学方法，以及已有的教学和学习经验安排教学活动，不仅限于技术的使用。LARM 采用“自顶向下”和“自底而上”的途径，实现有效学习活动设计的需求。“自顶向下”的设计通过一系列的教师和学习技术专家间的交流，引用活动设计模板，创造一系列的学习活动；“自底而上”的设计中，学习活动被转化为“事例”，满足教师在现有的互用性标准和规范上设计学习活动。

LARM 认为在创建学习活动时需要考虑三件事：学习活动发生的背景、学习活动中使用的教学方法，以及学生与教师为完成学习活动而执行的任务，具体参考模型如图 3-3 所示。图中，LACP 为学习活动内容包，MCQ 工具是一种认知技能评估工具。该模型包括学习活动创作（顶部）和学习活动交付（底部）两部分，以及创作和运行学习活动的核心组件之间涉及的诸多因素，如活动资源（学习活动库、学习对象库、问题库等）、活动所需服务（异步讨论、电子邮件、同步讨论、概念映射工具、MCQ 工具等）和静态的信息存储（学生信息系统、电子档案袋等）[55]。

4）IMS 学习设计规范

IMS 学习设计规范是学习设计领域重要的规范，是以荷兰开放大学为基础建立的，主要围绕学习单元对学习任务、学习活动结构、角色等进行描述，还提供了独立于平台的一些设计集合，以便人们可以共享和重用这些学习设计。学习单元作为学习设计的主要成分具有以下要素：学习目标、角色、活动、活动结构、环境、属性和方法。IMS 学习设计规范具体如图 3-4 所示，学习设计规范中活动

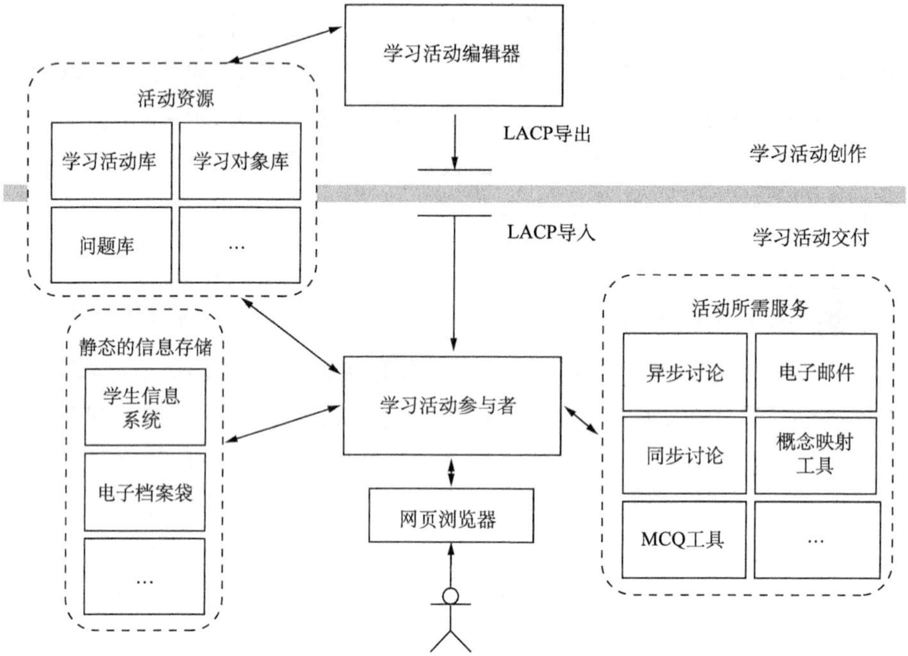

图 3-3　LARM 结构

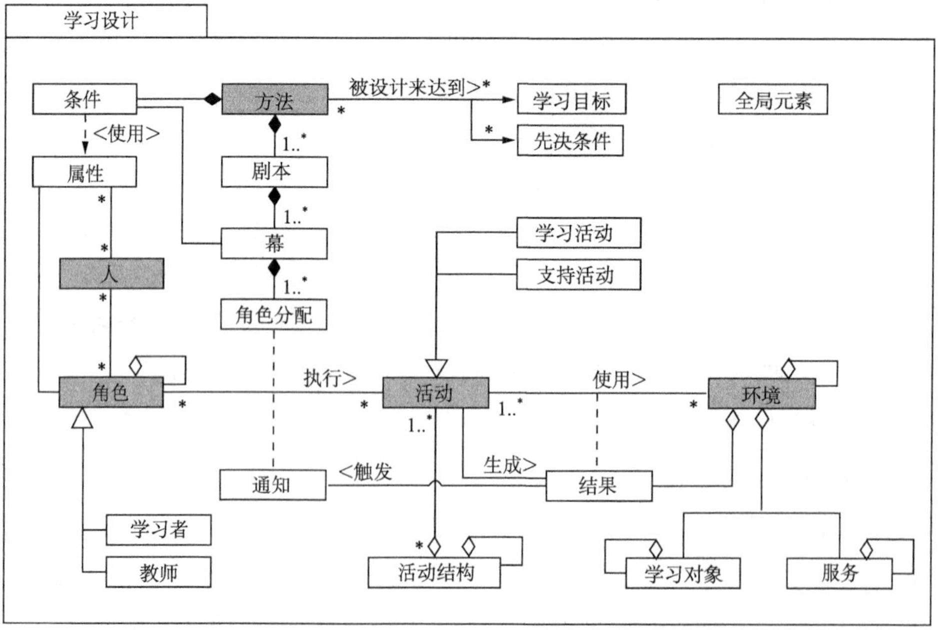

图 3-4　IMS 学习设计规范结构

结构可以嵌套，学习活动用于角色与环境的连接。IMS学习设计规范支持学习单元组件重用，其方法为：①内容和实现分离，使活动定义、角色、环境等可以重用；②活动和方法分离，方法是活动的实现过程；③活动结构实现活动嵌套，活动结构是活动集合；④通过“引用”来调用角色、活动和环境；⑤仅用来描述学习设计[56]。

2. 国内在线学习活动设计方法的相关研究

1）以活动为中心的学习模型

李青于2005年在博士学位论文《学习活动建模》[57]中基于活动建模的思想提出了以活动为中心的学习模型，将活动作为整个学习的中心。李青认为学习活动是基于问题域的分析视角，一个或多个学习者为达到预期的学习目标在一定环境中开展的活动。李青设计的以活动为中心的学习模型如图3-5所示，主要涉及情景、学习者、目标、资源、活动五个要素。从课件开发来看，教师设计中更加注重教学方法的应用，这些教学方法往往反映学科特点和教师的教学经验，通常在活动排列中隐性地表达。在单元设计中，教师更关注于具体的学习活动，以多

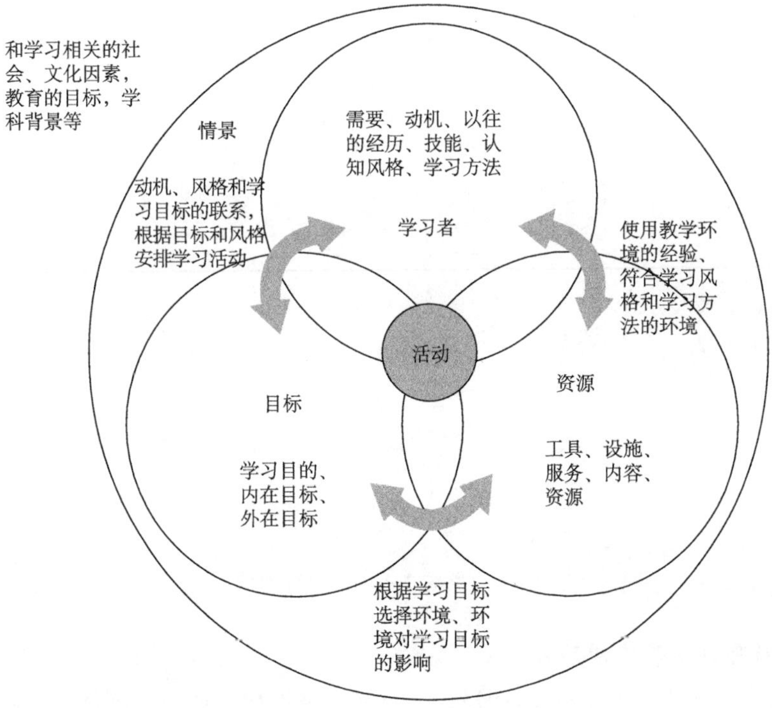

图3-5　以活动为中心的学习模型

种方式将学习活动组织排列，使得学习者或学习小组在一定的情境中，使用一定的学习资源，完成既定的学习目标。从学习者角度出发，教学方法、教学目标、教学资源提供了教学情景，教师和其他学习者可以看作环境的一部分。

虽然这一模型对在线学习活动设计的实施具备一定参考价值，但是该模型未将学习活动设计中的许多必要因素表述出来，如教学设计者的角色、活动的组织方式、活动的任务等。更为重要的是，该模型没有对学习活动设计提出针对性的方法，即活动要素间没有反映出必要的映射关系[48]。

2）多层学习活动设计模型

杨开城[51]以活动理论为指导，采用活动分层设计方法，设计了多层学习活动设计模型，具体如图 3-6 所示。该模型将活动任务设计以及服务于活动任务的方式方法、过程、规则及组织方式的设计纳入学习活动设计的核心，而将学习资源、学习工具及信息组织看作学习活动的外围要素，主要提供服务性支持。

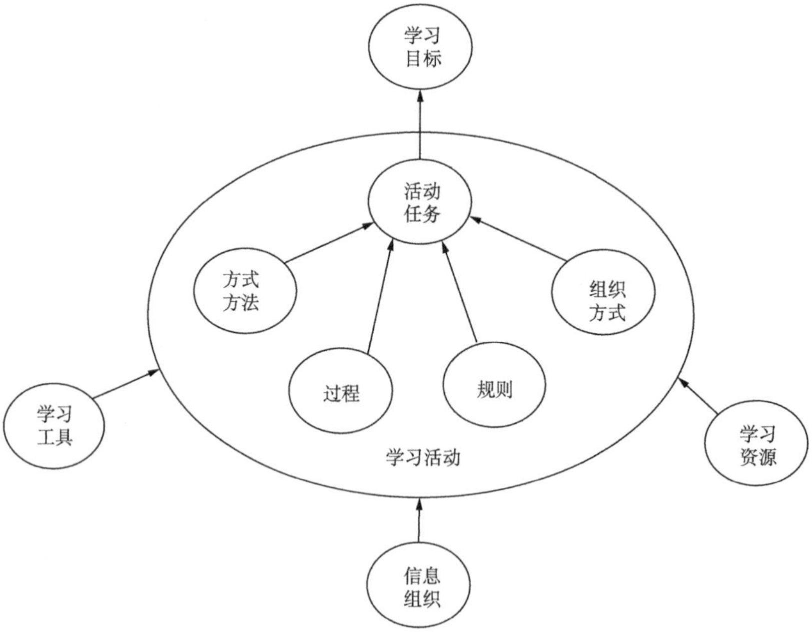

图 3-6　多层学习活动设计模型

3）教师网络研修活动系统设计方法

杨卉[43]从教师网络研修活动设计具有知识隐性化、环境复杂化、研修形式非正式化、不同教师网络研修活动支持平台工具使用难以统一化等特点出发，把教师网络研修活动看作一个复杂的活动系统，认为一个网络学习活动的设计既要从纵向结构角度设计，也要从要素组成的横向结构角度设计，并提出了教师网络研修活动的纵向结构设计方法和横向结构设计方法，如图 3-7 和图 3-8 所示。

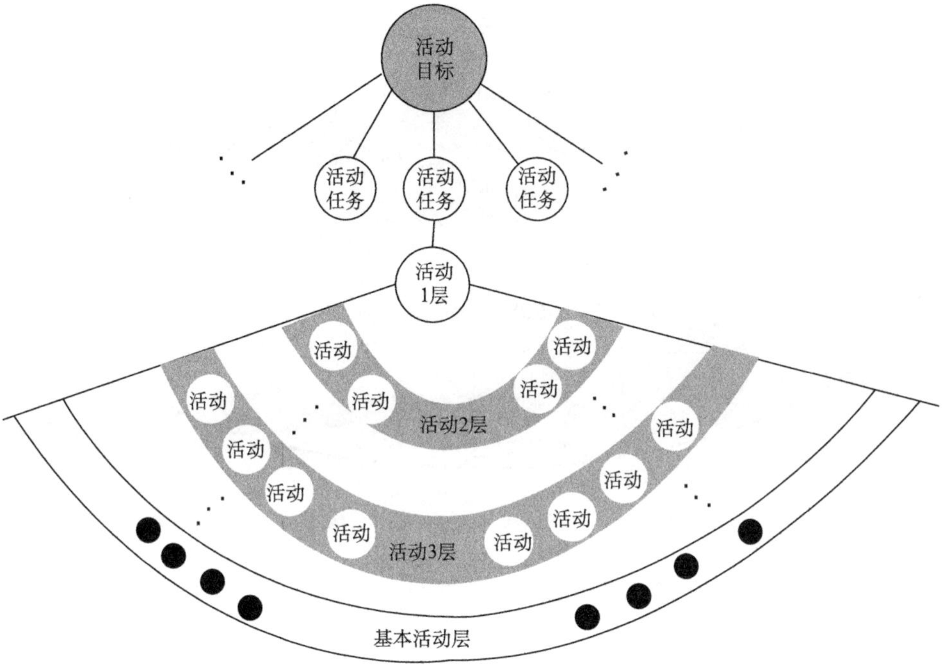

图 3-7　教师网络研修活动纵向结构示意图

4）泛在学习环境下基于活动理论的移动 MOOC 五维设计模型

肖军等基于活动理论以学习者画像分析、学习目标设计、移动学习环境交互设计、移动基础工具选择和基于学习分析的系统改进构建了泛在学习环境下基于活动理论的移动 MOOC 五维设计模型，其中移动学习交互环境设计是个人和小组学习经验的核心，如图 3-9 所示。该模型具有一般活动理论模型的特征，但更重视实践后对整个移动 MOOC 学习活动设计进行改进和优化。该模型把多层面分析、多样化和多维化活动、多情境特征整合到移动 MOOC 学习中，使移动 MOOC 学习活动具有复杂性和多样性，在学习者之间的分工合作、协作交流、学习资源访问等功能设计中具有指导意义。

该模型的首要任务是学习目标设计和学习者画像分析，其目的是捕捉学习者参与课程的多种目的和背景，并根据学习者的行为数据和自我报告，为学习者定制移动学习交互环境。学习目标设计和学习者画像分析有主体和客体两部分，主

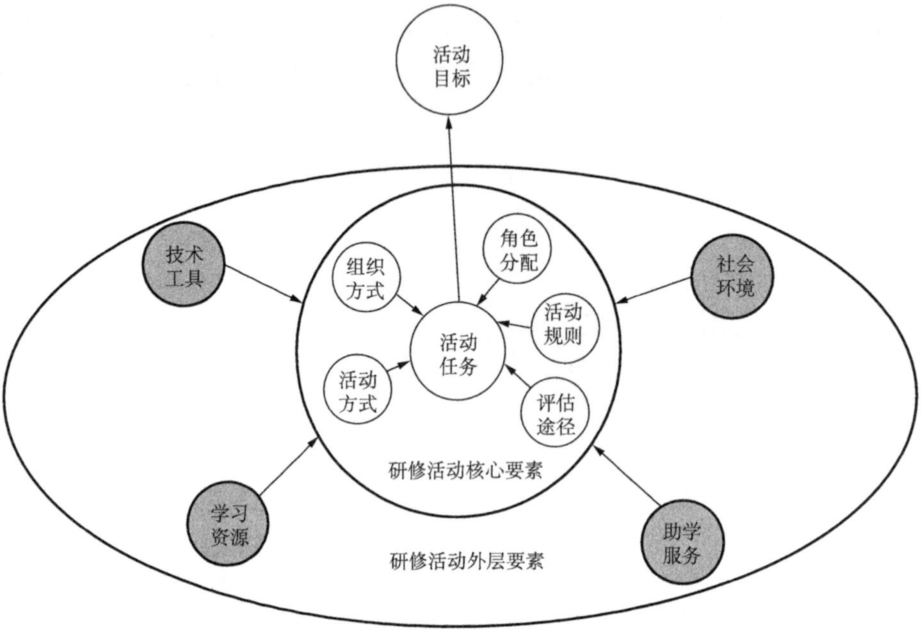

图 3-8　教师网络研修活动横向结构示意图

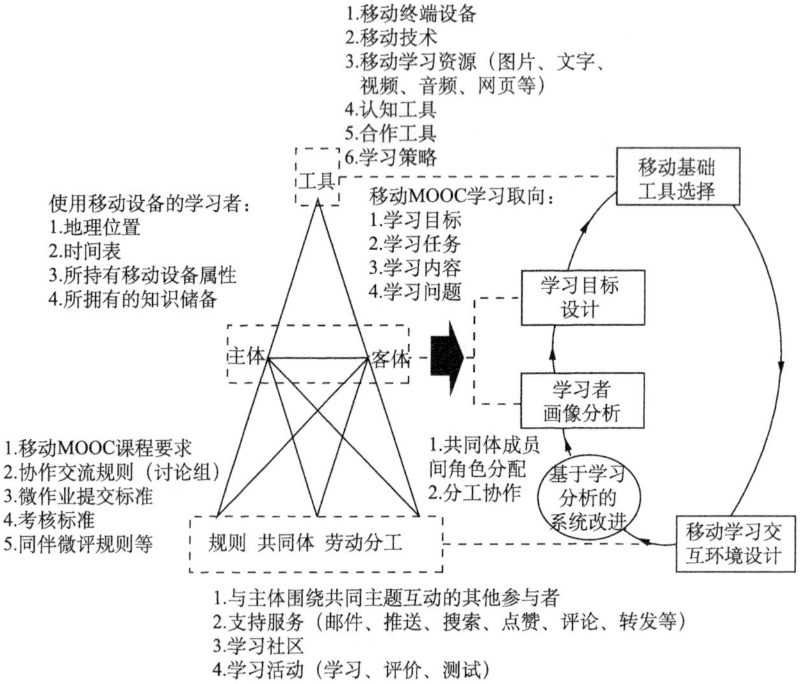

图 3-9　泛在学习环境下基于活动理论的移动 MOOC 五维设计模型

体设计主要描述学习者个人属性和特征（如地理位置、时间表、所持有移动设备属性、所拥有的知识储备等），客体设计主要是 MOOC 学习者的学习取向（包括学习目标、学习任务、学习内容、学习问题）。移动基础工具选择是主体达到客体的介质工具，包括移动终端设备、移动技术、移动学习资源（图片、文字、视频、音频、网页等）、认知工具、合作工具、学习策略等。移动学习交互环境设计由规则、共同体、劳动分工组成，不同劳动分工和规则应用不同的教学法，不同共同体形成不同的支持服务、学习社区、学习活动等，同时学习者的背景和目的主导共同体的构成和对应原则的选择。基于学习分析的系统改进的设计目的是加强移动学习交互环境和移动技术基础设施的建设以及改善设计决策[45]。

5）促进批判性思维发展的问题解决学习活动模型

基于 Paul[58]的批判性思维元素和标准的在线学习模型和 Garrison 等[59]的批判性思维模型，俞树煜等[60]提出使用问题解决的方式促进学习者批判性思维发展的方法，构建了促进批判性思维发展的问题解决学习活动模型，如图 3-10 所示。该模型从教师维度和学习者维度两个方面进行设计。教师维度以设计性因素为主，为学生学习活动的开展设计支架，包括问题设计、角色设计及划分、资源工具设计等；学生维度以在线自主学习流程为主，包含表征问题空间、制定解决方案、方案实施及评价等。当学生问题解决实施结束后，会对解决问题的结果进行评估，只有结果满足预设的要求，才能展开下一主题学习活动，否则重新进行问题空间的建构。

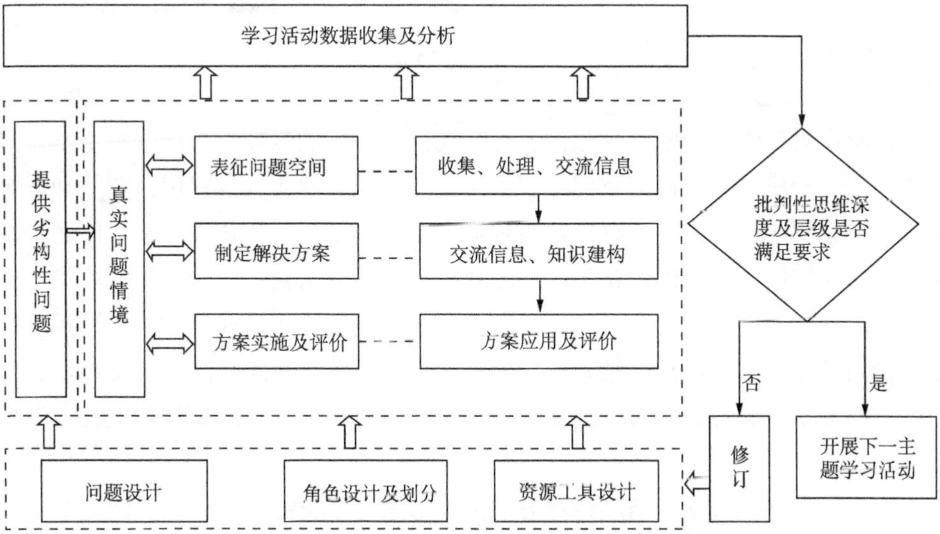

图 3-10　促进批判性思维发展的问题解决学习活动模型

从教师设计维度出发，首先教师进行问题设计，需要考虑问题类型的选定和如何设计问题，一般选择提供劣构性问题。问题结构的设计包括三部分：意义信息设计策略、支持信息设计策略、知识线索设计策略。其次进行角色设计及划分，一级维度分为协作学习维度（情感型角色、认知型角色、反思型角色）和认知操作维度（表征问题空间、制定解决方案、方案实施及评价），具体如表 3-1 所示。最后在资源工具设计中，依据问题解决所处的不同阶段，选择的工具类型有所不同，具体如表 3-2 所示。

表 3-1 角色设计及划分维度示例表

角色设计及划分维度成员	组长 （活跃型认知风格）	组员一 （策略型认知风格）	组员二 （慎思型认知风格）
协作学习维度	情感型角色 （情感会话与工作协调）	认知型角色 （组织小组进行认知对话）	反思型角色 （组织组员对学习内容进行反思、知识建构）
认知操作维度	表征问题空间	制定解决方案	方案实施及评价

表 3-2 资源工具设计及其作用

所处阶段	工具名称	工具起到的作用
表征问题空间	视音频、思维导图、即时通信软件	创设情境；分析问题；交流讨论
制定解决方案	wiki、思维导图、即时通信软件	呈现解决方案；交流讨论
方案实施及评价	SPSS、Excel、wiki、博客等	数据分析；评价反思

从学生设计维度出发，学生的学习活动处于模型的内环，将问题解决学习过程划分为三阶段：表征问题空间、制定解决方案、方案实施及评价，监测和反馈则融入问题解决流程的每个阶段。表征问题空间包括问题的初始状态、问题解决所需方法、问题解决可能的路径、将要达成的目标，需要完成的动作有收集、处理、交流信息。制定解决方案的主要任务是完成问题解决路径或方法的选择，主要的行为活动是交流信息，学习者共同合作构建问题解决路径。方案实施及评价的主要任务是实施方案并对其结果进行评估，主要行为动作是执行方案、交流对话、评估结果[60]。

上述国内外在线学习活动设计方法为本书进行系统的、规范化的深度学习视域下的 MOOC 学习活动设计研究提供了重要参考。本书将 MOOC 学习共同体中完成一个或多个任务的 MOOC 学习活动看作一个活动系统，也是活动的设计单位。一个 MOOC 学习活动可由多个层次的活动流组成，同时，一个活动本身又由若干个相互关联的活动要素组成。

3.1.3　深度学习视域下 MOOC 学习活动设计的方法

基于上述国内外在线学习活动研究成果的分析以及活动理论的指导，笔者将深度学习视域下的 MOOC 学习活动看作诸多要素建构的活动系统。依据活动理论的“三角模式”，在对深度学习视域下 MOOC 学习活动进行设计的过程中，主体对应参与 MOOC 学习活动的学习者，客体对应 MOOC 学习参与者共建共享的资源，共同体对应 MOOC 学习过程中形成的学习组织，工具对应 MOOC 学习活动实施过程中学生学习需要的学习工具，分工对应 MOOC 学习活动中的角色分工，规则对应 MOOC 学习活动中的活动规则。此外，依据深度学习视域下的 MOOC 学习活动特点，在 MOOC 学习活动设计中引导学习者对学习资源的理解创建、学习者学习行为的交互以及课后的评价反思活动的实施，分别对应前期梳理出的 MOOC 学习活动的存在形式——理解创建类活动、交互分享类活动、评价反思类活动，进而促进学习者的深度学习。基于以上分析以及对 MOOC 学习活动实践进行分析、概括，得出深度学习视域下 MOOC 学习活动设计模型，如图 3-11 所示。

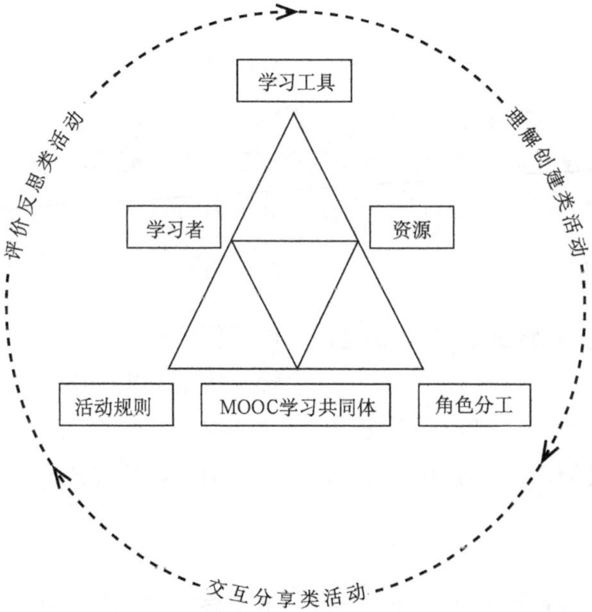

图 3-11　深度学习视域下 MOOC 学习活动设计模型

该模型包含 9 个要素，其中学习者、资源、MOOC 学习共同体、学习工具、活动规则和角色分工是 6 个核心要素，理解创建类活动、交互分享类活动、评价反思类活动是 3 个外围要素。笔者依据深度学习视域下的 MOOC 学习活动的特点，对各要素及其之间的关系阐述如下。

1. 学习者

学习者指参与 MOOC 学习的各年龄阶段的人群，是 MOOC 学习活动的主体。MOOC 学习的参与者通常分为边缘参与者和核心参与者，核心参与者是 MOOC 学习活动中的活跃程度较高、积极参与完成学习任务的学习者；而边缘参与者则是在活动中偶尔参与活动讨论、学习任务完成率较低的学习者。

2. MOOC 学习共同体

MOOC 学习共同体是指在 MOOC 学习活动中参与讨论、组织引导活动实施以及监控辅导学习讨论的所有参与者所形成的学习组织，参与者有教师、助教和学习者等。营造良好的 MOOC 学习共同体环境有利于促进共同体成员拥有共同的行为准则和价值规范，增进成员间的认可、依赖和信任，有助于共同体之间协作交流、资源共建共享学习活动的有效开展。

3. 资源

资源主要是依据学习者的学习期望（包括学习目标、学习内容、学习任务等）和学习需要提供给学习者相适应的学习资源。学习资源有原始资源和再生资源，原始资源包括教学视频、教学文档、教学案例、作业问题库等；再生资源包括共同体之间的资源分享、主题讨论、作业（作品）等。

4. 学习工具

学习工具是指 MOOC 学习活动所需的计算机软、硬件的交互服务支持，如异步讨论、电子邮件、同步讨论、概念映射工具等，以及 QQ、微信等通信工具。在 MOOC 学习活动中，学习工具可以支持共同体间的资源交互共享、学习活动的理解及实践活动的创建、学习者的评价反思活动的顺利实施。

5. 活动规则

活动规则主要是指在 MOOC 平台上学习者完成个人学习活动或者与其他共同体合作交流的学习活动过程中，需要共同遵守的原则和规范，包括公告、评分标准、测试与作业的提交标准、讨论区的规则和限制等。其目的是督促和监管学习者的学习活动行为。

6. 角色分工

角色分工主要是指 MOOC 学习共同体成员之间角色的分配、协作以及作业互评中的角色的互换。在 MOOC 学习活动过程中，学习者的角色不是单一的，而是随着学习进程不断改变的，如最开始的学习者角色是学生，之后可能是提交作业的学生，可能是评改其他学生作业的教师，可能是讨论区中知识的分享者、质疑者、提问者，也可能是小组协作共同完成教学任务中所承担的角色。

7. 理解创建类活动

理解创建类活动主要是指教师对学习者如何使用 MOOC 学习活动设计课程所进行的学习指导、教学视频以及学习者参与的实践活动等。学习指导主要帮助学习者确定学习目标，突出学习的重难点，并给出学习者恰当有效的学习方法。教学视频应满足以下要求：视频清晰度高，字幕要点得当，播放流畅、声音清晰、语言表达流畅等。实践活动则包括学习者参与的课前测试、课后习题，以及创建个人作品等一系列需要用实际行动完成的学习任务。

8. 交互分享类活动

交互分享类活动主要是指包括在线讨论、教师在线答疑、学生互助答疑、教师分享资源和学生分享资源在内的一系列 MOOC 学习活动。对于在线讨论，教师一定要给予恰当引导，及时有效地回应学生的提问帖，并鼓励 MOOC 学习共同体之间的互助答疑。同时，教师还应对学生回答问题的高质量帖子进行筛选，以便于对学习者向高质量的深度讨论进行引导。此外，还应保证讨论帖内容的高质量，如果学习者发布一些水帖，则应当及时在教师端对水帖进行屏蔽处理，以免对讨论秩序造成不良影响。对于教师和学生分享的优质资源应进行置顶操作，以表示对分享高质量资源行为的肯定和鼓励，提高学习者分享资源的积极性。

9. 评价反思类活动

评价反思类活动主要是指个人自评、学生互评、教师点评、投票评选以及撰写学习反思等一系列 MOOC 学习活动。对于个人自评的要求是评价要具有客观性、启发性，能够引发自身的深度思考。学生互评要注意评价的方式方法，在清晰的评价标准指导下开展具有反思和批判性的评价。教师点评要尽量做到覆盖面广、启发性强，使每位学习者都能有机会得到教师的点评。投票评选则要本着评价机制合理、标准清晰、目标明确的原则开展。撰写学习反思则应当是非强制性的，带有总结性的反思行为，帮助教师和学习者对整个学习活动过程进行客观评价，在反思中寻求自我的进步。

以上对 MOOC 学习活动设计模型要素进行了阐述，笔者认为，深度学习视域下 MOOC 学习活动设计的各要素之间的关系为：学习工具为 MOOC 学习活动任务的完成提供保障，使 MOOC 学习活动中的交互分享类活动、理解创建类活动、评价反思类活动这三类活动得到技术上的支持；MOOC 学习活动的每个参与者都是资源的生产、传递和利用者；不同的角色分工在资源的生产、传递和利用层面具有不同程度的作用；MOOC 学习共同体的价值规范、行为准则以及 MOOC 的活动规则均影响着 MOOC 学习活动中参与者的言行规范和评价方式；交互分享类活动、理解创建类活动、评价反思类活动这三类活动在 MOOC 学习活动过程中并不是一成不变的，而是处于动态循环和持续更新的，不断为学习者提供学习动力，激发学习者的学习热情，促进学习者深度学习。

3.2 模 式 论

3.2.1 模式论概述

模式论的主要研究内容是 MOOC 学习活动的基本模式。南国农和李运林主编的《教育传播学》[61]一书中将模式定义为“再现现实的一种理论性的简化形式”。钟志贤[44]认为，模式是依据一定的理论基础表征现实活动和过程的一种模型或形式。以上两种关于模式的定义都认为模式是处于理论和实践经验之间的中介，是沟通理论与实践的桥梁。

1. MOOC 学习活动模式研究的意义

MOOC 学习活动模式的研究具有如下意义。

（1）对 MOOC 学习活动模式的研究有助于在 MOOC 学习活动设计过程中分析活动中的主要矛盾，认识其基本特征，从而有利于设计出更为科学有效的 MOOC 学习活动。

（2）为 MOOC 学习活动设计提供更科学的操作范式。由于 MOOC 学习活动模式的研究对象是活动，当一类活动在实现促进学习者深度学习方面达到较为理想的效果时，我们将其定型为一种活动模式，进而使其指导下的 MOOC 学习活动设计有序化、稳定化，从而使 MOOC 学习活动目标的实现变得更加稳定、可靠。

（3）在 MOOC 学习活动的实践基础上，通过构建模式这一理论和实践的中介，促进形成新的 MOOC 学习活动设计理论。

2. MOOC 学习活动模式的定义

MOOC 学习活动模式是指在 MOOC 学习活动相关理论和实践框架指导下，为了促进学习者深度学习这一目标而构建的 MOOC 学习活动的结构和程序。

3. MOOC 学习活动模式的结构

一个完整的 MOOC 学习活动模式主要包括三个基本构成：活动思想或理论、活动要素及其之间的稳定关系和活动的步骤。下面介绍其中两项。

1）活动思想或理论

活动思想或理论是活动模式构建的基础。MOOC 学习活动模式的基本思想是通过学习者在 MOOC 学习共同体环境中参与资源的共建共享活动，促进学习者深度学习。

2）活动要素

活动要素是使 MOOC 学习活动发挥功效的各种主要因素的优化组合结构。MOOC 学习活动主要包括四个要素。

（1）体现个体差异的共享资源：促进学习者深度学习的资源。它可以是原始资源，也可以是再生资源，如课程感知材料、学生的平时作业等。

（2）活动主体：具有参与 MOOC 学习活动意愿的基于同一门课程的学习者。

（3）助学者：作为活动的指导者、协调者、引导者和支持者，通常由课程的任课教师或任课教师安排的助教来承担这一角色。

（4）环境：包括 MOOC 学习共同体的网络技术支持环境等硬环境和文化、服务等软环境。

4. MOOC 学习活动模式的构建方法

学习活动模式的构建有多种方法，如借鉴创新法、理论演绎法、经验归纳法等。本书采用几种方法的综合，即在借鉴已有的在线学习活动模式的基础上，在一定理论指导下，通过对 MOOC 学习活动实践的反复摸索，积累经验，分析、概括和提炼出规范化的、稳定的活动程序和规则等。

5. 在线学习活动模式分类

在线学习活动模式可以有多种分类视角，本书从在线学习活动中学习者交互协作层面进行分类。这种模式分类视角是由于在线学习活动中交互协作层面不同，因此活动的方式不同。李翠白[62]将在线学习活动的交互协作层面分为个体协作层面、团队协作层面和集体协作层面。笔者基于此，将在线学习活动模式分为个体协作模式、团队协作模式和集体协作模式。个体协作模式是指在线学习共同体成员以个体参与的方式开展在线学习活动。团队协作模式是指在线学习共同体成员以团队或小组参与的方式开展在线学习活动。集体协作模式是指在线学习共同体成员以一对多的方式开展在线学习活动。

3.2.2 在线学习活动的组织模式

1. 个体协作模式

在线学习共同体成员以个体参与的方式开展的基于在线异步和同步的互动交流活动就属于个体协作模式，如图 3-12 所示。

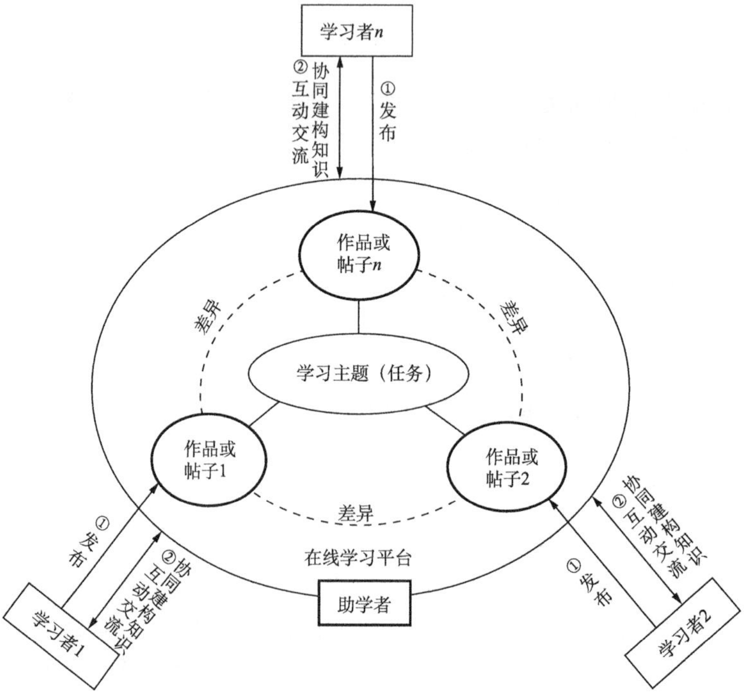

图 3-12 个体协作模式

按照在线学习活动模式三个基本构成：活动思想或理论、活动要素及其之间的稳定关系和活动步骤，对个体协作模式进行如下描述。

1）活动思想或理论

通过在线学习活动支持平台提供的在线学习共同体在线互动和交流环境（同步或异步），共同体成员之间、成员与助学者之间以个体参与的方式进行互动交流，协同建构知识，使个人化的知识外显化，从而在资源共建共享中促进学习者深度学习。

2）活动要素及其之间的稳定关系

在线学习共同体的活动模式四要素分别如下。

（1）体现个体差异的共享资源：以体现个体差异的同步或异步交流帖子为主，以及学习者上传的个人作品（作业）及互评帖子等。

（2）活动主体：基于同一门课程相互协作的不同学生，即在线学习共同体成员。

（3）助学者：很多时候由任课教师或任课教师安排的助教来承担这一角色，主要提供一些学术方面、技术方面和活动引领方面的支持，并协调共同体成员之间的人际关系等。

（4）环境：主要指在线学习支持平台，对在线协作和交流互动提供支持的认知工具、交流工具和协作工具等，如博客、微博、微信、QQ、论坛、wiki 协同写作工具等。

四要素的关系是：学习者是在线学习活动的主体，针对学习主题（任务）在线发布帖子或个人作品（作业），并相互交流，协同建构知识；助学者是在线学习活动的支持者、协调者和促进者；利用在线交流、协作和认知支持工具，不仅促进了学习者与学习者、助学者（教师）与助学者（教师）、助学者（教师）与学习者进行积极的互动交流，而且产生了共享资源，如会话资源、学习者个人作品（作业）等，这些资源在在线学习活动中的有效利用将促进在线学习共同体成员个人知识的外显化，进而促进学习者深度学习。

3）活动步骤

在线学习活动的个体协作模式的基本步骤是：①学习者针对学习主题（任务）发布帖子或作品；②学习者之间在线（同步或异步）互动交流、协同建构知识。

个体协作模式的特点是在线学习共同体成员参与活动的积极性较高，个性化较强，学习者在互动交流过程中增进相互了解，提高交往深度，共同协作建构知识。该模式对于促进学习者深度学习的情感态度、行为和能力维度都有积极影响。但是该模式由于只是以个体层面参与网上交流互动，对于学习者的小组合作学习能力方面的影响不大。

2. 团队协作模式

在线学习共同体成员以团队或小组参与的方式开展的基于在线和离线的互动交流活动就属于团队协作模式，如图 3-13 所示。

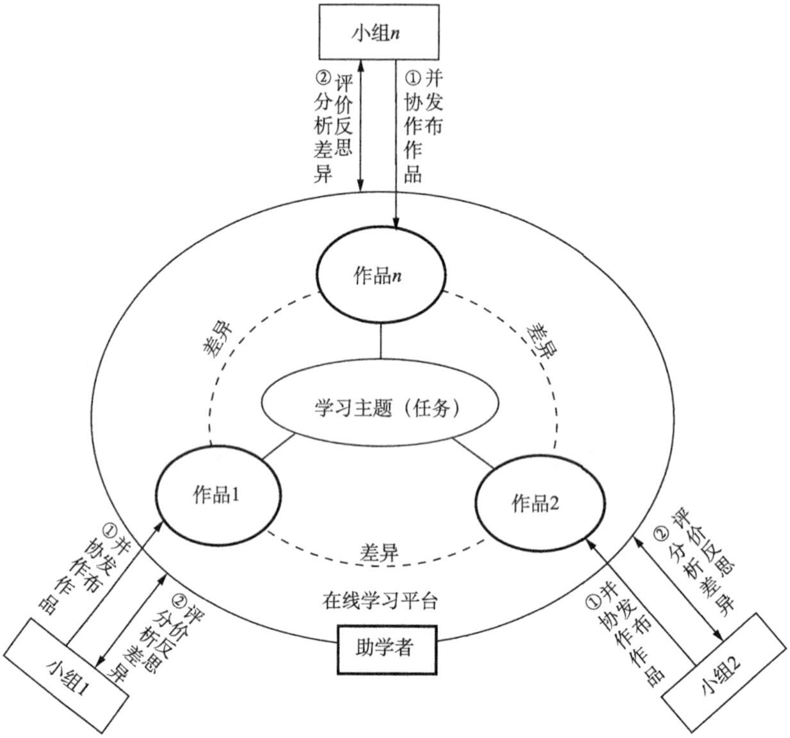

图 3-13　团队协作模式

按照在线学习活动模式三个基本构成：活动思想或理论、活动要素及其之间的稳定关系和活动步骤，对团队协作模式进行如下描述。

1）活动思想或理论

混合学习理论认为面对面学习活动与在线学习活动有机地结合起来，方能更好地实现教学目标[63]。因此，在线学习共同体成员不仅可以进行在线互动交流活动，也可以离开网络环境，开展面对面的交流活动。由于在线学习共同体成员通常是跨地区的，所以这种活动的开展主要通过个人实践活动与网上协作学习活动有机结合来实现。目前开展的较为理想的以团队层面参与的在线学习活动主要是分小组离线或在线协作完成作品，然后在线展示作品并评价反思，以此增进小组成员之间的互动深度和团队协作能力，从而在资源共建共享中促进学习者深度学习。

2）活动要素及其之间的稳定关系

在线学习共同体的活动模式四要素分别如下。

（1）体现个体差异的共享资源：以体现个体差异的小组作品为主，以及在线交流帖子和离线交流信息等。

（2）活动主体：在线学习共同体成员，分成多个小组参与活动。

（3）助学者：任课教师或任课教师安排的助教来承担这一角色，在该活动模式中主要是确定学习主题（任务），将在线学习共同体成员分组，并提供一些学术方面、技术方面和活动引领方面的支持。

（4）环境：除了在线学习支持平台，还包括离线环境，如课堂、作品创作室等。

四要素的关系是：各学习小组是在线学习活动的主体，针对学习主题（任务）协作完成作品并在线展示，之后分析差异，评价反思；助学者是在线学习活动的支持者、协调者和促进者；利用离线环境和在线环境，增进了各小组成员之间及小组之间的互动交流，而且产生了共享资源，如小组作品、评论帖及反思日志等，这些资源在在线学习活动中的有效利用将促进学习资源的共建共享，进而促进学习者深度学习。

3）活动步骤

在线学习活动的团队协作模式的基本步骤是：①各学习小组针对学习主题（任务）协作完成作品并在线发布；②各小组之间分析作品差异，并评价反思。

团队协作模式的特点是在线学习共同体成员参与活动的积极性较高，个性化较强，难度也较大。学习者在协作完成小组作品过程中增进感情，增强创新意识，提高交往深度。该模式对于促进学习者深度学习的情感态度、行为和能力维度都有积极影响，特别是对于学习者的小组合作学习能力方面影响最为明显。

3. 集体协作模式

在线学习共同体成员以一对多的方式开展的基于在线异步和同步的互动交流活动就属于集体协作模式，如图 3-14 所示。

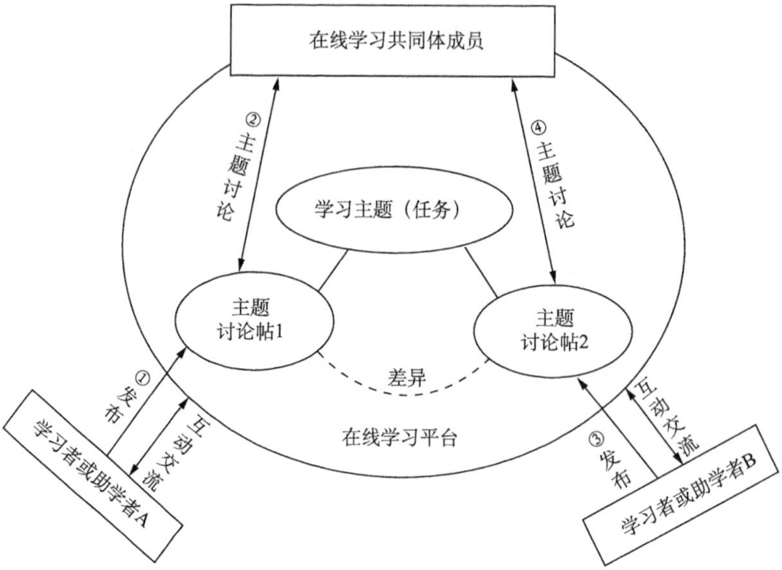

图 3-14　集体协作模式

按照在线学习活动模式三个基本构成：活动思想或理论、活动要素及其之间的稳定关系和活动步骤，对集体协作模式进行如下描述。

1）活动思想或理论

相互协作的助学者（教师）或学生发挥自身的资源优势，在在线学习平台依次上传或发布与学习主题或任务相关的、能够引发在线学习共同体成员共享资源且进行在线讨论的主题讨论帖，使个体知识向群体知识转化，在资源共享、互动交流过程中促进学习者深度学习。

2）活动要素及其之间的稳定关系

在线学习共同体的活动模式四要素分别如下。

（1）体现个体差异的共享资源：以体现个体差异的课程优质资源为主，以及主题讨论帖等。

（2）活动主体：在线学习共同体成员。

（3）助学者：任课教师或任课教师安排的助教来承担这一角色，在该活动模式中主要是上传反映学习主题的课程资源，并引导在线学习共同体成员开展主题讨论。

（4）环境：主要是在线学习支持平台。

四要素的关系是：在线学习共同体成员是活动的主体，针对助学者或学习者个人上传到在线学习平台的课程资源（主题讨论帖）展开主题讨论，而且产生了共享资源，如体现个体差异的课程资源、讨论帖等，这些资源在在线学习活动中的有效利用将促进个体资源的共建共享，进而促进学习者深度学习。

3）活动步骤

在线学习活动的集体协作模式的基本步骤是：①学习者或助学者 A 针对学习主题（任务）发布主题讨论帖 1；②在线学习共同体成员围绕主题讨论帖 1 展开讨论；③学习者或助学者 B 针对学习主题（任务）发布主题讨论帖 2；④在线学习共同体成员围绕主题讨论帖 2 展开讨论。

集体协作模式的特点是在线学习共同体成员参与活动的积极性较高，个性化不强，难度也不大。该模式对于促进学习者深度学习的情感态度维度有积极影响，对于学习者行为和能力维度的影响不太明显，另外，由于该模式主要由在线学习共同体成员围绕助学者或学习者发布的主题讨论帖开展讨论，发表自身感受、看法和建议的学习者较多，学习者之间的互动深度不高。

3.2.3　深度学习视域下 MOOC 学习活动的组织模式

1. 理解创建类活动组织模式

理解创建类活动主要是指 MOOC 平台上的学习指导、教学视频以及学习者参与的实践活动等。在该活动中，教师首先介绍活动规则并启动活动，上传第一部分 MOOC 资源和学习指导，学习者通过查看学习指导了解该部分内容的重难点，通过观看 MOOC 教学视频学习新知识和新技能，然后完成该部分的实践作业。接着教师上传第二部分的 MOOC 资源和学习指导，学习者观看和学习，并完成相应的实践作业。理解创建类活动贯穿整个 MOOC 学习过程。

理解创建类活动的组织模式如图 3-15 所示。

2. 交互分享类活动组织模式

交互分享类活动主要是指包括在线讨论、教师在线答疑、学生互助答疑、教师分享资源和学生分享资源在内的一系列 MOOC 学习活动。在该活动中，教师首先介绍活动规则并启动活动，然后确定第一个展示作品的主题并发布公告，学习者各自完成作品并发布，接着教师发布关于该主题作品展示的帖子，引导学习者对作品的展示分享。之后，教师确定第二个展示作品的主题并发布公告，学习者制作完成并发布分享，如此往复的推进该活动的开展。在此过程中，教师和学习者也可分享其他与该主题相关的优秀资源，大家在观摩学习中不断提升自我。

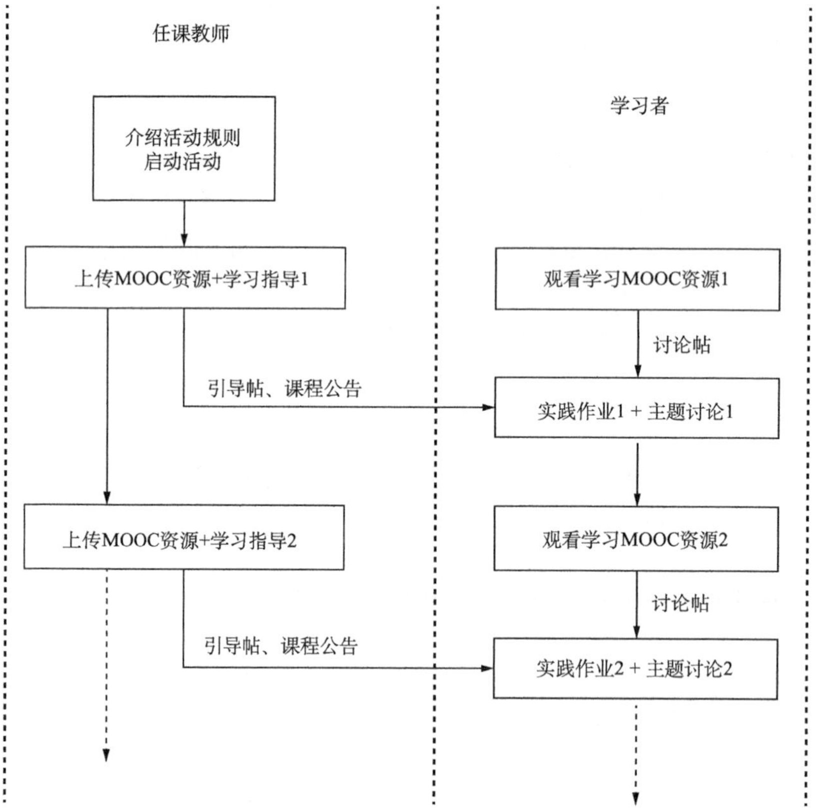

图 3-15　理解创建类活动的组织模式

交互分享类活动的组织模式如图 3-16 所示。

3. 评价反思类活动组织模式

评价反思类活动主要是指个人自评、学生互评、教师点评、投票评选以及撰写学习反思等一系列 MOOC 学习活动。在该活动中，教师首先介绍活动规则并启动活动，接着确定学习小组协作完成作品的主题并发布公告，学习者以小组或团队形式完成作品并发布，教师开设协作作品展示的主题帖，引导学习者开展互评活动。在课程开设的后期，建议学习者对 MOOC 课程进行评价，以便于课程建设者更好的完善课程。也可以引导学习者撰写学习反思，在反思中寻求自我的进步。

评价反思类活动的组织模式如图 3-17 所示。

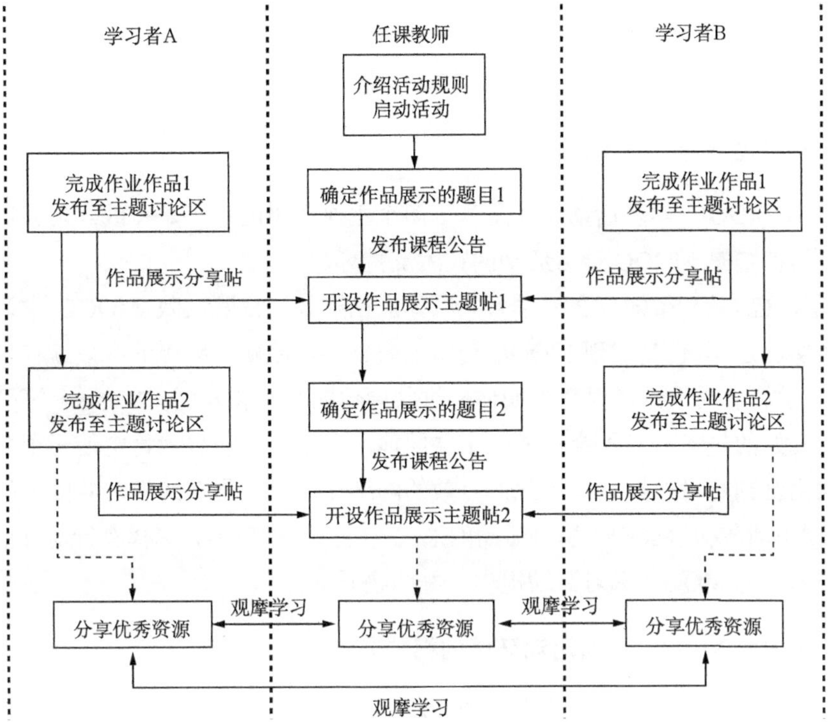

图 3-16　交互分享类活动的组织模式

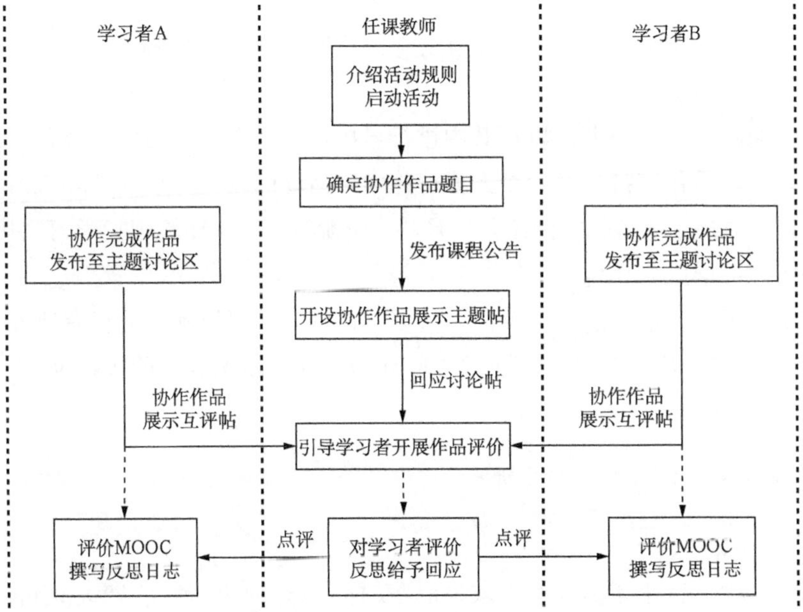

图 3-17　评价反思类活动的组织模式

3.3 环 境 论

3.3.1 环境论概述

本书 MOOC 学习活动设计是基于两个主要环境的：一是在线学习共同体的文化环境；二是 MOOC 学习活动的技术支持环境。

通过文献分析得知，在线学习共同体的创建与培育既反映 MOOC 学习活动具体的实施过程，也是实现 MOOC 资源高效整合与创新性应用的有效途径。因此，MOOC 学习活动设计需要考虑如何促进共同体的培育和发展。Wenger 等[64]曾经指出，良好的技术本身不会形成一个共同体，但是糟糕的技术肯定使一个共同体的活动困难到足以毁掉它。因此，有效的网络支持环境是在线学习共同体的物质基础，本节将依据 MOOC 学习活动的形式、特点和需要等，选择有针对性的、适当的技术，为 MOOC 学习活动提供良好的物质支持。

3.3.2 国内外 MOOC 学习活动环境的相关研究

关于学习环境的定义，国内外学者从广义和狭义两个层面进行了很多阐述。广义的界定有：学习环境是促进学习者发展的各种支持条件的统合，各种支持条件包括资源、工具、人、活动、人际关系等要件[44]。狭义的界定有：学习环境是个人或群体（小组）一同学习或相互支持的空间，学习者控制学习活动，并运用信息资源和知识建构工具来解决问题[44]。学习环境是学习资源和人际关系的组合[65]。学习环境是学习者可以在其中进行自由探索和自主学习的场所[66]。还有学者将学习环境看作支持学习者个人或群体学习活动的物化环境和软环境两个方面的组合，其中物化环境包括网络技术环境、资源等，而软环境则指学习文化环境、人际关系、助学服务环境等[43]。

借鉴上述学习活动的环境观，并依据 MOOC 学习活动环境已有研究成果，笔者认为 MOOC 学习活动环境主要由硬环境和软环境构成，即 MOOC 平台环境和共同体文化环境。

1. 在线学习共同体的相关研究

1）共同体

“共同体”一词由德国社会学家腾尼斯（Tonnies）提出，德文是“gemeinschaft”，原义是共同的生活，目的在于强调人与人之间的紧密关系、共同的精神意识及对

“gemeinschaft”的归属感、认同感[67]。后由美国学者罗密斯（Loomis）将其译为英文“community”，并成为美国社会学的重要概念[43]。由此可知，“共同体”的概念突出人与人之间的相互联结。“学习共同体”是这一理念指导下产生的新的教学隐喻。维基百科上对学习共同体进行如下定义：学习共同体是一组有着共同价值观和信念的人，积极参与到相互的学习中。简而言之，学习共同体是以群体学习为目的的一种学习和认知方式。

2）在线学习共同体

（1）在线学习共同体的含义。笔者以关键词“在线学习共同体”为主题在 CNKI 知网空间检索到 75 篇文献，主要发表于 2010～2018 年，各年发表的篇数有所起伏，如图 3-18 所示。

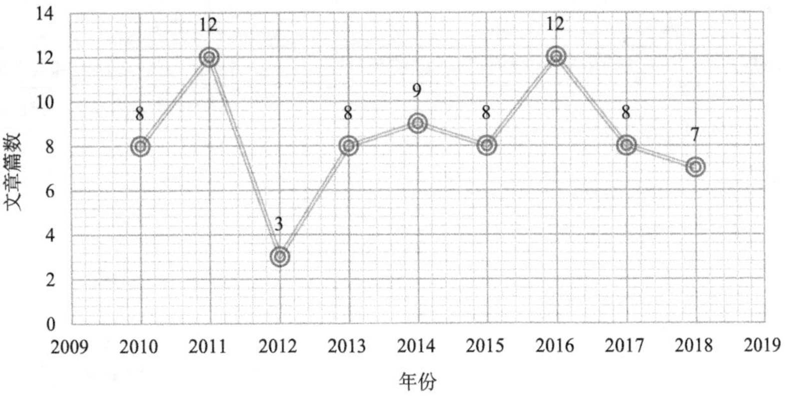

图 3-18　论文发表年度分布

目前对于在线学习共同体的概念并没有明确的界定，笔者借用学习共同体的定义，将本书的在线学习共同体定义为通过网络等通信技术，将来自各地区的学习者与学习团队通过正式或非正式的协议联结起来，他们之间共享一定的专业知识、目标、活动与资源，从而形成具有共同体文化心理的学习组织。参与者之间通过网络等通信工具进行信息交流和情感沟通[68]。在持续不断的交流中，共同体成员在个人与团体层面上都能够进步。关于在线学习共同体现有的研究成果主要散见于一些个例中。

赵宇红和姚越[69]基于在线学习共同体的发展现状指出，在线学习共同体的成员大多数只是自身汲取学习资源或被动地参与共同体学习活动，并没有自发地、积极地去参与共同体学习活动并获得知识，更没有融入共同体中。而一些隐性的知识很难直接获得。共同体成员需要互相交流才有可能获得这些隐性知识。只有建立有效的监管与评价体系，才能更好地构建和维持在线学习共同体。

高丹丹等[70]指出，在学习一些课程时，由于受到课程的限制，在线学习共同体显得相对封闭。该团队将这类在线学习共同体称为有限共同体，将在非正式学习中的在线学习共同体称为开放共同体。表 3-3 指出两者的不同。

表 3-3　有限共同体与开放共同体的不同

项目	有限共同体	开放共同体
教师作用	教师作用重要	没有传统意义上教师的角色
学习内容	主要由教育或培训机构、教师提供，也有一部分由学习者共同提供。内容较为封闭、知识结构性强	完全由参与者共同提供。内容开放、知识结构性弱
共同体的形成	由教师定义、组织，人数基本固定，由课程的注册人数决定	自然形成，人数不固定，来源多样，流动性大
共同的任务	任务结构化强，很大部分由教育提供	非结构化，完全由参与者自己提出
历史	历时较短，很难形成自己的历史	历时较长，容易形成自己的历史
参与的回报	教师评价与同伴之间的评价	网络中的声望
目标	获得技能与知识，通过论文	共同的兴趣、爱好

菅光宾和詹青龙[71]基于知识创新对在线学习共同体进行研究，将在线学习共同体之间的相互交流程度分为 5 个水平。他们指出，在线学习共同体的交互质量直接影响学习者乃至整个学习共同体的知识创新。在线学习共同体成员之间的交互必须达到一定程度，才能支撑在线学习共同体的知识创新。

郄瑞丽[72]对在线学习共同体进行社会学解读。他指出，人是社会性的，在学习过程中人与人之间的关系也存在远近之分。人们在网络上学习 MOOC 也是为了提高自己，这也是一个社会化的过程。在线学习共同体应注重保护各个成员的隐私，注重个人知识社会化，促进在线学习共同体的知识共享与传递。

（2）在线学习共同体的构建与培育。在线学习共同体的构建，一方面可以反映在线学习具体的实施过程，另一方面是实现在线课程资源高效整合与创新性应用的有效途径。

王梦云和刘彩萍[73]指出，在线学习共同体的构成要素有三个：服务支持、信息支持和精神支持。由于在线学习共同体构成要素比较复杂，从无到有地构建在线学习共同体难度较大，人们可以依靠现有的社交系统构建在线学习共同体。由于使用社交系统的网民数量很多，社交系统更容易将大部分网民调动起来组成在线学习共同体。如今知乎、人人网、QQ 和贴吧等平台都在积极地构建在线学习共同体。另外，李海峰和王炜[74]认为，目前的研究并没有考虑到在线学习共同体是一个复杂的社会系统。该团队基于卢曼的社会系统理论，提出了在线学习共同体的社会系统结构，并针对团队组织、互动沟通、自我参照与自我生产这四个方面提出组织在线学习共同体的策略，如图 3-19 所示。

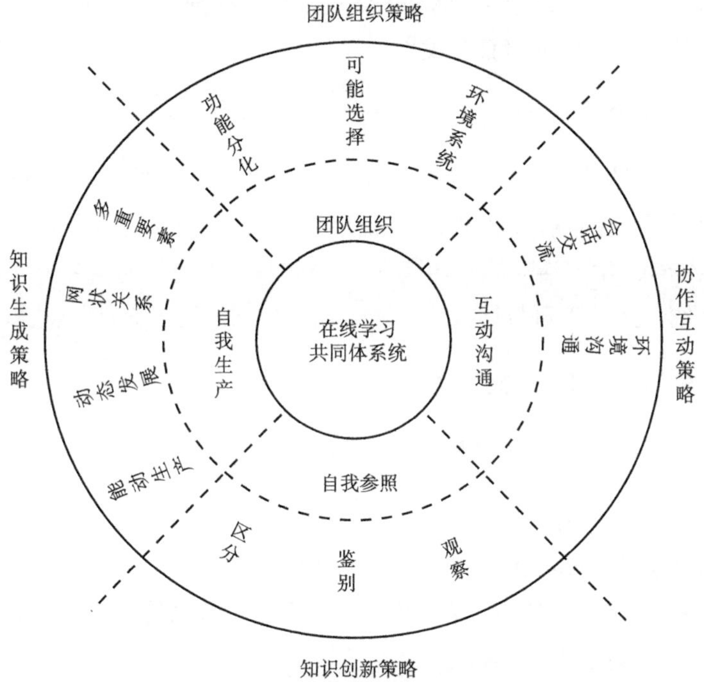

图 3-19 在线学习共同体的社会系统结构

张化东[75]提出了构建网络环境下的学习共同体应该遵循的原则，分别是个体和共同体共同发展原则、知识共享原则、多途径参与原则、成员平等原则以及个体全面发展原则。

刘奇和陈长虹[76]认为，网络学习共同体的构成要素是学习者、助学者、信息流和网络学习环境。在构建网络学习共同体时，组织者应注意学习共同体成员的特点，加强成员的“共同体意识”。

范丽丽和王云[77]在网络学习共同体构建的研究中指出，网络学习共同体必须包含以下四个要素：学习资源、学习者、助学者和学习平台。由于网络具有开放性，共同体的成员会有所变化。构建在线学习共同体关键要让共同体成员产生共识，避免共同体成员流失。

在线学习共同体的许多研究表明，目前基于网络构建的在线学习共同体存在一些问题，没有完全将学习共同体的优势发挥出来。在线学习共同体的发展过程是一个需要精心培育的循序渐进的过程，它需要通过共同体成员在共同参与的 MOOC 学习活动中培育和发展更高层的社会文化与人际关系。因此，在线学习共同体的培育研究是 MOOC 学习活动的环境发展的研究，MOOC 学习活动设计需要考虑如何促进共同体的培育和发展。

2. MOOC 平台的相关研究

MOOC 的产生和发展对在线教育产生了极大的影响，而 MOOC 平台是 MOOC 与用户之间的媒介，MOOC 必须依赖平台才能给学习者带来良好的学习体验。作为 MOOC 学习活动的硬环境——“MOOC 平台”的相关研究在本书第 1 章中已有介绍，此处不再赘述。

3.3.3 深度学习视域下 MOOC 学习活动的环境

1. MOOC 学习共同体文化环境

1）MOOC 学习共同体文化的内涵

MOOC 学习共同体文化是指为了实现 MOOC 学习共同体成员深度学习这一共同目标，在共同参与 MOOC 学习活动中培育发展起来的独特的价值观、共同的学习信念、行为准则和规范等。

笔者认为 MOOC 学习共同体文化应具有共同体成员普遍认同的、指导共同体成员行为、判断正误的价值观和规范，如共同体成员尊重知识共享和知识创新，且把知识共享看作一种自愿的行为；共同体成员将交流合作视为自己的基本需要和在线学习活动的基础，并愿意承担学习共同体的责任与义务。

2）MOOC 学习共同体文化的意义

（1）有利于促进学习者共同成长。学习者是 MOOC 学习活动的主体，分布在各地的学习者基于同一门课程，利用互联网实现交流、合作，并及时分享彼此的资源。MOOC 学习共同体文化对于学习者的意义主要在于：MOOC 学习共同体联系着的不仅是信息或资源的终端，而且是具有智慧、情感、情绪与个性的学习伙伴，学习者可以体验与他人共同学习的乐趣、责任感及同伴意识，感受并提高网络学习的社会存在感。同时，围绕共同的学习主题所表现出的学习者之间的差异有利于丰富学习者的学习经验，提高学习的创造性。另外，MOOC 学习共同体注重学习者之间的平等合作、相互交流和共同成长，多元化的学习者、教师与助学者在一个共同的平台上自由交流彼此的思想和知识，这种以 MOOC 学习共同体创建为导向、倡导资源共建共享的网络学习文化有利于提升学习者的网络学习素养。

（2）有利于知识的共享、传递与创新，加强深度学习。学习者学习 MOOC 的根本需求是获取知识，提升自身。MOOC 学习共同体文化的形成加强了学习者之间的互动，有利于学习者之间相互交流知识，促进了知识的共享与传递。一些难以发现或直接获取的隐性知识需要学习者在不断的交流中才能获取和掌握。MOOC 学习共同体的知识创新指 MOOC 学习共同体中的学习者在原有的知识基础上产生的新的认知。只有 MOOC 学习共同体成员之间的互动交流达到一定的程度才有可能产生知识创新。MOOC 学习共同体文化通过加强成员之间的互动来促进 MOOC 学习共同体的知识创新。另外，MOOC 学习共同体不仅有学习者，还有助学者。MOOC 学习共同体文化的形成有利于加强学习者与助学者之间的互动，避免学习者与助学者不沟通的情况产生。这样有利于学习者与助学者之间的知识共享和传递，从而促进深度学习。

（3）有利于吸引边缘学习者参与学习，降低 MOOC 辍学率。MOOC 的开放性给学习者带来很大的方便，学习者可以随时随地学习。但由于 MOOC 缺乏强制性，很多学习者在注册学习之后放弃学习或者参与度低。这虽然不能成为 MOOC 被苛责的原因，但也妨碍了学习者的深度学习。MOOC 学习共同体文化的形成有助于吸引这些边缘学习者加入学习共同体参与学习，并加强这一部分学习者的学习效果，使 MOOC 发挥更大的作用，避免共同体成员流失。

（4）有利于学习共同体成员相互评价，促进深度学习。MOOC 学习共同体文化增强了学习共同体成员之间的凝聚力。学习者对自身学习情况可能认知不足，在对学习绩效或效果进行自评的基础上，其他成员的评价有助于学习者认识自身。评价有助于促进学习者进行反思，有利于学习者进一步深度学习。

3）MOOC 学习共同体文化的形成与发展

（1）MOOC 学习活动对 MOOC 学习共同体文化形成与发展的作用。MOOC 学习共同体文化的形成和发展离不开 MOOC 学习共同体成员共同参与的 MOOC 学习活动。共同体成员在合作交流活动中不仅实现知识的共享、共同的进步，而且逐渐形成了共同体独特的价值观、共同的学习信念和行为准则，使 MOOC 学习共同体文化逐渐形成和发展。笔者以“作业（作品）互评点评活动”来说明上述观点。

平时作业的设计、布置与评价是教学的重要环节，平时作业也是学生最为重要的实践任务之一，将平时作业的评阅迁移到网络环境中，形成了“作业（作品）互评点评活动”。该活动的过程是在 MOOC 平台列出作业的题目与要求，学生以个人或小组形式完成教师布置的平时作业，并上传至 MOOC 平台，MOOC 学习共同体成员在线阅读或观看并分析，共同体成员互评作业、教师点评作业。该活动的实施很好地避免了学生抄袭作业，使学习者在学习共同体环境中共享作业资源，相互借鉴、取长补短，共同建构知识。在完成平时作业、互评作业的过程中提高上网查找资料、解决实际问题和网络交流沟通等能力，并逐步培养了共同体成员尊重知识共享、知识创新以及愿意承担学习共同体的责任与义务等意识和习惯，使 MOOC 学习共同体文化环境成为学习者“归属感”“氛围”“共同信念”等情感寄托的空间，并在这个共同的“家园”里相互激励，相互影响，共同进步和提高。

（2）基于 MOOC 学习活动的 MOOC 学习共同体文化的培育策略。MOOC 学习共同体文化的发展既受到课程内容与目标的影响，又受到自身演化周期的影响。一个成熟的学习共同体需要经历若干个培育发展阶段，许多研究者提出了三阶段、四阶段和五阶段说[78-80]。为此，笔者参照已有的研究成果，并根据 MOOC 学习共同体的生成发展特点，将 MOOC 学习共同体的发展阶段划分为信息交流、知识建构和合作发展三个阶段。其中，信息交流阶段的特点是：来自不同地区的学习者基于同一门课程聚合在一起共同参与 MOOC 学习活动，此时学习者初步参与 MOOC 学习活动，对话内容深度不够，尚未形成团队，共同体成员之间需要更多的相互了解、增进交往的活动。知识建构阶段的特点是：MOOC 学习共同体成员共同参与 MOOC 学习活动的机会越来越多，彼此了解越来越深入，开始发现彼此的共同点和差异，形成初步成果，对话内容有深度，交往性加强，此时 MOOC 学习共同体形成了一些共同遵守的行为规范，并在活动中不断完善。合作发展阶段的特点是：共同体成员之间建立起共同的价值观和行为方式，并形成了较为完善的规范和惯例，形成深刻反思，体现出创造性和团队精神，成员相互信任，有明显的归属感和知识共享意识。

MOOC 学习共同体三个发展阶段是逐渐变化的，共同体成员通过多次共同参与 MOOC 学习活动会促进共同体文化逐渐得到发展。笔者根据 MOOC 学习共同体发展阶段特点，并借鉴在线学习共同体培育相关研究成果，认为 MOOC 学习共同体不同发展阶段的MOOC学习活动设计需要有相应的培育策略，如表3-4所示。

表 3-4　MOOC 学习共同体不同发展阶段的培育策略

发展阶段	特点	培育策略
信息交流阶段	学习者对学习共同体有迟疑态度，对话内容深度不够	设计促进成员交往的活动，如开展在线交流会、参加教师（助学者）主导的专题讨论活动等
知识建构阶段	共同体成员开始发现彼此的共同点和差异，形成初步成果，对话内容有深度，形成了一些共同遵守的行为规范，并在活动中不断完善	开展能够引发学习者兴趣，且能使研讨问题持续、深入开展的活动；引导和激励学习者建立相互平等、相互尊重的人际关系和提倡知识共享等核心价值观
合作发展阶段	形成了较为完善的规范和惯例，形成深刻反思，体现出创造性和团队精神，成员相互信任，有明显的归属感和知识共享意识	开展更多的边缘参与者向核心参与者发展的活动，扩大 MOOC 学习共同体的影响，如分小组共同完成作品、期末汇报与总结等

2. MOOC 网络支持环境

1）MOOC 平台的特点

按照活动理论的观点，学习活动离不开工具的支持，因此，MOOC 平台体系结构、工具的功能等是 MOOC 学习活动开展的物质基础。笔者结合前期文献研究中对国际上各种典型 MOOC 平台的分析和自身的实践探索，对 MOOC 平台的特点阐述如下。

（1）开放性和共享性。MOOC 学习资源的开放共享是 MOOC 的主要目的之一。“互联网+教育”的背景下，MOOC 平台可以支持大众同时学习某一门课程。与一般的网络课程资源创建相比较，MOOC 平台上的很多资源由不同学校的师生共同创建与使用，课程资源具有更大的开放共享性。随着 MOOC 的飞速发展，已有上千万名学习者在各个 MOOC 平台上进行学习。另外，MOOC 的学习者也不仅限于学生，社会上各阶层、各职业的人都可以通过 MOOC 进行学习。

（2）以学习者为中心。MOOC 充分体现了以学习者为中心这一特点。MOOC 的大规模性和开放性使任何群体都可以轻松方便地进入 MOOC 平台进行学习。学习者在学习之前不一定了解 MOOC 平台，因此学习者在平台中的学习体验影响着学习者对平台的看法。而学习者对 MOOC 平台的态度十分重要，在一定程度上能够决定学习者是否会再次光顾。MOOC 平台提供了大量的课程，学习者可以根据自己的需要进行学习。为了更好地满足学习者，很多 MOOC 平台提供了多种语言供学习者选择。MOOC 平台上大部分课程形式灵活，学习者可以在合适的时间、合适的地点进行学习。手机客户端的出现使学习者可以更方便地进行学习。MOOC 平台满足了学习者的个性化需要，为学习者的终身学习提供了新的途径。

（3）注重社会性软件及新技术的应用。丹麦学者 Dalsgaard 在《社会性软件：超越学习管理系统的 e-Learning》（*Social software：E-Learning beyond learning management systems*）[81]中提出，e-Learning 的研究应该跨越整合式的学习管理系统（learning management systems，LMS），关注具有分布特征的社会性软件，支持学习中的社会性建构。可以预见，未来网络学习平台的发展将整合 LMS 和社会性软件的优势，提倡既支持学生交互、又方便教师教学管理的网络学习支持环境。以新的社会性软件为技术支持创建的在线学习平台，是未来在线学习的重要途径之一。此外，虚拟技术、移动技术、网格技术等新技术，以及博客、微博、微信、wiki 及其他实时通信等社会性软件将用户从信息接受者转变成为信息制造者和传播者，从受众转向主体，从个体转向社团的新型互联网服务模式[82]，必然对 MOOC 平台的设计与开发产生重要影响。

（4）缺乏对学生的监督。MOOC 平台虽然以学习者为中心，为学生提供了方便，但是缺乏对学生的监督。学习者虽然可以掌握自己的学习节奏进行自主学习，但如果学习者缺乏自制力，就很有可能放弃学习。由于 MOOC 缺乏强制力，很多学习者在注册之后不能持续地进行学习。有很多学习者只是少量地参与 MOOC 学习甚至放弃学习。这不利于学习者利用 MOOC 进行深度学习。

（5）教学效果评价不科学。MOOC 平台在进行作业评价时往往采取学生互评的方式。一些学生评价他人作业时不能够认真对待。另外，一些 MOOC 难以进行定量化的评价。在一些 MOOC 的考试过程中难以监测学生的答题状态。学生可能作弊，这也影响了教学效果的评价。

2）几种 MOOC 平台支持环境比较

目前，MOOC 平台的学习资源以课程视频为主。除课程视频外，还会有 PPT 等其他形式。MOOC 平台一般通过视频、文字和图片等形式传递信息。大部分 MOOC 平台支持在网页和手机 APP 两种环境下使用。随着微信小程序的发展，部分 MOOC 平台支持在小程序这种新的环境下使用。另外，平板电脑作为一种新的工具，既方便携带又具有较大的屏幕，适合学习者进行移动学习。笔者通过查找资料与自身实践，将几种常见的 MOOC 平台的支持环境进行对比，如表 3-5 所示。

表 3-5　MOOC 平台支持环境对比

平台	支持环境			
	网页	手机 APP	小程序	平板电脑
Coursera	√	√		√
Udacity	√		√	
edX	√	√		√
FutureLearn	√			
学堂在线	√	√	√	√
中国大学 MOOC	√	√		√

从表 3-5 中可知，6 个 MOOC 平台中支持环境最多的是“学堂在线”，该平台可以通过网页、手机 APP、小程序与平板电脑使用。因此，从支持环境上来看，“学堂在线”是使用最方便的一个平台。国外平台一般不能通过小程序使用。虽然 Udacity 支持小程序，但其小程序上目前仅有两门课程。FutureLearn 仅能通过网页使用。Coursera 在平板电脑使用时界面表现较好。但 edX、“学堂在线”与“中国大学 MOOC”在部分平板电脑上使用时两侧有黑边，如图 3-20 所示。

图 3-20　平板电脑上的“学堂在线”APP

3）MOOC 平台功能框架

根据现有 MOOC 平台的相关研究成果，并结合笔者自身的实践，笔者总结出了 MOOC 平台功能框架，如图 3-21 所示。

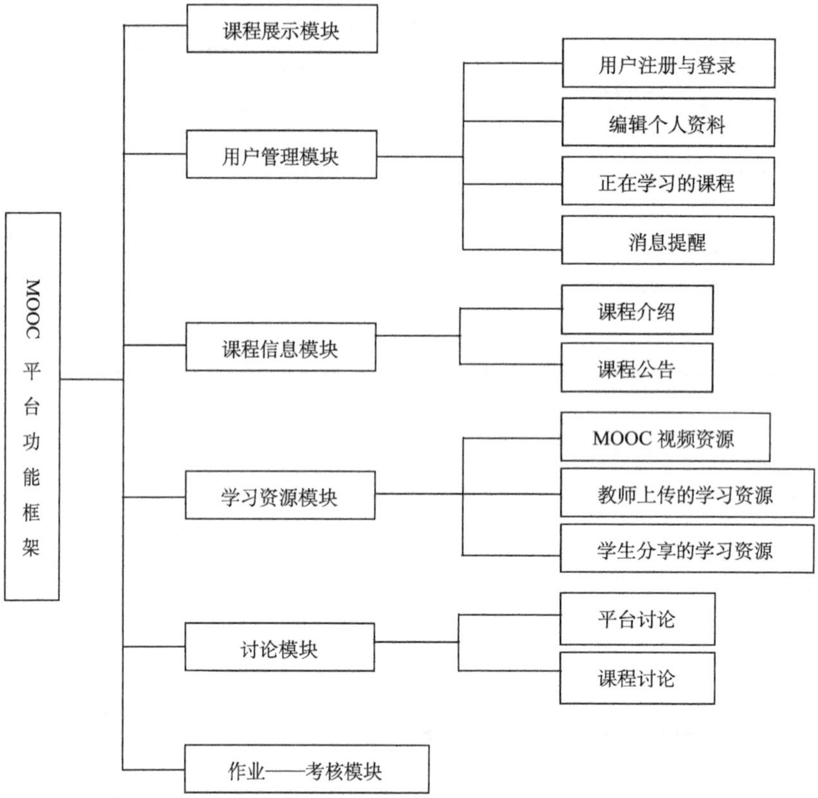

图 3-21　MOOC 平台功能框架

如图 3-21 所示，笔者将 MOOC 平台功能框架分为六大部分，分别是课程展示模块、用户管理模块、课程信息模块、学习资源模块、讨论模块与作业——考核模块。由于“学堂在线”使用方便，下面以“学堂在线”为例对各个模块分别进行介绍。

（1）课程展示模块。MOOC 平台上有大量的 MOOC，平台需要对课程进行管理才能很好地展示出来。一般 MOOC 平台通过其首页将部分课程展现给学习者，如图 3-22 所示。

图 3-22 是“学堂在线”的部分首页界面，可以看到一些课程在首页进行展示。另外，MOOC 平台的首页基本上都有搜索引擎，这使学习者能够方便地找到想要学习的课程，如图 3-23 所示。

图 3-22　首页课程展示

图 3-23　“学堂在线”首页搜索引擎

大多数 MOOC 平台对课程进行了分类，学习者可以找到自己想要学习的某一类课程，如图 3-24 所示。

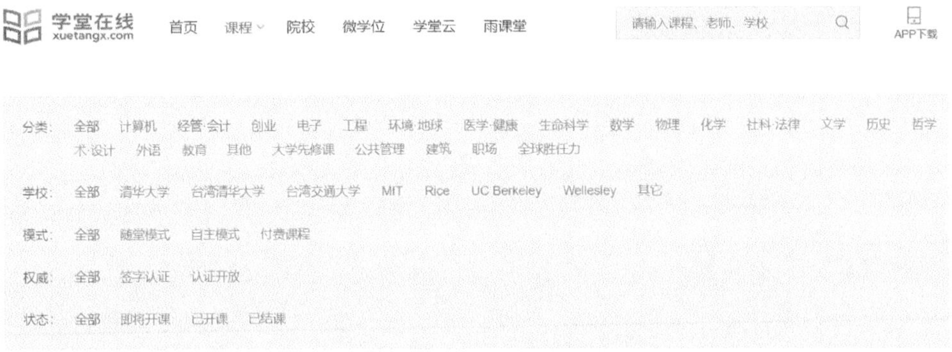

图 3-24　“学堂在线”课程分类

（2）用户管理模块。MOOC 平台上活跃着大量用户。用户管理模块既包括 MOOC 平台对用户的管理，又包括用户对自身的管理。

用户初次使用 MOOC 平台时需要注册，或者使用第三方账号进行登录，以避免有些功能无法正常使用（如无法发证书给学习者）。用户注册界面与登录界面如图 3-25 所示。

图 3-25　“学堂在线”注册与登录界面

另外，用户可以在 MOOC 平台上完善自身的资料，如图 3-26 所示。

图 3-26　“学堂在线”编辑个人资料界面

用户还可以方便地找到自己学习的课程，如图 3-27 所示。

图 3-27　“学堂在线”我的主页部分界面

用户还可以查看 MOOC 平台或他人给自己发送的消息，如图 3-28 所示。

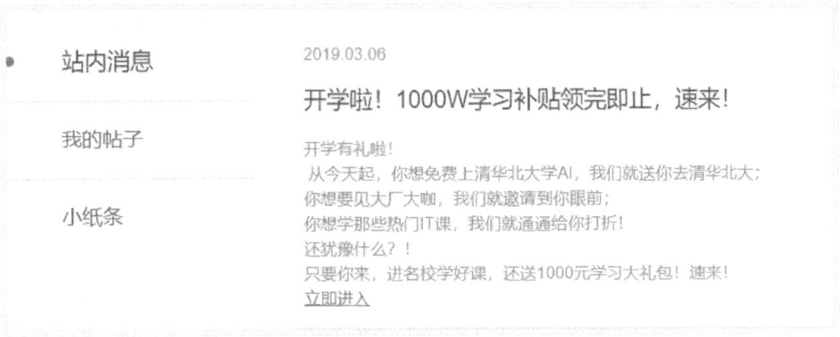

图 3-28　“学堂在线”消息提醒部分界面

（3）课程信息模块。课程信息模块用来给学习者提供某个课程的相关信息，共分为课程介绍与课程公告两个界面。学习者在课程信息模块中单击某一门课程时，会出现该课程的课程介绍界面，如图 3-29 所示。

该界面有“课程描述”、“课程内容”、“授课教师”、“精华笔记”与“常见问题”等内容，展示了与课程相关的信息。另外，在课程公告界面中，也可能会有一些与课程有关的信息，如图 3-30 所示。

（4）学习资源模块。学习资源模块主要用来上传与展示学习者需要的学习资源。MOOC 平台上有各个课程的视频资源。教师根据教学需要上传课件、程序示例和课程素材等学习资源。学习者可以分享自己的心得、笔记和作品等学习资源。MOOC 视频资源如图 3-31 所示。

图 3-29 “学堂在线”课程介绍部分界面

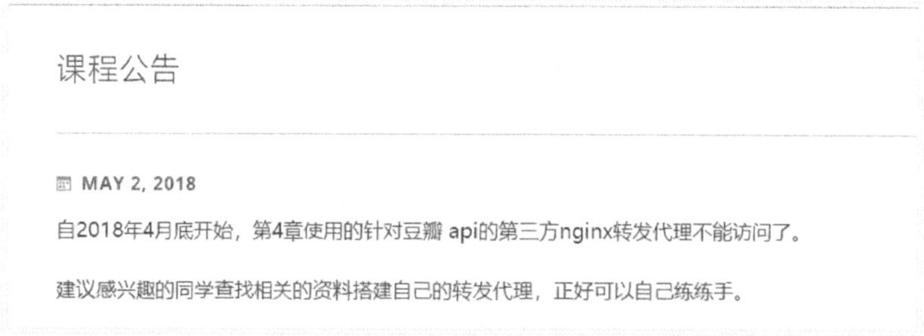

图 3-30 “学堂在线”课程公告部分界面

图 3-31 MOOC 视频资源示例

MOOC 视频资源对于 MOOC 平台是必不可少的，学习者主要通过 MOOC 视频资源进行学习。另外，教师根据教学需要，也会在 MOOC 平台上上传学习资源，如图 3-32 所示。在图 3-32 中可以看出，在“数据结构（上）”这门课程中，教师上传了教材与习题解析。另外，学习者也会上传学习资源，如图 3-33 所示。

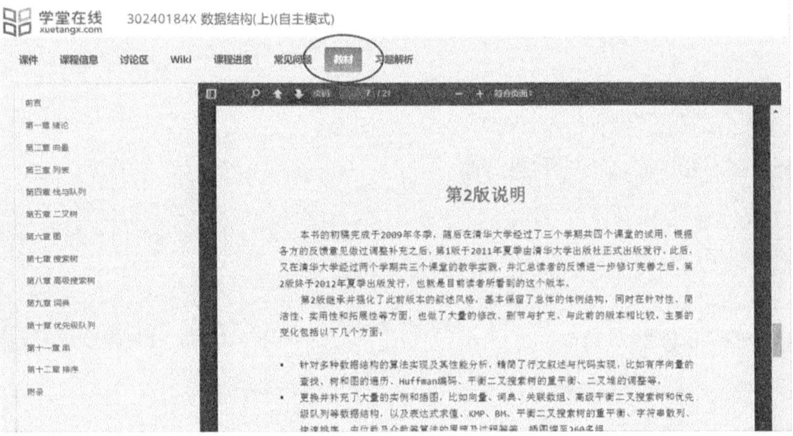

图 3-32　教师上传的学习资源

图 3-33　学习者上传的学习资源

（5）讨论模块。讨论模块主要开展学习者之间的讨论以及教师对学习者的答疑等活动。笔者将 MOOC 平台上的讨论分为两大类：一类为平台讨论；另一类为课程讨论。

平台讨论指整个 MOOC 平台上学习者和教师自由讨论的活动。这种类型的讨论不仅限于某一门课程，讨论的内容更加丰富，如图 3-34 所示。

除平台讨论外，学习者常常针对某一门课程进行讨论，该课程的教师有时也会进行答疑。笔者将学习者和教师针对某一门课程进行讨论的活动称为课程讨论，如图 3-35 所示。

由图 3-35 可以看出，在“数据结构（上）”这门课程的讨论区中，教师发了帖子并将帖子置顶，学习者也发了一些帖子。

图 3-34　平台讨论

图 3-35　课程讨论

（6）作业——考核模块。作业——考核模块主要用来布置作业习题，组织学生考试。

在“学堂在线”平台上，一些课程在各章节最后布置了作业，如图 3-36 所示。

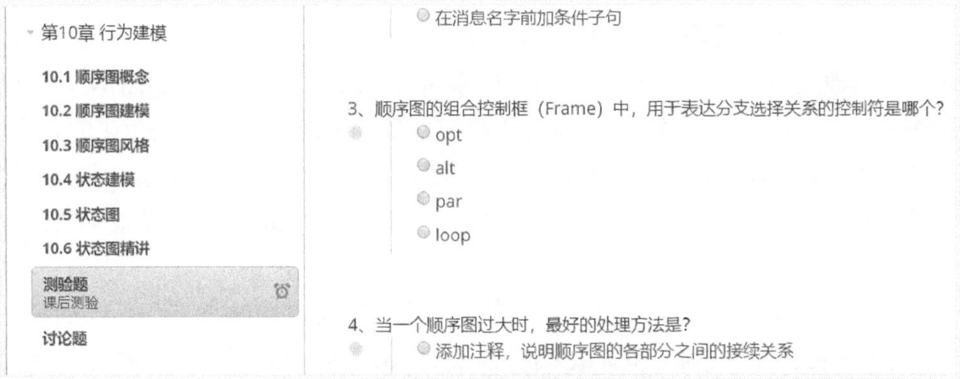

图 3-36　布置作业

另外，一些课程在最后一章进行期末考试，与作业相比通常是多了一些测试题，如图 3-37 所示。

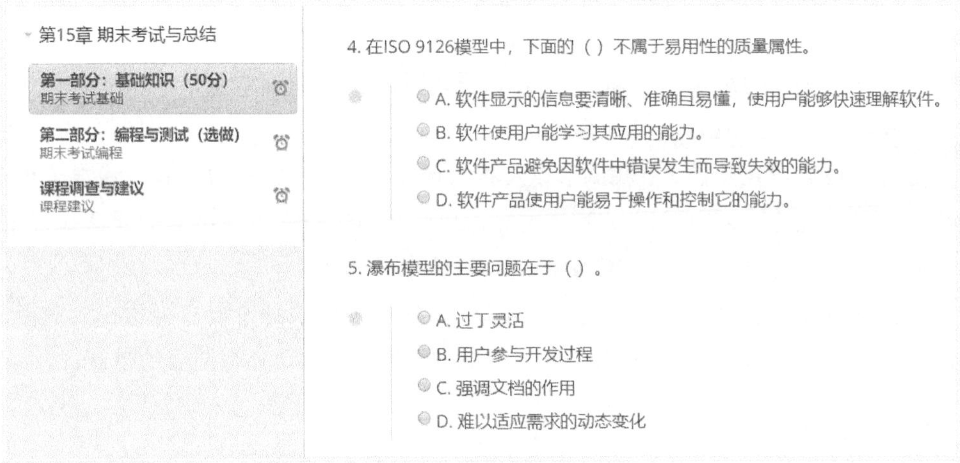

图 3-37　期末考试

通过上述分析可知，MOOC 平台能够满足多种学习活动的需要，为本书开展 MOOC 学习活动实践提供了支撑。

3.4 效 果 论

3.4.1 效果论概述

全面科学的效果评价是 MOOC 学习活动开展的内在动力，也是 MOOC 学习活动设计改进的依据。为了提高 MOOC 学习活动质量，MOOC 学习活动效果评价是非常重要的环节。对已有文献分析得知，对于 MOOC 学习活动效果的评价，目前还没有可以借鉴的完整成熟的方式，因此，本节应探究如何构建促进深度学习的 MOOC 学习活动评价指标体系，以此作为衡量 MOOC 学习活动效果的评量标准。

深度学习视域下 MOOC 学习活动的效果主要通过对 MOOC 学习活动的目标（即促进深度学习）的制定和质量来保证。另外，MOOC 学习活动主要通过 MOOC 学习资源的共建共享来实现促进学习者深度学习这一活动目标，因此，还应从资源共享角度构建评价指标体系。

在基于网络的协作学习活动中，社会互动是协作产生的基础，而对其社会互动质量的研究有助于促进人们对网络协作学习的认识，促进学习活动设计的改进，进而改善成员的交流质量，有利于高质量的协作学习活动的开展[43]。MOOC 学习活动中也鼓励学习者相互协作建构知识，因此，也应从 MOOC 学习共同体的互动效果视角来构建促进深度学习的 MOOC 学习活动评价指标体系。

在线学习已经成为学习者获取新知和技能的重要方式。如果学习者在学习活动过程中缺乏自我监控、自我调节以及积极反思，那么在线学习很容易浅尝辄止，在线学习的优势难以有效发挥[83]。因此，也应从 MOOC 学习活动的元认知视角来构建促进深度学习的 MOOC 学习活动评价指标体系。

由此可知，促进深度学习的 MOOC 学习活动效果的评价要多视角和多途径。从收集数据和分析数据的角度，应采用质性研究和量化研究相结合的方法。

3.4.2 国内外在线学习活动效果的相关研究

在线学习活动是指在网络环境支持下完成的，与达成学习目标有关的所有活动。它在网络环境下运行，是学生自主学习、教师在线安排学习活动的过程，以个人或小组形式完成[84]。在线学习活动的开展需要科学、高效和高质量的评价体系进行保证，进而发挥在线学习的巨大优势，提高学习者的在线学习效果。

1. 国外在线学习活动效果研究现状

美国作为在线学习发展情况最好的国家，斯隆联盟从 2003 年起每年发布关于美国在线高等教育质量年报，如《抓住机遇》、《融入主流》和《迎难而上》等[85]。2011 年的斯隆联盟报告从在线学习效果、战略规划、教师支持、资源开放等五个指标对在线高等教育质量进行了评估[86]。相较于美国，欧洲学者则对 MOOC 教育质量进行了许多探讨并形成了几套成熟的 MOOC 评价指标体系。例如，欧洲远程教育大学联合会的开放教育质量标签从机构层面和课程层面两个维度对 MOOC 质量进行评价；西班牙的 MOOC 教育质量综合评价指标体系则包含两个评价维度，即心理教育及技术美学；德国的 MOOC 设计质量评价标准则从教学和技术两个维度评价 MOOC 教育质量[87]。

此外，关于 e-Learning 的评估也是国外研究者关注的内容之一。Ardito 等[88]构建了 e-Learning 平台的可用性标准与指南以及 e-Learning 模块的可用性标准与指南，如表 3-6 和表 3-7 所示。Qzkan 和 Koseler[89]从系统质量、服务质量、内容质量、学习者视角、教师态度以及问题支持等六个维度对在线高等教育进行评价，如图 3-38 所示。Hassanzadeh 等[90]从教育系统质量、使用者满意度、内容与信息质量以及技术系统质量等视角构建了 MELSS 模型对 e-Learning 系统进行评价，如图 3-39 所示。

表 3-6　e-Learning 平台的可用性标准与指南

维度	总则	标准	指导方针
介绍	效用	学习/创作的支持性	维护接口图形方面的 UCD 属性；引入突出错误和提示的机制，以避免错误
		支持通信、个性化和访问	提供个性化界面图形的可能性
	效率	结构充足	清晰持续地显示系统状态；清楚地显示进度跟踪；清晰的可视化选项和可用命令；清晰的可视化课程结构
		设施和技术充足	为适用背景提供图形方面的适应性
超媒体	效用	学习/创作的支持性	为多媒体材料的制作提供支持；通过状态和课程地图突出显示交叉引用，以方便主题链接
		支持通信、个性化和访问	提供不同的传播媒介渠道；最大限度地个性化获取学习内容
	效率	结构充足	允许知识库访问教师和学生
		设施和技术充足	创建更符合实际的书签；支持离线使用平台维护工具和学习内容

续表

维度	总则	标准	指导方针
应用程序的主动性	效用	学习/创作的支持性	以各种形式插入评估测试；自动更新学生的进度跟踪；插入学习领域工具
		支持通信、个性化和访问	提供管理用户配置文件的机制
	效率	结构充足	引入防止使用错误的机制；提供通过错误进行教学的机制；为教师和学生提供不同的存储库模式；插入易于使用的平台工具
		设施和技术充足	最大限度地利用技术适应使用环境；注册文件的最后修改日期以便于更新
用户活动	效用	学习/创作的支持性	提供易于使用的创作工具；能够定义清晰的学习路径；允许定义替代学习路径；为评估测试提供支持；管理有关课程出勤率和使用情况的报告；即使没有安排，也允许使用学习工具
		支持通信、个性化和访问	提供同步和异步通信工具；为学生和教师提供沟通机制；允许个性化学习路径的可能性；插入机制进行注释；提供整合教学材料的机制
	效率	结构充足	通过索引、密钥或自然语言提供搜索机制
		设施和技术充足	允许创建符合标准的文档和测试（AICC、IMS、SCORM）；提供创作工具，方便文档更新和评估测试编辑

表 3-7　e-Learning 模块的可用性标准与指南

维度	标准	指导方针
介绍	教学的有效性/创作	更新内容一致；突出优先学科；刺激学习没有干扰；强调等级课程结构
	支持的效率	引入非侵入性，避免学习者分心
超媒体	教学的有效性/创作	提供工具让学习者沉浸在学习领域的环境中；针对每个学科和学习目标使用特定的传播媒介；提供选择和控制媒体选项的方法
	支持的效率	优化使用沟通渠道；小心使用超文本和超中间链接；重用和集成学习材料
应用程序的主动性	教学的有效性/创作	提供特定的学习领域工具；为初学者提供支持；提供清晰的默认学习路径；允许选择学习路径；仔细设计帮助和脚手架；设计可靠的测试工具
	支持的效率	正确衰减脚手架（如果衰减是由教师驱动的）；使用不需要特定插件的文档格式
用户活动	教学的有效性/创作	按需推行评估测试；提供一个选择不同学习路径的方法；提供模拟混合学习
	支持的效率	使用正确及清晰的关键字，方便搜寻文件

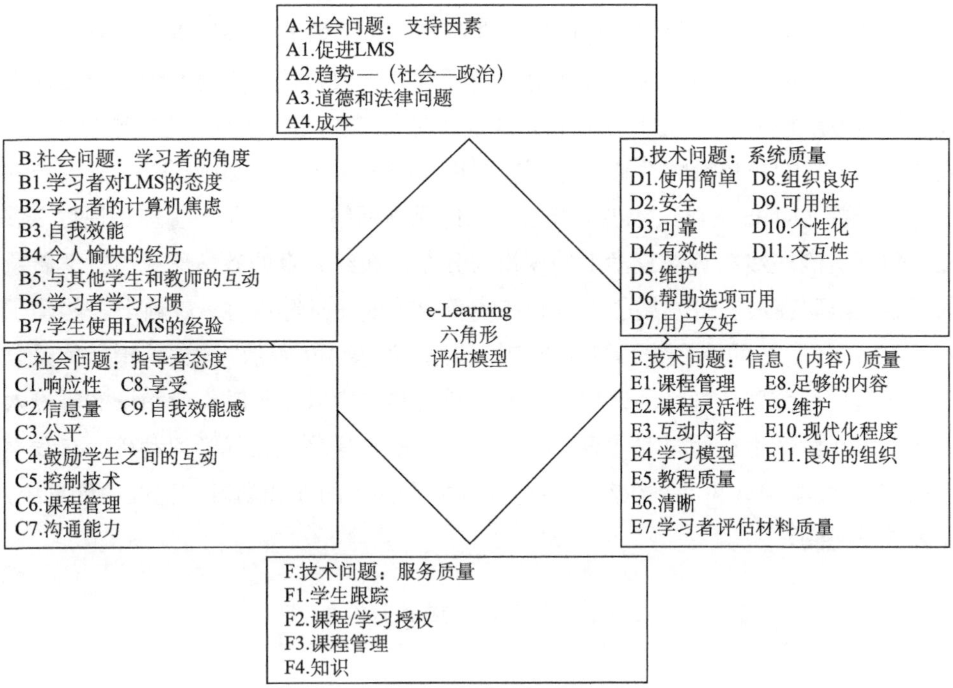

图 3-38　e-Learning 六角形评估模型

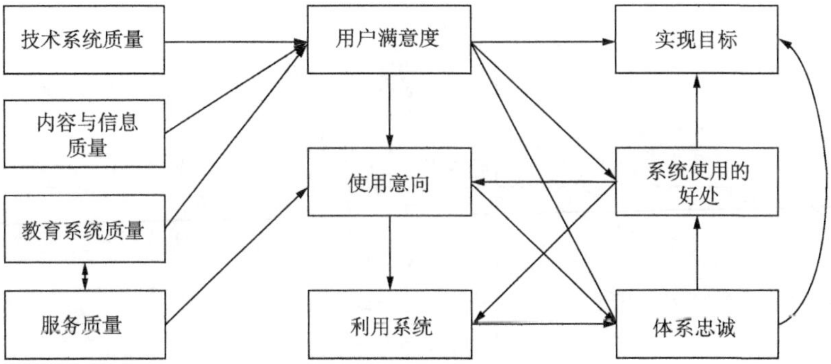

图 3-39　MELSS 模型

2. 国内在线学习活动效果研究现状

目前，国内在线学习的评价与管理研究比较少，主要集中于评价系统、质量标准和管理体系三个方面。评价系统与质量标准的研究主要是在借鉴国外研究经验的基础上，集中开展在线学习课程资源、学习者学习行为和在线学习平台技术三方面的评价方法、评价体系与质量标准研究[91]。王佑美[92]借助美国密歇根虚拟大学开发的在线教学设计标准体系对华南师范大学教育技术学院的国家精品课程“教学设计原理与方法”进行了评价，探索其对我国在线教育评价的指导意义，如表 3-8 所示。刘杨和徐辉[93]通过分析斯罗恩在线教育中心在 2006 年 11 月发布的“成功发展”（Making the Grade）报告，探讨我国网络教育评价、管理和规划，该报告包括美国在线高等教育学生的规模与分布、在线教育的教学形式与教学质量的调查、阻碍在线教育发展的因素和在线教育发展前景等内容。魏顺平[94]构建了基于 Moodle 平台的纯在线学习评价指标体系，如表 3-9 所示。该评价指标体系分为三级指标，分别从学生的课程参与度、活动参与度以及平时作业和论文等投入与产出方面对学生在线学习效果进行评价。上超望等[95]从在线学习动机、在线学习参与、在线学习效果等评价维度设计大数据支持下的在线学习过程性评价系统，如表 3-10 所示。

表 3-8　密歇根虚拟大学开发的在线教学设计标准体系

维度	二级标准
技术标准	T_1 技术要求的确定 T_2 学习者技能的确定 T_3 技术的功能性
可及性标准	A_1 基本内容 A_2 表格和框架 A_3 媒体
可用性标准	U_1 界面的一致性 U_2 学习者支持 U_3 导航的有效性和效率性 U_4 图形和多媒体的功能性 U_5 通信的综合
教学设计标准	F 回忆事实　E 回忆元素 C_1 回忆概念　C_2 辨认任务　C_3 应用概念 K_1 回忆任务　K_2 辨认任务　K_3 执行任务 P_1 回忆原理　P_2 辨认原理　P_3 应用原理 M 产生方法　S 产生解决方案

表 3-9　基于 Moodle 平台的纯在线学习评价指标体系

一级指标	二级指标	三级指标	评算方法
投入情况（A_1）	时间出勤率（B_1）	周出勤率（C_1）	计算规定教学周内的有活动行为的周数，并除以总周数（7 周）
		天出勤率（C_2）	计算规定教学周内的有活动行为的天数并除以总天数（49 天）
		周平均学习小时次数（C_3）	计算规定教学周内的有活动行为的小时次数，并除以总周数
	活动参与率（B_2）	参与单元讨论率（C_4）	计算有单元讨论行为的单元数，除以总单元数（7 个单元）
		参与平时作业率（C_5）	计算有作业提交行为的平时作业数，除以总作业数
		资源浏览率（C_6）	计算有资源浏览行为的资源浏览数，除以总资源数
	参与活动及时性（B_3）	参与单元讨论及时性（C_7）	以周为单位计算参与每个单元讨论的及时性，参与单元讨论及时性=1/（活动参与周次-活动发布周次+1）。当周参与时，成绩为 1；否则成绩依次为 1/2,1/3,…。最后将各个单元讨论的及时性得分加权求和
		提交作业及时性（C_8）	以周为单位计算提交每次作业的及时性，提交作业及时性=1/（作业提交周次-作业发布周次+1）。当周提交时，成绩为 1；否则成绩依次为 1/2,1/3,…。最后将各次作业提交的及时性得分加权求和
产出情况（A_2）	活动频次（B_4）	—	计算 Moodle 日志数据表中学生的行为频次。选取排名前 20%中最低的频次作为分母，求取每个学生活动频次相对值
	wiki（B_5）	—	计算 wiki 模块的 edit 行为频次。选取排名前 20%中最低的频次作为分母，求取每个学生活动频次相对值
	论坛发帖（B_6）	帖子数（C_9）	计算个人帖子数量。选取排名前 20%中最低的帖子数作为分母，求取每个学生发帖数相对值
		帖子字数（C_{10}）	计算帖子中字符数量，主要包括汉字和标点符号。选取排名前 20%中最低的帖子字数作为分母，求取每个学生发帖字数相对值

续表

一级指标	二级指标	三级指标	评算方法
产出情况（A_2）	论坛发帖（B_6）	有效术语数（C_{11}）	以课程中学习的术语对帖子文本进行切分，并计算术语频次。选取排名前20%中最低的术语数作为分母，求取每个学生术语数相对值
	小论文（B_7）	—	小论文总成绩除以小论文作业次数
	大论文（B_8）	—	大论文成绩

表 3-10　在线学习过程性评价系统

评价维度	评价内容
在线学习动机	知识价值观
	学习兴趣
	学习能力感
	成就归因
在线学习参与	认知参与
	情感参与
	行为参与
在线学习效果	高层次思维
	知识应用与实践
	交流与协作
	自我学习与发展
	其他综合能力

除了对在线学习活动评价体系进行研究，在线学习活动的具体评价方式以及评价模型也是研究者的关注点。例如，沈欣忆等[96]利用同伴评价的方式来提升学生学习效果。叶海智和程清杰[97]通过学生提交的实验报告、学期结束后提交的作品、组内互评和学生自评等方式判断学生的学习情况。胡勇和赵凤梅[98]构建了包含学习者、教师、课程、技术、设计和环境等六个维度的在线学习成效理论分析模型，对其讲授的“现代教育技术”公共课进行在线学习成效的评价，如图 3-40 所示。

在线学习活动是影响网络课程质量以及在线学习效果的关键[84]。总体来看，国内研究者缺乏对在线学习活动效果评价的关注，在线学习活动缺乏统一的评价指标体系。在线学习活动需要一个高效科学的评价指标体系，以此来保证在线课程的质量和学习效果。

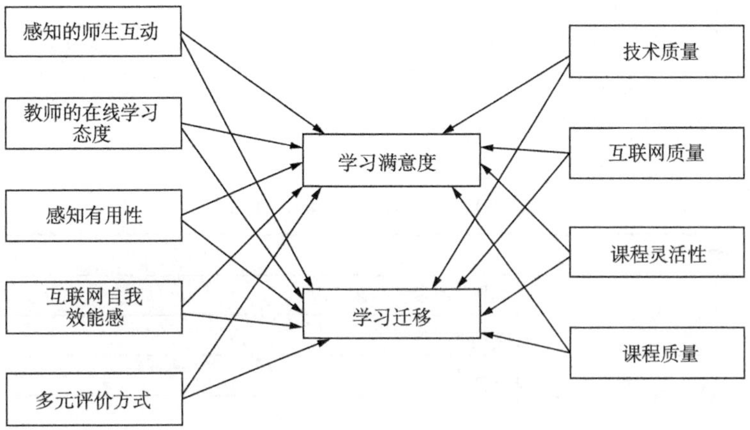

图 3-40　在线学习成效理论分析模型

综上所述，国内外研究者从在线学习课程质量、教学内容设计、在线学习平台、在线学习活动评价体系等方面对在线学习质量评价进行研究。在线学习活动作为在线学习的重要组成部分，影响在线学习的质量，以上研究成果对本书开展深度学习视域下 MOOC 学习活动效果评价给予了参考和启发。

3.4.3　深度学习视域下 MOOC 学习活动的效果

1. 评价指标体系的构建依据

基于上述分析，笔者认为对于深度学习视域下 MOOC 学习活动评价指标体系，应该从以下几个方面探寻构建依据：第一，从前期文献中关于深度学习及在线学习活动效果评价的相关研究成果中明确 MOOC 学习环境下深度学习的评价维度；第二，对于 MOOC 学习活动互动效果的评价应从其上位概念——网络协作学习活动互动效果中寻找构建依据；第三，对于 MOOC 学习活动中学习者自我反思、对活动的认识、满意程度和信心等应从元认知理论相关研究寻找构建依据；第四，对于资源共享的评价应从资源与知识转换的相关研究寻找构建依据。

1）深度学习的评价维度

本书开展的 MOOC 学习活动是以网络环境为依托的，目的是促进学习者深度学习，因此，现有深度学习评价维度和网络环境下的深度学习研究成果为本书构建深度学习视域下的 MOOC 学习活动评价指标体系提供了重要的指导和依据。

美国研究学会提出了深度学习在领域维度与能力维度的兼容性框架[99]，该框架包含三个领域，即认知领域、人际领域和个人领域。其中，认知领域包含掌握核心学术内容与批判性思维和问题解决；人际领域涵盖有效沟通与协作能力；个人领域包含学术心智和学会学习。该框架全面地评价深度学习，包括对学习者学习过程、学习结果、情感态度的评价，如表 3-11 所示。

表 3-11　深度学习的评价维度

领域维度	能力维度
认知领域	掌握核心学术内容
	批判性思维和问题解决
人际领域	有效沟通
	协作能力
个人领域	学会学习
	学术心智

对照已有研究中对在线学习活动的评价方式——主要依据在线学习产出的成果、网上协作交流的情况、学习者情感态度、行为和能力的变化等进行多元评量，这与表 3-11 是不谋而合的。

2）网络协作学习活动的互动效果评价研究的启示

著名的远程教育专家 Daniel 和 Marquis[100]概括出远程教育的两类活动：独立活动和交互活动。Moore[101]也提出了三种类型的互动：学习者与教师、学习者与学习内容、学习者与学习者之间的互动。在网络协作学习活动中，王海东和丁兴富[102]认为网络学习共同体由三个层面构成：技术、学习任务和社会交往。王陆[103]认为社会互动不仅影响在线学习者的学习成绩和知识建构层次等，而且影响学习者的社会存在感等心理与认知方面，是在线学习中的关键要素。上述观点表明，在线学习共同体的社会互动活动对提高在线学习效果具有重要意义。MOOC 学习也属于在线学习，学习者之间、学习者与教师（助学者）之间在 MOOC 学习共同体中应积极开展互动活动，以促进成员之间交流与资源分享。

国内外有很多学者对网络学习共同体的互动评价体系进行了研究。Misanchuk 和 Anderson[104]认为在线学习共同体中互动从浅到深划分为三个层次：通信、合作和协作层。Henri [105]针对在线讨论提出了五维度的内容分析框架，即学习者的参与率、互动类型、社交、认知和元认知知识。Gunawardena 等[106]在 Henri 的研究基础上提出了一个网络环境下的学习者之间协作知识建构五层模型，该模型将网络异步互动环境中学习者之间的社会交互学习分为五个层次，分别为：①信息分享与比较；②发现、分析观点的差异；③团队成员之间的协商讨论；④对新建构的观点进行检验和修订；⑤成员达成共识，运用新建构的意义和知识，具体如表 3-12 所示。

表 3-12　网络环境下的学习者之间协作知识建构五层模型

知识建构阶段	描述	解释
第 1 阶段 信息分享	成员相互分享各种信息、观点；针对讨论的主题进行描述	①对某个观察结果或者某个观点进行描述； ②对他人的观点进行肯定或者否定的描述； ③证实其他学习者所提供的例子； ④相互讨论以澄清描述的问题； ⑤详细地说明、描述并确定一个共同的问题
第 2 阶段 观点比较	成员发现和分析在各种思想、概念或者描述中不一致的地方，深化对问题的认识	①确定并描述不一致的地方； ②询问、回答问题以澄清不一致的地方； ③重申成员的立场，并利用成员的经验、文献、收集到的正式数据或相关的隐喻建议、类比来进一步阐述、支持自己的观点； ④提出替代性假设
第 3 阶段 合作协商	成员通过意义协商，进行知识的群体建构	①协商或者澄清术语的意义； ②协商各种观点并分辨其重要性； ③鉴别相互冲突的概念间存在的共同之处； ④提出并协商体现妥协、共同建构的新描述； ⑤整合包含隐喻或者类比的建议
第 4 阶段 知识建构	成员对新建构的观点进行检验和修改	新建构的观点需要在实际的应用过程中进行检验，并根据具体情况进行进一步的修改与完善
第 5 阶段 意义达成	学习者达成一致意见，并应用新建构的知识	

该模型一方面反映了社会性交互的完整过程，另一方面反映了社会性交往的不同水平[107]，主要用以评价网络环境中知识的社会建构，为本书构建 MOOC 网络交互内容深度编码表提供了参考和借鉴。

在互动评价体系研究的基础上，许多研究者基于所研制的互动评价模型利用内容分析方法对网络学习共同体学习活动的互动质量进行了研究。Hara 等[108]基于 Henri 模型研究利用形式化概念分析工具对学习者在线论坛的交互内容进行分析，以及验证在线学习论坛对学生认知和元认知发展的影响。McKenzie 和 Murphy[109]引用 Henri 模型，从参与性、交互性、认知和元认知四个维度对大学本科生必修课的网上论坛互动质量进行了评价。

由此可知，MOOC 学习活动需要通过社会互动来实现资源的共建共享和学习者深度学习，因此，在评价体系构建中应考虑 MOOC 学习共同体的交互内容深度，以此来改进活动设计，提高 MOOC 学习活动质量。

3）元认知理论研究的启示

元认知概念最早由美国发展心理学家弗拉维尔于 20 世纪 70 年代提出，并将其定义为反映或调节认知活动的任一方面的知识或者认知活动[110]，即对认知的认知，由元认知知识、元认知体验、元认知监控三部分构成。其中，元认知体验最容易发生在思维水平较高的情况[111]。元认知体验是指个体对认知活动的有关情况的觉察和了解[112]。在 MOOC 学习活动中，元认知体验伴随着学习者从学习活动的开始至结束，在学习活动初期，主要是学习者对学习活动难易程度的判断、熟悉程度以及兴趣度的体验；在学习活动中期，主要是学习者对活动的进展以及活动进行过程中遇到的困难、障碍的体验；在学习活动结束时，主要是学习者对学习活动的满意程度和自身成就的体验。本书开展 MOOC 学习活动的目的是评价活动的开展是否促进了深度学习，元认知体验的发生通常需要学习者不断地进行自我反思，而反思性学习是促进深度学习的重要途径[113]，因此，对学习者的元认知体验进行测量可以清楚地了解 MOOC 学习活动是否促进了学习者深度学习。

美国教学设计专家凯勒认为影响学习者学习动机的主要因素有四个，即注意（attention）、相关性（relevance）、自信心（confidence）和满足（satisfaction），简称 ARCS 模型，该模型多用于在线教学设计[114]。ARCS 模型与元认知体验的内涵有很高的契合度，因此，笔者采用 ARCS 模型从专注、相关、信心和满意四个维度对学习者在 MOOC 学习活动过程中的元认知体验进行测量。

4）资源与知识转换研究的启示

MOOC 学习活动的目的是通过 MOOC 资源的共建共享，促进学习者深度学习。学习者既是资源的生产者，也是资源的消费者。目前还没有检索到对于 MOOC 学习资源的分类，由于 MOOC 学习也属于网络学习，所以本书采用网络学习共同体活动中对资源的分类，即将资源分为初始资源、再生资源和知识资源三大类[115]。

初始资源，也称原始资源或初级资源，是指上传到网络学习环境中用于共享的基础资源，初级资源主要来自网络学习共同体成员——教师或学生的个人资源。再生资源是指在初始资源基础上，通过开展 MOOC 学习活动再生产出的资源，如主题讨论活动的交流帖等，该类资源是对初始资源的概括和抽象。知识资源，也称高级资源，也可以看作再生资源的一种，是通过 MOOC 学习活动或其他复合加工途径产生的，如学习者对作品的互评帖可以看作再生资源，而教师或专家在此基础上的综合性点评可看作知识资源。

杨卉[43]对以上三类资源在教师网络实践共同体活动中的转化过程进行分析后，提出了三类资源转换的过程和步骤，如图 3-41 所示。

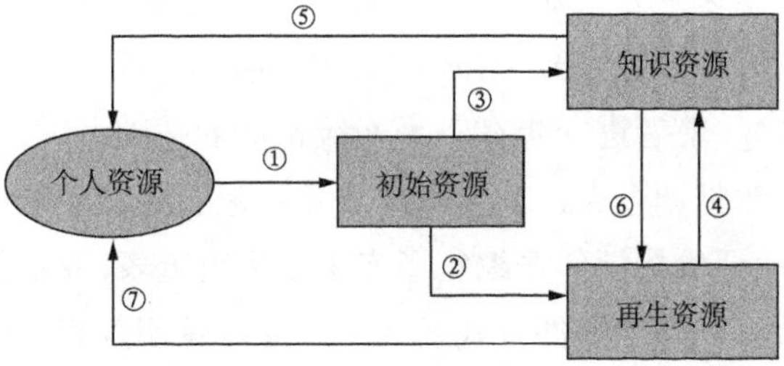

图 3-41　资源转换过程

从图 3-41 可知，资源的转换是一个循环往复的过程，是对共同体成员知识共享的贡献价值不断提升的转换过程，也是个人资源向共同体群体资源转换的过程。

以上资源与知识转换的相关研究为本书提供了指导，它启示 MOOC 学习活动应重视共同体的构建和培育，通过 MOOC 学习活动设计为共同体成员提供多种资源共享和知识转换的机会，以促进 MOOC 资源的共建共享和新知识的创生。

2. 深度学习视域下 MOOC 学习活动评价指标体系的构建

笔者基于上述构建依据，采用德尔菲（Delphi）法构建深度学习视域下的 MOOC 学习活动评价指标体系。德尔菲法也称专家小组法或专家意见征询法，是第二次世界大战后美国兰德公司发展起来的预测研究方法。该方法是一种采用通信方式将所需解决的问题分别发送到各个专家手中征询意见，然后回收汇总全部专家的意见，并整理出综合意见；随后将该综合意见和预测问题分别反馈给专家，再次征询意见，各专家依据综合意见修改自己原有的意见，再汇总，这样多次反复，逐步取得比较一致的预测结果的决策方法[43]。

笔者运用德尔菲法构建深度学习视域下的 MOOC 学习活动评价指标体系的过程如下。

（1）初步形成深度学习视域下的 MOOC 学习活动评价指标体系。笔者采用美国研究学会提出的深度学习在领域维度与能力维度的兼容性框架，从认知领域、人际领域和个人领域三个维度评价学习者深度学习能力；从元认知理论的相关研究中得知，在评价体系构建中应考虑学习者在 MOOC 学习活动过程中的元认知体验；从资源与知识转换的相关研究中得知，MOOC 学习活动设计应为共同体成员提供多种资源共享和知识转换的机会，因此，MOOC 学习共同体资源积累和转换情况也是一个重要的评价指标。基于上述分析，初步形成了深度学习视域下 MOOC 学习活动评价指标体系。该评价指标体系分为两级指标，其中一级指标有三个，分别是：①学习者元认知体验；②学习者深度学习能力（认知领域能力、人际领域能力、个人领域能力）；③MOOC 学习共同体资源的积累和转换（简称资源的积累和转换）。笔者进一步在三个一级指标的基础上细化产生了二级指标。

（2）编制专家意见调查表，征询专家意见。笔者将初步形成的深度学习视域下 MOOC 学习活动评价指标体系编制了专家意见调查表，并征得教育信息化领域共八位专家同意后，以电子邮件方式发送了专家意见调查表，说明了回答问题的有关要求，然后请专家回复。

（3）综合归纳结果。回收专家意见调查表后发现，有的专家直接表示认可，有的专家提出删除或添加新指标的意见，并解释说明。笔者把各位专家的意见加以整理、汇总，将各位专家意见的对比结果再分发给各位专家，让专家比较自己同他人的不同意见，修改自己的意见和判断。再将所有专家的修改意见收集、汇总，这一过程重复进行，直到每一个专家不再改变自己的意见。经过上述三个过程，对专家的意见进行综合处理，最终形成了深度学习视域下 MOOC 学习活动评价指标体系，如表 3-13 所示。

表 3-13　深度学习视域下 MOOC 学习活动评价指标体系

一级指标	二级指标	指标具体内容	评价方法
学习者元认知体验	专注（A）	学习者是否认为MOOC 学习活动非常吸引自己的注意力；学习者是否希望对所学的内容有更多的了解	问卷调查+访谈
	相关（R）	学习者是否认为MOOC 学习活动的内容设计与自己学过的知识有很高的关联性、与自己的期望和目标相符合、与自己的日常生活息息相关	
	信心（C）	学习者是否认为MOOC 学习活动的难度对自己来说正好，不会太难，也不会太简单；在教师解释后是否很清楚自己将要从 MOOC 学习活动中学到什么	
	满意（S）	学习者是否认为自己从 MOOC 学习活动中受益匪浅；学习者是否认为 MOOC 学习经历让自己感到非常愉快；学习者是否认为教师在 MOOC 学习活动过程中给予了公正的评价	

续表

一级指标	二级指标	指标具体内容	评价方法
学习者深度学习能力	认知领域能力	网络交互内容深度由低到高依次为：简单回应或评论、基本说明、独立陈述、归纳整合、分析质疑、深入思考、内化迁移	CMC①内容分析
	人际领域能力	学习者是否认为参与 MOOC 学习活动有助于提高自己的网络交流沟通能力、团队协作能力、协作解决复杂问题能力	问卷调查+访谈
	个人领域能力	学习者是否会经常上网搜索学习资料、是否能够独立地完成老师或同学分配的任务、是否开始经常反思自己做过的事情、是否认为参与 MOOC 学习活动增强了创新意识等	
资源的积累和转换	初始资源的建设	教师（助学者）分享的资源、学习者分享的资源等	网络平台观察与文档分析
	再生资源的建设	主题讨论帖、作业（作品）互评帖、交流帖、指导帖、引导帖、投票记录、反思日志、反馈帖等	
	知识资源的建设	教师（助学者）的点评帖、对知识点的归纳帖、在线答疑帖等	

注：①CMC 指以计算机为媒介的交流（computer-mediated communication）

深度学习视域下的 MOOC 学习活动评价指标体系包括两级指标。一级指标包括学习者元认知体验、学习者深度学习能力、资源的积累和转换。

1）学习者元认知体验

这一指标主要通过学习者对 MOOC 学习活动的兴趣、MOOC 学习活动的相关性、完成 MOOC 学习活动的信心以及学习者对 MOOC 学习活动的满意程度四个维度来反映。这一指标的评价方法主要是问卷调查和访谈。

2）学习者深度学习能力

这一指标主要通过学习者认知领域能力、人际领域能力和个人领域能力的变化来反映。

（1）认知领域能力。主要通过 MOOC 学习共同体交互内容深度来反映。CMC 内容分析法分析帖子的交互质量，确定 MOOC 学习共同体的交互深度。通过借鉴 Henri 针对在线讨论提出的五维度内容分析框架[105]和 Gunawardena 等的网络环境下的学习者之间协作知识建构五层模型[106]，以及文献研究中博客内容交互深度分析框架[116]，并依据 MOOC 学习活动实践和 MOOC 平台特性，笔者构建了网络交互内容深度编码表，如表 3-14 所示，以此作为 MOOC 学习共同体交互内容深度的评量依据。

表 3-14 网络交互内容深度编码表

项目	分类条目	含义
浅层学习（S）	简单回应或评论（S_1）	少量文字的简单表达（包括赞赏或批评）、评论
	基本说明（S_2）	简单地对问题或观点进行说明，表明自己的态度，或简单回应前面评论或主题讨论
	独立陈述（S_3）	独立陈述自己的观点，评价主题讨论时给出个人简单理由，或简单描述个人行为、观点
深度学习（D）	归纳整合（D_1）	将个人看法与主题观点进行简单比较，提出自己的观点并分析说明或者对他人的问题进行深入的思考、提出建议
	分析质疑（D_2）	批判性地看待问题，在总结观点的基础上反思讨论主题或他人评论，对讨论细节提出质疑
	深入思考（D_3）	深入反思主题观点，并根据个人经验和所收集的信息给出详细的个人观点、认识或建议
	内化迁移（D_4）	运用批判性思维看待主题和其他观点，把观点迁移到新的情境中得出新的思想或运用新观点

（2）人际领域能力。主要体现在参与活动对学习者网络交流沟通、团队协作、协作解决复杂问题等方面能力的影响。这一指标的评价方法主要是问卷调查和访谈。

（3）个人领域能力。主要体现在学习者通过参与活动，其上网搜索学习资料、与老师同学交流、独立完成老师或同学分配的任务、反思自己做过的事情以及自身创新意识等方面的变化。这一指标的评价方法主要是问卷调查和访谈。

3）资源的积累和转换

资源的积累和转换主要体现在资源的数量和质量，共同体成员既是资源的消费者也是资源的生产者，这些来自不同地域的学习者持续不断地通过 MOOC 学习活动实现初始资源、再生资源和知识资源的生成、转换与流通。这一指标的评价方法主要是网络平台观察与文档分析。

3.5 管　理　论

3.5.1 管理论概述

管理是在特定的环境下，管理者为了达到组织要求的目标，而对组织所拥有的资源进行有效的计划、引导和控制的过程。

教学管理有广义和狭义两种。广义上的教学管理是指教育相关部门对各类学校以及教育机构的教学进行管理和指导等。狭义的教学管理认为教学管理是学校内部的管理，是对学校的教学目标、教学活动、教学人员、教学质量以及学生等进行管理[117]。学校教育管理的内容主要涉及课程与教学管理、学生管理、教育人员管理和教育财务管理等四个方面，其中课程与教学管理是学校教育管理的核心，其他三个方面基本上都是为它服务的[118]。

《教育信息化“十三五”规划》提出“发展在线教育与远程教育，推动各类优质教育资源开放共享，向全社会提供服务”[119]。随着教育信息化的推进，越来越多的学习者倾向于选择在线教育这种学习方式，但目前“在线学习活动管理 ”的概念还没有明确的界定。活动管理是指为了保障活动可以按照预期的设计顺利开展而必须遵循的一系列规章制度、策略流程等[120]。活动管理的应用非常广泛，几乎涉及人类所有的实践活动，可以把在线学习活动管理看作活动管理的一个子集，即在线学习活动管理是以学习活动的目标为中心，活动参与人员都须遵守的、保障在线学习活动可以顺利开展的规则。

3.5.2 国内外 MOOC 学习活动管理的相关研究

教育管理伴随着教育的产生而产生，它反映了特定时代下教育活动的需求。在教育现代化史上，美国联邦政府是不干预教育的，它秉承自由主义教育管理[118]。但随着科技革命的蓬勃兴起和国际竞争的日趋激烈，美国联邦政府在教育中的影响力不断增强。现行的美国教育行政分为三个层次：联邦、州和地方，这三个层次将教育政策层层细化，将教育管理进一步落实[121]。我国现行的教育管理体制以教育部为主，其下设置省教育厅、市教育局、县教育局以及乡镇教育行政部门，是一种自上而下的垂直结构。各相关部门按照教育部的政策指导，结合当地的实际情况进行相应的教育管理。

随着网络在线教育的兴起，MOOC 进入了人们的视野，由于不受时间、空间的限制，越来越多的学习者更乐意在 MOOC 平台上获得自己所需的知识，在线教育管理在这种背景下产生。

通过斯隆联盟报告可以了解到，有 80%以上的教学内容通过网络进行传授的教育形式称为在线教育[122]。纵观国内外远程教育研究，大多学者认为在线教育的系统研究始于 20 世纪末。目前，在线教育的发展态势比较可观，部分高校自主开发 MOOC 平台并在该平台上提供优质的课程，例如，斯坦福大学基于 Open edX 开发的在线课程平台、清华大学开发的“学堂在线”；部分高校结为合作伙伴，联合开发 MOOC 平台，如哈佛大学和麻省理工学院联合发起的 edX 平台；还有部分企业积极开发 MOOC 平台，如网易公司开发的“网易云课堂”。在众多 MOOC 平台的建设中，知名度较高、影响力较大的 MOOC 平台无疑是美国的 edX、Coursera 和 Udacity。本书以 edX 为例介绍美国在线学习活动中常见的一些管理。

1. 美国 MOOC 学习活动管理的相关研究

edX 是麻省理工学院和哈佛大学联合开拓的在线教育新领域，主要目的是配合校内教学，提高教学质量、推广网络在线教育，为所有学习者提供免费开放的课程[123]。

1）edX 平台的管理体系

edX 平台的管理体系与传统学校有所区别。为了使在线学习平台能够运转顺利，edX 实行董事会领导下的伙伴学校支委员会监管、会员学校领导委员会下属的委员会与团队分工负责制。edX 董事会是由哈佛大学和麻省理工学院联合成立的，董事会下的伙伴学校支委员会主要负责监管各个会员学校网络平台的正常运行，并帮助各平台进行分工与协作。各个会员学校也成立了相应的委员会，以便和支委会进行事务的有效对接，该委员会分管两个下属委员会和三个团队，两个下属委员会为教师委员会和研究委员会，教师委员会主要负责课程标准的制定、教学资源的收集等，研究委员会主要负责研究政策的制定、研究重点的确立等；三个团队分别是支撑团队、课程开发与维护团队和创作与录像团队，他们负责平台的日常运作、课程更新、平台维护等工作[124]。

2）edX 平台的人员管理

edX 系统中有管理员、教师和学习者三类角色。

（1）管理员主要负责对在线学习平台进行维护及师生的权限分配等。教师注册信息后，需要管理员审核通过才可以发布课程。管理员有独立的系统管理界面，具有较高的系统访问权限，可以任意添加其他角色的用户，同时管理员需要时刻监控平台的运行状况，解决突发问题，保证平台可以稳定运行。

（2）教师主要负责在线课程的建设及与学习者进行交互等。管理员审核通过相关信息后，教师应上传课程的相关视频、课件、学习资料及练习题等。开展在线教学活动时教师应注意与学习者之间的互动，及时回复学习者的提问并给予适当的引导。

（3）学习者在参与学习活动过程中须遵守相应的法律法规及 edX 平台的相关规定。在线教育的初衷是为大众提供免费公开的课程，相对于学校教育，在线教育对学习者的管理较为松散，学习的主动权掌握在学习者手中，但若想要获得相关课程的证书，学习者必须按照教师制定的教学计划完成相应的学习活动。

3）edX 平台的助学服务管理

edX 平台的助学服务管理主要涉及三个部分，用户管理、教师使用的课程管理系统（course management system，CMS）和学习者使用的学习管理系统（learning management system，LMS）。

（1）edX 平台的用户管理主要包括用户注册和用户登录，用户注册需要填写自己的基本信息并且同意平台的相关服务条款以及协议，待用户成功注册后，系统会自动给用户发送一个带有激活网址的邮件，用户点击网址后账号就会被激活；用户登录时输入激活后的账号和自己设置的密码即可。

（2）教师可以使用课程管理系统进行相应的设置以帮助学习者完成学习活动，课程管理系统主要包括内容管理、课程设置和其他工具三部分，如图 3-42 所示。

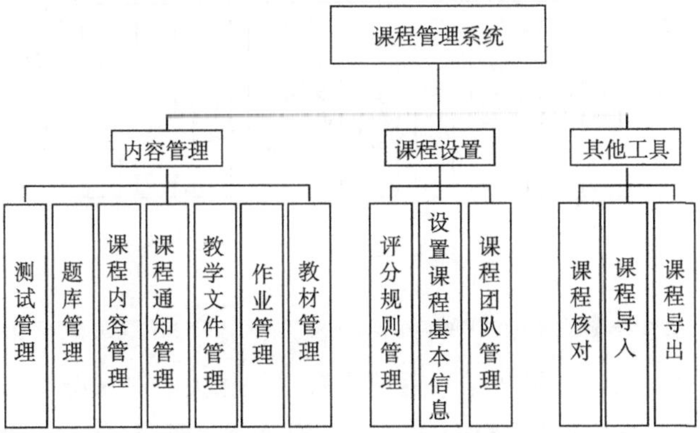

图 3-42　edX 的课程管理系统功能图

本书简单介绍几个常用的功能。测试管理和作业管理可以帮助教师对学习者的学习状况进行一定程度的监控，依据学习状况，教师可以给予学习者适当的指导；题库管理的功能主要是录入、删除测试题，组卷等；课程内容管理包括添加课程章节、课程小节、课程单元及课程单元内容等；课程通知管理可以将教师修改好的最新的课程通知推送给学习者；教学文件管理可以对教学文件进行上传、预览、删除、锁定和解锁等相关操作，如果教师锁定了某一门课程的教学文件，那么没有注册该课程的学习者就不能访问这门课程中的教学资源；评分规则管理包括设置课程的及格分数、课程学习过程中各部分所占的比例及成绩计算方法等；设置课程基本信息包含设置课程注册时间、开始时间、结束时间、课程简介、教师简介及每周课时数等信息；课程团队管理包括添加课程教师、设置教师权限、删除课程信息等功能；课程核对包括开设课程的步骤，教师可以看到课程具体开设的程度。

（3）在线教育省去了学校招生的程序，学习者一旦注册成功，便拥有使用平台上资源的权利。此外，与学校教育管理不同，在线教育对合法用户采用松散的监控管理方法，对学习者的管理几乎不涉及生活管理和安全管理。在 edX 平台上，学习管理系统是学习者使用的系统，主要包括视频学习、自我复习、查找课程、注册课程、浏览课件、浏览课程通知、在线测试、在线讨论、wiki 功能、作业提交、作业互评和学习进度追踪，如图 3-43 所示。

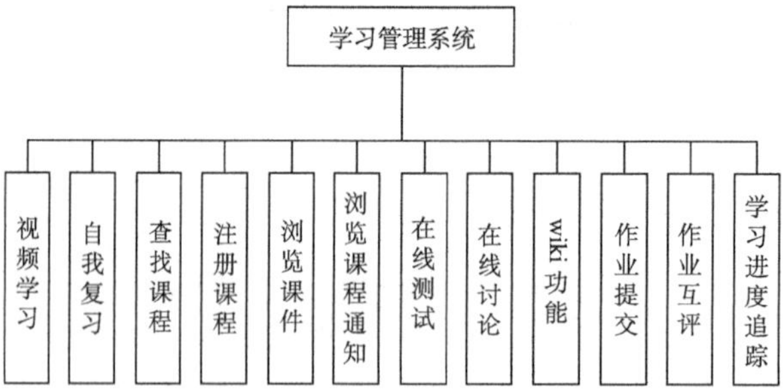

图 3-43　edX 的学习管理系统功能图

视频学习是指学习者观看视频教学内容，这些视频通常都是十分钟左右的短视频，一般情况下，视频播放结束后都会有一些相关的测试题；自我复习是指学习者查看测试题的答案解析，帮助学习者更好地理解课程知识点；学习者登录 edX 平台后可以通过查找课程查询自己所需要的课程，如果学习者有兴趣学习，那么可以报名学习这门课程，但是否继续学习的主动权始终掌握在学习者手中；浏览课件是指学习者查看该课程的课件，为了版权保护，课件与视频不能下载，学习者若想下载课件或视频，需与讲授该课程的教师联系；浏览课程通知是指学习者查看与课程相关的通知；在线测试是指学习者参加教师安排的测试，学习者的测试成绩会算入其课程的总成绩；在线讨论是指学习者参与论坛讨论，互相答疑；wiki 功能与维基百科的基本功能相同，学习者在这个模块可以发表文章，也可以查看或修改他人的文章等；作业提交是指学习者完成教师布置的作业并提交，作业的分数会算入其课程的总成绩；作业互评是指学习者按照一定的评价标准对他人的作业进行评价；学习进度追踪是指学习者查看自己每个问题的得分、每次作业的成绩及每次测试的成绩等。

2. 国内 MOOC 学习活动管理的相关研究

我国在线教育起源于远程教育，20 世纪 90 年代后期，以计算机为核心的多媒体网络教学系统的应用是我国在线教育开始发展的标志[125]。之后在线教育经历了几次重大革新，如表 3-15 所示。

表 3-15　我国在线教育发展的三个阶段[125]

项目	第一阶段： 20 世纪 90 年代末～2003 年	第二阶段： 2003～2012 年	第三阶段： 2012 年至今
特征	（1）网络远程教育兴起 （2）校园网络计划实施	（1）开放教育资源兴起 （2）数字化学习资源平台构建 （3）计算机教育逐步普及	（1）微课程和 MOOC 兴起 （2）以移动端为主的教育产品出现研发热潮 （3）数字产品和资源专业化、优质化 （4）大数据、云计算、数据分析等技术应用于教育领域
案例	（1）中国电大 （2）北京四中网校 （3）1000 个试点校园网计划	（1）国家精品课程建设工程 （2）新浪/网易公开课 （3）一师一优课、一课一名师	（1）学堂在线/中国大学 MOOC （2）电子书包 （3）粉笔网/猿题库、洋葱教学

注：中国电大含中央电大、省级电大和地方级电大

MOOC 的出现掀起了在线教育的高潮，国内高校、教育机构和企业纷纷开始探索这种教学模式，同时也取得了一些显著的成果，如清华大学开发的最大的中文 MOOC 平台“学堂在线”、爱课程网与网易云课堂联合推出的“中国大学 MOOC”等。在 2016 年果壳网发布的“全球 MOOC 排行榜”中，“学堂在线”被评为“拥有最多精品好课”的三家平台之一。根据美国课程中央网站给出的数据，2016 年

年底，“学堂在线”的课程数量、注册用户数量位居全球第三，仅次于 Coursera 和 edX[126]。本书以“学堂在线”为例介绍我国在线教育活动中一些常见的管理措施。

学堂在线 Studio 是供教师使用的在线课程管理系统，主要包括创建课程、课程及文件上传更新、设置课程相关信息、设置课程评价和课程预览 5 个部分，如图 3-44 所示。在“学堂在线”平台上创建课程时，最小的编辑单位是模块，模块有讨论模块、网页模块、问题模块和视频模块四种类型，模块构成单元，单元构成小节，小节构成章节，教师可根据课程内容结构和课程需要设置相应的部分；公告更新的主要用途是及时向该课程的学习者公布课程的最新动态；课程讲义是由教师发布的与当下学习内容相关且供学习者学习研究的重要内容；文件上传及管理可以帮助教师上传或删除一些教学文件，删除后的教学文件不能进行恢复；课程时间表提供的信息有课程开始注册与结束注册的时间、课程开始与结束的时间等；课程的介绍、课程介绍视频和课程封面图片主要包括课程简介、教学团队介绍、先修要求及课程内容的直观展示等；整体评分范围是指对学习者总成绩的各组成部分所占比例的划分，在整个课程的学习过程中，学习者需要完成作业、讨论、测试等多个学习活动，学习活动的成绩在总成绩中会占有一定的比例，教师可根据教学目标调整各个部分在总成绩中所占的比例；设置作业类型及占分比例是指教师可根据需要添加或删除作业类型、修改占分比例等，一般情况下，“学

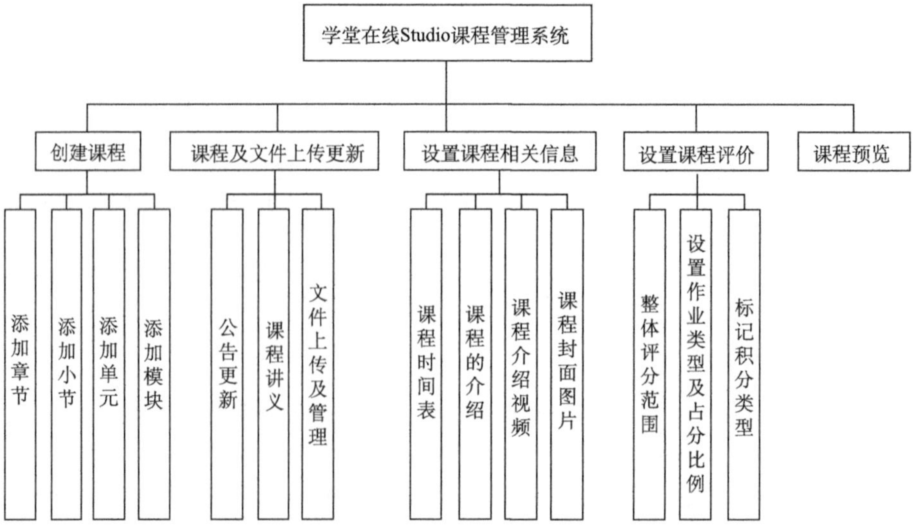

图 3-44 学堂在线 Studio 课程管理系统功能图

堂在线”默认的作业类型有作业、实验、期中考试和期末考试四种；标记积分类型是指如果某一部分内容被标记，那么这部分内容包含的所有问题都将被记入总成绩，在“学堂在线”中，只有小节可以被标记成某一种作业类型；课程预览是指教师完成课程更新后可以预览课程，这时显示的页面就是普通学习者进入课程后看到的界面。

3.5.3　深度学习视域下 MOOC 学习活动的管理

随着科技的发展，学习者的学习方式在不断地发生变化，网络的兴起推动了在线教育的发展。2018 年发布的第 42 次《中国互联网络发展状况统计报告》显示，截至 2018 年 6 月，我国在线教育用户规模达到了 1.72 亿人[127]。在线学习人数已经如此庞大并且依然有快速上升的趋势，可见越来越多的学习者乐意参与在线学习，那么帮助学习者进行在线深度学习需要进行哪些管理就变成了不可回避的话题。吴亚婕[128]基于班杜拉的三元交互决定论从个体、行为、环境三个维度分析了影响学习者在线深度学习的因素，并指出各个维度下的多个因素综合影响着学习者的在线深度学习。笔者认为进行在线教育活动管理时，应该考虑影响学习者在线深度学习的因素并采取适当应对措施。MOOC 作为在线学习的一种方式深受学习者喜爱，所以本节主要探讨深度学习视域下 MOOC 学习活动的相关管理。

1. 深度学习视域下 MOOC 学习活动的信息管理

与传统的学校教学管理不同，在 MOOC 平台上，教师与学习者之间的交流大多是基于网络的，学习者较为自由，可以安排自己的学习时间、学习内容、学习地点等。因此，教师了解 MOOC 学习活动的各种相关信息有利于实现其对 MOOC 学习活动的监控管理。对于 MOOC 学习活动的信息管理笔者认为应该涉及四个方面。

1）MOOC 学习活动的设计信息

MOOC 学习活动的设计信息主要包括角色和职责的设计、活动目标的设计、活动任务的设计、活动工具的设计、活动组织形式的设计、评价与监管规则的设计等。角色和职责的设计是指规划好学习活动中各个角色及其职责，各个角色各尽其职才能保证学习活动的顺利进行；活动目标的设计就是对活动的预期成果进行描述；活动任务的设计就是对活动形式、操作流程、学习者的预期成果及使用工具等进行综合描述，活动任务与活动目标之间构成因果关系；设计合理的活动工具可以帮助学习者解决学习中的问题、加深对知识的理解，在学习活动管理中经常使用的工具有认知工具、交流与协作工具以及评价工具等；活动组织形式多种多样，在学习活动组织中，应根据实际的活动目标和活动任务，选择适合本次学习活动的组织形式；评价和监管规则是指学习活动过程中师生必须共同遵循的评价标准及行为规范，在设计评价和监管规则时应公平公正、合理平等，一般情况下规则的实施主体为教师或管理者，有时学生也可参与，承受主体一般是学生或学生作品。

2）MOOC 学习活动的执行信息

Zhao 等[129]基于远程教育论文元分析发现交互是远程教育有效发生的关键。穆尔将远程教育中的交互分为教师与学生的交互、学生与学生的交互和学生与内容的交互。当这三种交互中的任意一种处于高水平时，深度学习将更易发生[130]。因此，MOOC 学习活动的执行信息应该包括师生交互、生生交互、学生与内容的交互和学习活动监督等。复杂情境中，深度学习的发生需要教师的引导[131]。在 MOOC 学习活动中，教师可根据不同的需求选择不同的交互方式，如教师中心式、学习者中心式以及知识中心式；生生交互不仅是知识的交流也是情感的交流，它来源于同伴教学，可以促进学习者积极参与课程学习；学生与内容的交互涉及观看视频、完成作业、阅读资料等，研究者普遍倾向于从学生行为和学习结果两个方面分析学生与内容的交互，学生行为包括学习者下载或上传资料、浏览资料、观看视频等，学习结果主要是基于对学习者的作业完成情况、交流讨论情况、测试情况等的综合分析得出的结果。学习活动监督是指为了保障学习活动的质量，从而对学习活动进行检查、指导、反馈、控制和调节等一系列活动[132]。一般情况下，监督学习活动的实施主体是教师和学习者，监督对象主要是学习者及其学习过程。监督学习活动的实施主体为学习者时，这其实就是一种隐性的自我监督，是学习者对自己的学习进程进行计划、调整等。

3）MOOC 学习活动的主体信息

研究表明，很多学习者的个体因素与深度学习的发生有关[128]。通过问卷调查可以了解学习者的个体因素，如自我调节、动机等。学习者是 MOOC 学习活动的主体，教师充分了解影响学习者深度学习的个体因素才能更确切地为学习者提供帮助。MOOC 学习活动的主体信息包括学习者的特征信息与学习者参与活动的行为表现信息，如学习者的起点信息、在活动中的角色信息、参与交流的信息、生成和利用资源的信息等，这些信息可填入学习者的电子档案中。

4）MOOC 学习活动的环境信息

学习环境是支持学习者个人或群体学习活动的物化环境和软环境两个方面的组合[43]。在 MOOC 学习活动中软环境包括社会文化发展水平、助学服务等，物化环境包括活动中使用的网络技术环境、资源等。研究表明，社区感和交互性更强的网络课程对促进学习者进行深度学习有积极的影响[133]。MOOC 平台的性能可以直接影响学习者交互时的体验感，故 MOOC 和 MOOC 平台是促进学习者深度学习的两个比较重要的环境因素。

2. 深度学习视域下 MOOC 学习活动的人员管理

MOOC 学习活动中的成员主要包括管理员、教师和学习者。

（1）管理员鲜少参与 MOOC 学习活动，但是平台的正常运行以及维护需要管理员负责，而这是 MOOC 学习活动开展的基础。此外管理员还负责师生的权限分配，保证了 MOOC 学习活动的有序开展。

（2）在 MOOC 学习活动中可以将教师分为专业教师与助学者。专业教师是指具有一定的在线教育经验和丰富学科知识的教育专家；助学者是指 MOOC 学习活动的引导者和指导者。在复杂的教学情境中，教师适当的干预对学习者的学习有促进作用，发挥好教师的引导作用可以催化深度学习的发生[131]。评估是判断教师是否发挥引导作用的一种管理方法，评估机制由教师助学能力评价、教师在线助学服务质量评价和教师绩效评估管理三方面构成[128]。教师助学能力评价是判断教师能否担任助学相关工作的量尺，根据不同 MOOC 学习活动的特点，可以制定不同的评价标准；教师在线助学服务质量评价是对教师在 MOOC 学习活动中提供的支持进行评价；教师绩效评估管理是对教师在整个 MOOC 学习活动中表现的评价。根据评估的结果可以有针对性地对教师进行培训，提高教师的在线教学能力。

（3）学习者在 MOOC 平台上拥有很高的自由度，学习者可以根据自己的时间来安排学习进度，所以相对于传统的学校教育来说，MOOC 学习活动对学习者的管理较为松散，学习者的自由度更高，但学习者在学习活动中的言行必须受到相关法律法规的约束。

3. 深度学习视域下 MOOC 学习活动的资源管理

MOOC 学习活动是以网络为依托的，MOOC 学习资源是 MOOC 学习活动的基础，良好的资源管理方式可以引导学习者进行深度学习，在线教育资源管理的相关研究成果为本节构建 MOOC 学习活动资源管理模型提供了重要指导和依据。笔者认为仅仅对资源进行简单的分类整理、储存管理很难促进学习者的深度学习，根据学习者知识掌握程度、学习风格等推荐适当的学习资源和学习路径更能促使学习者深度学习的发生。本节借鉴了国内外 MOOC 平台的资源管理与推荐机制，加入了在线资源评价机制，将资源管理、推荐和评价与深度学习、MOOC 学习特征进行融合，由此凝练得到了 MOOC 学习活动资源管理模型，如图 3-45 所示。

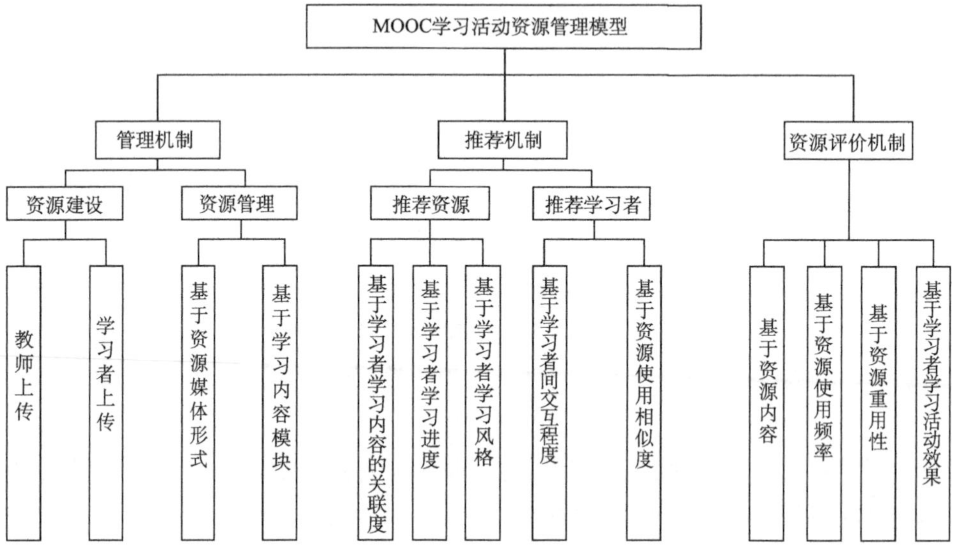

图 3-45　MOOC 学习活动资源管理模型

MOOC 学习活动资源管理模型包括管理机制、推荐机制和资源评价机制。管理机制包括资源建设和资源管理，MOOC 学习活动中的资源来源一般有两种，即教师上传的资源和学习者上传的资源，不管是教师还是学习者都要遵循平台的相关规定。资源管理是将资源进行分类管理，本模型提供了两种分类管理依据，即基于资源媒体形式的分类管理和基于学习内容模块的分类管理，基于资源媒体形式的分类管理就是按照资源的不同类型进行分类管理，如视频类型的资源、文本类型的资源和图片类型的资源等；基于学习内容模块的分类管理是指按照教师先前设计好的单元模块或知识点分类，在相应的模块或分类中放置相应的教学资源。推荐机制包括推荐资源和推荐学习者，推荐资源时可以依据学习者学习内容的关联度推荐与学习者学习内容相关的其他资源，以扩展学习者学习的宽度；可以基于学习者的学习进度进行推荐，根据学习者当前学习知识点的所在位置，按照推荐学习路径推荐给学习者更深层次的知识点，循序渐进地引导学习者更深层地学习；也可以基于学习者的学习风格给予合适的资源推荐，每个学习者都有自己的学习风格，可以根据历史记录分析学习者的学习风格，依据学习风格向学习者推荐资源。推荐学习者包括基于学习者间交互程度和基于资源使用相似度推荐学习伙伴，基于学习者间交互程度是指学习者之间交互较多的可以进行推荐，如在讨论区学习者 A 经常回答学习者 B 提出的问题，那么可以把学习者 A 推荐给学习者 B，两人可以成为学习伙伴；基于资源使用相似度是指学习者 A 和学习者 B 在某段时间都在进行相同内容的学习，那么可以相互推荐，使两人结成伙伴关系。本模型加入了资源评价机制，笔者认为资源是需要更新、改进的，只有对资源进行评价，才能更好地更新资源，发挥资源的价值。资源评价机制包括基于资源内容评价、基于资源使用频率评价、基于资源重用性评价、基于学习者学习活动效果评价。资源内容是指资源本身的完整性、准确性、合理性等；资源使用频率是指资源是否被学习者经常使用，是否具有存在的价值；资源重用性是指资源是否被及时更新，老化的资源重用性在不断降低，及时更新才能为学习者提供最新的学习资料；学习者学习活动效果是指资源被利用后所产生的学习效果，主要用来判断上传的资源是否满足学习者的学习需求。

第4章　深度学习视域下MOOC学习活动设计的实践

4.1　实证研究框架

本章是对本书所构建的深度学习视域下 MOOC 学习活动设计理论在 MOOC 学习环境下的应用和验证，即在设计、实施、评价、反思与改进过程中不断改进活动设计的过程。总体过程是在一个完整的学期里基于同一门课程，按照深度学习的过程分阶段地在 MOOC 学习活动平台上推出三类 MOOC 学习活动设计，每个阶段的 MOOC 学习活动设计都是在对前边 MOOC 学习活动效果评价和反思的基础上，结合课程进度与内容经过有针对性的改进后形成的，体现了基于设计的研究范式思想。深度学习视域下 MOOC 学习活动设计实证研究框架如图 4-1 所示。

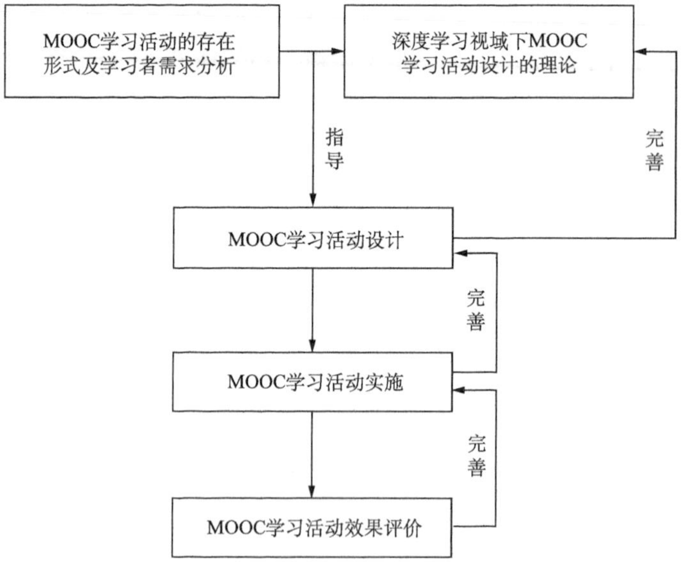

图 4-1　深度学习视域下 MOOC 学习活动设计实证研究框架

本章将参照第 2 章梳理出的 MOOC 学习活动存在形式及学习者需求，在第 3 章构建的方法论、模式论、环境论、效果论和管理论的指导下，结合课程目标与内容，设计三类 MOOC 学习活动，依托笔者主讲的“大学信息技术基础”MOOC

开展一个学期的实证研究。本章设计的三类 MOOC 学习活动为“理解创建类活动”、“交互分享类活动”和“评价反思类活动”。这三类活动安排在一个完整的学期里，结合课程目标和内容分三个阶段在 MOOC 学习活动支持平台上开展，如图 4-2 所示。

图 4-2　MOOC 学习活动支持平台

4.2　实证研究背景介绍

4.2.1　前期分析

1. 学习者分析

本节的研究对象为兰州大学 2018 级开设“大学信息技术基础”课程的本科生，他们都是刚刚从高中考入大学的学生，虽然具备一定的信息素养，但是大多数人并没有过 MOOC 学习体验。通过同班主任教师的访谈并结合实际教学经验对学习者基本特征及学习情况进行了分析，发现他们对传统实体课堂的教学方式非常了解，但是作为新生还没有经历过完整的 MOOC 学习。甚至有一部分来自于经济欠发达地区的学生，在大学之前几乎没有使用过网络，仅在信息技术课堂上学习过一些简单的计算机操作知识。虽然他们来自不同地区，信息素养水平参差不齐，但是他们有一个共同的特点，那就是非常愿意体验 MOOC 这种新的教学方式。

由于人数众多，所以选取笔者所带班级（120 人左右）为研究样本，开展促进深度学习的 MOOC 学习活动设计的实证研究。

2. 学习内容分析

“大学信息技术基础”课程是兰州大学本科生的公共必修课，也是新生快速适应大学学习环境的必修课，能够有效地提升学生的信息素养。

由于地域、城乡等差异，学生在初高中阶段的基础不同，直接导致大学期间信息技术水平参差不齐，所以本课程兼顾基础概念和高级应用。为了贯彻和实践以计算思维为切入点的教学改革，针对大多数高校大学生学习、工作、生活的需要，本课程将理论和应用技术有机地结合在一起，既要求学生对计算机基础知识、计算机及相关技术的最新发展有足够了解，还要着力培养学生的信息素养、实践技能和用计算机解决问题的思维方式。本课程的课程内容如表 4-1 所示。

表 4-1 “大学信息技术基础”课程内容

章节	课程内容（知识点）
第 1 章 计算机基础知识	计算机的发展历史，计算机的分类、特点及应用，计算机中的数制及转换，计算机中信息的编码
第 2 章 计算机系统	计算机硬件系统，计算机软件系统，计算机系统的发展趋势
第 3 章 操作系统	操作系统的发展，操作系统的功能组成，操作系统的使用
第 4 章 文字处理软件	文字处理基础知识，文档的编辑与排版，文档中插入各种对象，长文档排版
第 5 章 电子表格软件	电子表格基础知识，数据分析和处理，数据图表化
第 6 章 演示文稿软件	演示文稿基础知识，PPT 中 Flash 动画的控件插入法，PPT 中使用触发器的方法，PPT 中使用控件插入网页，PPT 中玩转滚动文本框
第 7 章 计算机网络应用技术	计算机网络技术基础，Internet 及开放教育资源
第 8 章 多媒体应用技术	数字图像的基础知识，Photoshop 的常用操作，数字音频的基础知识，Audition 的常用操作，数字视频的基础知识，使用 CS 录制微视频，动画基础知识，使用 CT 制作动画表情
第 9 章 数据库技术基础	数据库基础知识，使用 SQL 操作数据库表

续表

章节	课程内容（知识点）
第 10 章 算法与程序设计语言	结构化程序设计的基本控制结构，程序设计语言演变，算法的表示方法及常用算法
第 11 章 信息安全技术	信息安全基础知识，常用信息安全技术

注：SQL 指结构化查询语言（structured query language）

3. 学习目标分析

“大学信息技术基础”课程具有基础性和引导性的特点，将理论和应用技术有机地结合在一起。本课程的学习目标如下。

（1）熟悉计算机的基础知识。

介绍计算机的发展历史、基本原理、技术和方法，引入计算机新技术和了解计算机发展趋势。

（2）掌握计算机基本使用技能。

熟练掌握常用操作系统和应用软件（文字处理软件、电子表格软件和演示文稿软件）的使用方法。

（3）提高计算机应用能力。

重点掌握多媒体技术（数字图像、音频、视频和动画信息的获取与处理）、网络技术和信息安全技术等方面的知识和应用。

（4）培养思维能力。

最终目标是培养学生在各专业领域中应用计算机解决问题的思维方式（学习计算思维、算法和程序设计语言的相关知识）和创新能力。

4.2.2　学习环境设计

本书 MOOC 学习环境主要是指“大学信息技术基础”MOOC 的投放平台 MOOC 中国（mooc2u.com）高质量的 MOOC 学分课程平台，简称 MOOC2U。MOOC2U 平台为学生提供了微课视频、测试题、电子文档和在线电子资源等学习资源，学生可以在 MOOC2U 平台开展在线学习、知识测验、提交作业、寻求帮助以及在主题讨论区域同教师同学实现互动答疑等。MOOC2U 平台上“大学信息技术基础”MOOC 学习界面如图 4-3 所示。

图 4-3 “大学信息技术基础”MOOC 某知识点学习界面

1. 活动支持环境概况

本书所采用的深度学习视域下 MOOC 学习活动支持平台由北京奥鹏远程教育中心有限公司研发，如图 4-4 所示，可为 MOOC 学习者提供以下功能模块。

图 4-4 MOOC2U 功能模块

1）课程学习模块

课程学习是整个 MOOC 学习过程的核心功能，也是最为基本的功能。在课程学习模块，学习者可以观看 MOOC 教学视频，同时能够查看相关配套的电子文稿资源，以便于学习者进行自主学习。此外每节课课后都有一部分练习题，方便学习者对学习过程进行及时检验。

2）课程公告模块

课程公告模块是授课教师发布消息的地方，在这里教师可以发布 MOOC 学习活动的相关指导信息，以便于学习者收到 MOOC 学习活动的最新动态。

3）讨论模块

讨论模块功能比较丰富，学习者可以在这里展示文字、声音、图片、视频链接等形式的作品，MOOC 学习共同体成员之间可以互评和点赞，教师也可以对作品进行点评。同时教师端可以对学习者上传的讨论帖进行屏蔽管理和置顶管理，屏蔽主要是为了避免学习者发表不良言论和错误引导其他学习者，置顶则可以将优秀的作品以置顶的方式呈现在所有学习者面前，进行观摩学习。

4）作业模块

作业模块是在线提交作业的地方，此外教师还可以发布一些客观题和主观题，便于对学习者的学习情况进行及时掌握。

5）模拟测试模块

模拟测试模块是对学习者开放的一个自我检验的地方，学习者可以在线对教师发布的试题进行作答，对自己的学习状况进行查漏补缺。

6）学习进度模块

在学习进度模块，学习者可以看到自己关于 MOOC 的学习进度情况，合理安排学习时间，对完成 MOOC 的学习是至关重要的。

7）问答模块

在问答模块，学习者可以发出疑问，教师和其他学习者则可以在问答模块对这些疑问进行自己的解答，既帮助提问者解决疑问，还有助于学习者自身对知识的重组和构建。

8）笔记模块

在 MOOC 学习中记录笔记也是相当重要的。学习者可以在线学习的同时对遇到的重难点知识进行随手记录，既方便了日后的复习，还可以供其他查阅“大家笔记”的学习者参考，非常利于学习者的深度学习。

9）评价模块

评价模块主要用于学习者对课程整体感知度的评价和对自我学习状况的总结评价。学习者可以对 MOOC 进行整体评价，表达学习 MOOC 的体验，并对 MOOC 的改进提出自己的建议。

2. 学习资源的设计

深度学习视域下 MOOC 学习活动中，形式多变、丰富有趣的学习资源能够很好地帮助学习者高效率完成学习任务，有助于学习者高效地建构知识。MOOC 主要提供了视频教学资源、电子文档资源和拓展资料。其中视频教学资源主要以教师演讲、录屏（含 PPT 抠像）、实地实物拍摄、实景授课、对话、访谈、讨论、情景模拟（含增强现实）、动画演示、大屏交互、专题短片等形式呈现，具体如图 4-5 所示。视频教学资源短小精悍，表现形式丰富多样，在学习者注意力有效集中的时间内将知识点展示在学习者眼前，使其能够快速抓住学习的重难点。电子文档资源如图 4-6 所示，主要包括文字资源、PPT 资源和课后练习题等。拓展资料如图 4-7 所示，包括教师分享的优秀作品和《大学计算机教程——从计算到计算思维》在线学习资源的链接等。

图 4-5　“大学信息技术基础” MOOC 视频教学资源截屏图

图 4-6　“大学信息技术基础” MOOC 电子文档资源截屏图

图 4-7　“大学信息技术基础” MOOC 拓展资源截屏图

3. 学习工具的设计

学习者在 MOOC 学习活动中需要相应的学习工具进行支持和保障，以满足学习者的各种需求。在本课程中主要为学习者提供沟通交流工具、作品展示工具和评价反思工具。沟通交流工具为学习者之间的交流讨论提供便利条件，方便学习者在 MOOC 学习中就某个兴趣点展开讨论，促进深度学习。本课程团队在使用 MOOC 平台提供的讨论区模块的同时，还组建了微信群，用以辅助学习者之间相互沟通，传达消息。作品展示工具主要是方便学习者对个人作品进行发布，以便于学习者之间交流学习心得。学习者可以将自己或者小组协同完成的 PPT 课件、Photoshop 作品和 Word 文档截图等上传至作品展示区域，供大家进行观摩和学习交流。评价反思工具则可以记录学习者在整个 MOOC 学习过程中的心路历程，包括个人收获和对开展学习活动的评价等内容，为后续学习活动的开展提供帮助，反思功能可以在课程评价区域和专题讨论区完成。

4.2.3 MOOC 学习活动设计实证研究基本过程

“大学信息技术基础” MOOC 于 2017 年初步创建，经历过一个完整学期的使用。此次采用的“大学信息技术基础” MOOC 是经过 2018 年修订后，重新投放到 MOOC2U 平台提供给兰州大学大一学生和社会学习者使用的版本。本节是在参考 MOOC 学习活动形式的基础上，在促进深度学习的 MOOC 学习活动设计理论指导下，结合课程进度与目标，在一个完整的学期里按照深度学习的过程分阶段地在 MOOC2U 平台上推出三轮 MOOC 学习活动设计。

第一轮 MOOC 学习活动为“理解创建类活动”，主要是指学习指导、教学视频及学习者参与的实践活动。第二轮 MOOC 学习活动为“交互分享类活动”，主要是指包括在线讨论、教师在线答疑、学生互助答疑、教师分享资源、学生分享资源在内的 MOOC 学习活动。第三轮 MOOC 学习活动是“评价反思类活动”，主要是指个人自评、学生互评、教师点评、投票评选及学生撰写反思日志等 MOOC 学习活动。

4.3 深度学习视域下 MOOC 学习活动设计——理解创建类

4.3.1 “理解创建类活动”概述

“理解创建类活动”主要是指学习指导、教学视频以及学习者参与的实践活动。在本轮活动中，会确定学习目标，突出学习的重难点，并给出学习者恰当有效的学习方法。同时，提供的“大学信息技术基础” MOOC 教学视频应满足以下要求：视频清晰度高，字幕要点得当，播放流畅，声音清晰，语言表达流畅等。同时，学习者在完成每一节的课程学习后要通过完成课后作业来对学习的知识进行检验。最为重要的是，学习者在完成本轮活动后要创建个人作品，在完成具有挑战性和启发性的作品创建后，可以有效地促进学习者的深度学习。

4.3.2　“理解创建类活动”设计

“理解创建类活动”是贯穿 MOOC 学习始末的一个环节，也是本节所涉及三类 MOOC 学习活动设计的最基础的活动。学习者根据教师在 MOOC 平台上给出的学习资源和学习指导进行自主学习，并完成相关作业练习，以达到知识建构的目的。

“理解创建类活动”开展流程如下：首先由教师介绍活动规则，并启动活动；其次上传课程视频资源和学习指导，如图 4-8 所示，并发布课程公告和引导帖，如图 4-9 所示，告知学习者学习任务；再次学习者按照教师介绍的规则自行在 MOOC 平台进行学习，按照课程要求完成教学视频资源的观看学习，以及 PPT 文档的学习，并完成每一节的课后练习；最后，教师会发布主题帖，需要学习者针对主题帖进行讨论。整个活动会依此流程循环进行，直到课程结束。

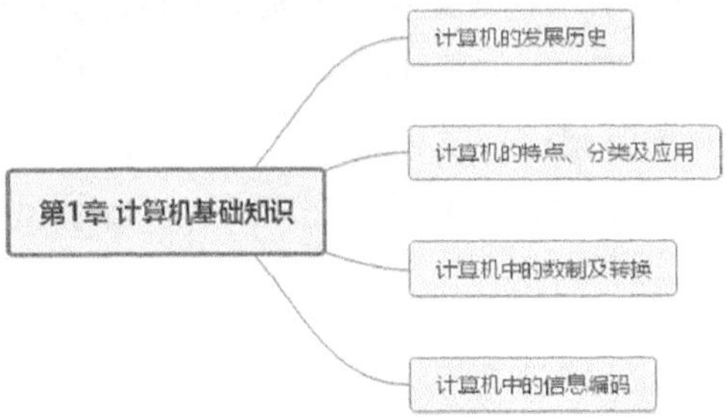

第 1 章　计算机基础知识

内容概要	本章主要介绍计算机的历史、发展、分类、特点及应用等基本知识，计算机中数制的表示与不同进制间的转换，计算机中信息的编码等内容。
学习目标	掌握计算机的基础知识； 了解计算机的发展历史； 掌握计算机的特点和分类； 了解计算机的应用； 掌握计算机中的数制及数制之间的转换； 掌握计算机中数值数据的编码； 了解计算机中非数值数据的编码。
知识点	计算机的发展历史
	计算机的分类、特点及应用
	计算机中的数制及转换
	计算机中信息的编码
重点难点	重点：计算机的基本知识和基本概念；计算机中数制的转换和信息的编码。
	难点：计算机中数制的转换。
建议学时	4 学时

图 4-8　“大学信息技术基础”学习指导

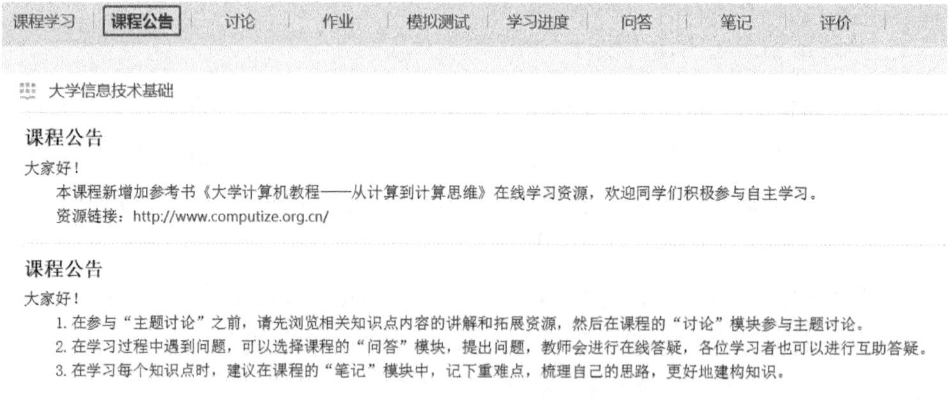

图 4-9　“大学信息技术基础”课程公告

当然，完成学习任务的同时，学习者会在 MOOC2U 的笔记模块内创建属于自己的学习笔记，以便于对各知识点内容进行梳理，以及对不熟悉知识进行重点记忆。笔记模块是对所有学习者开放的，也就是说学习者不但可以看到自己的笔记，而且可以看到大家的笔记，如图 4-10 所示。这样有利于学习者发现大家的学习关注点，在查看大家的笔记的同时也是对自己学习的查漏补缺。截至课程结束，大家的笔记共有 218 条，而且笔记质量都比较高，可以看出记录笔记的学习者普遍学习较为认真，思考也相对深入。

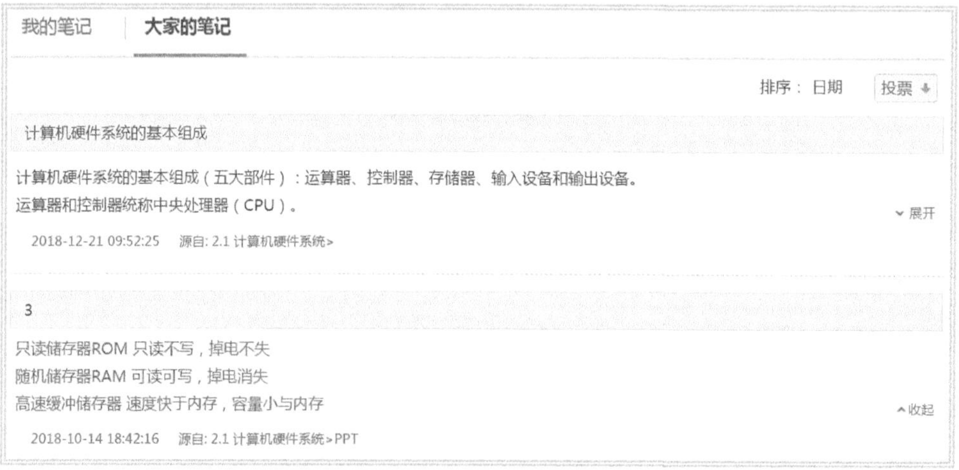

图 4-10　MOOC 平台笔记模块

4.3.3　“理解创建类活动”的实施

“理解创建类活动”在 MOOC2U 平台开展了一个多月，所使用的教学资源在 9 月上传至平台，除了已有的资源，教师会随着课程的推进，陆续上传一些补充资料，辅助学习者学习。图 4-11 为上传至 MOOC 平台的所有教学视频资源。教学视频资源是在经由对当前互联网上同类型 MOOC 调研之后，分析各个课程的优劣之处，经过精心的教学设计，在与兰州大学网络与继续教育学院合作下录制完成的。教学视频以微视频的形式呈现，时长控制在 5～15 分钟。这样有利于学习者保持注意力，不易产生学习疲劳，以保持较高的学习效率。

图 4-11　“大学信息技术基础”MOOC 教学视频资源

课程实施的时间集中在 10 月，在学习者完成学习任务之后，对所有的学习者通过问卷星发放“MOOC 学习活动实施效果”调查问卷，以了解学习者参与 MOOC 学习活动的感受，方便对活动实施效果的分析及对后面一轮活动的设计和改进。

4.3.4 “理解创建类活动”的效果评价

1. 学习者元认知体验

1）学习者对 MOOC 学习活动的兴趣度

通过对调查问卷数据分析，经历过“理解创建类活动”后有 72.61%的学习者认为 MOOC 学习活动非常吸引其注意力，有 85.99%的学习者希望对所学的内容有更多的了解，具体如图 4-12 所示。

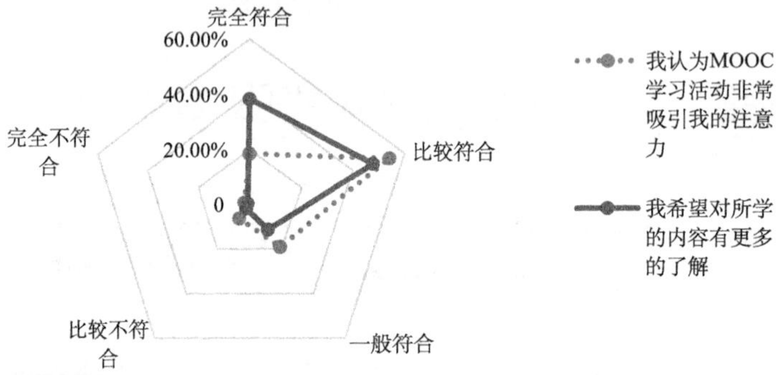

图 4-12 学习者对“理解创建类活动”的兴趣度调查

2）学习者对 MOOC 学习活动的相关性

通过对调查问卷数据分析，关于学习者参与“理解创建类活动”的相关性，有 84.72%的学习者认为 MOOC 学习活动的内容设计与其之前的知识背景有很高的关联性，有 78.34%的学习者认为 MOOC 学习活动的内容设计与自己的期望和目标相符，有 74.52%的学习者认为 MOOC 学习活动的内容设计与自己的日常生活有着紧密联系，具体如图 4-13 所示。

3）学习者对完成 MOOC 学习活动的信心

通过对调查问卷的分析，关于学习者对参与“理解创建类活动”的信心，有 77.07%的学习者认为 MOOC 学习活动的难度对其来说正好，不会太难也不会太简单；有 80.89%的学习者在经过教师解释后，很明白自己将要从 MOOC 学习活动中学到哪些知识，具体如图 4-14 所示。

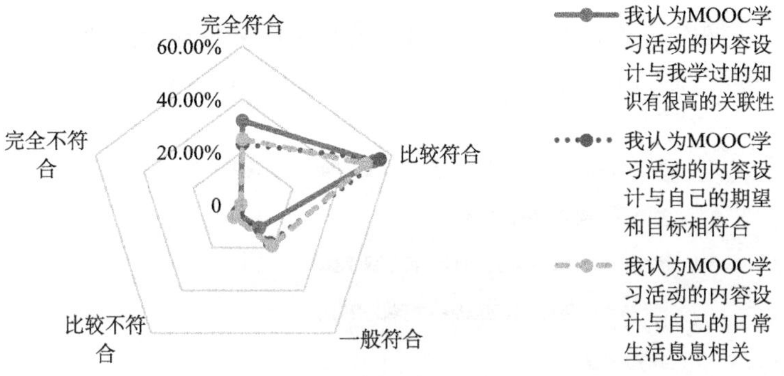

图 4-13　学习者对“理解创建类活动”的相关性认识

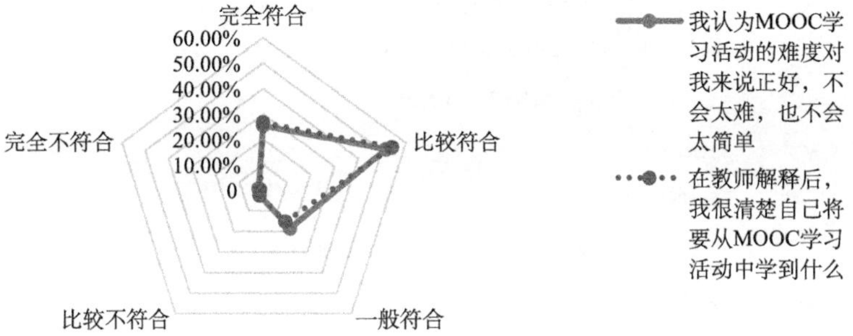

图 4-14　学习者对完成“理解创建类活动”的信心调查

4）学习者对 MOOC 学习活动的满意度

通过对调查问卷的分析，在“理解创建类活动”实施后，有 80.26%的学习者认为 MOOC 学习活动让自己受益匪浅；有 70.70%的学习者认为 MOOC 学习经历让自己感到非常愉快；有 91.72%的学习者认为教师在 MOOC 学习活动过程中给予了公正的评价，具体如图 4-15 所示。

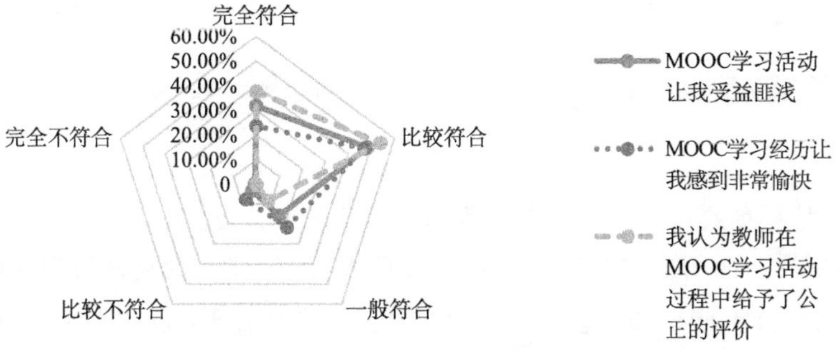

图 4-15　学习者参与“理解创建类活动”的满意度调查

此外，从调查问卷的“请用一两句话来表达您参与活动的感受”题目的回答内容分析，也可以得知学习者对“理解创建类活动”持有积极态度，详见图 4-16。

方便，老师课堂上讲的没听下或不太懂的可以回头再次学习
能补救上课没学懂的东西
我觉得MOOC 学习既方便又全面，我很喜欢
很好的学习平台，我可以从中学到很多东西
我觉得很好
对我比较有益，能加深我对计算机的认识和增强我使用计算机的能力
大多都不懂，但学会之后觉得挺有用的
感觉学到了很多，会继续认真学习大信课程哒
有点开心，可以让我的感觉有地方抒发
长知识了
活动设计很好,学到很多知识
不是能让我自己很准确地表达出对于慕课的感受
对自己的学习有所提升

图 4-16　调查问卷中“请用一两句话来表达您参与活动的感受”回答情况（一）

通过以上问卷调查和分析可知，参与 MOOC 学习的学生对活动的总体满意度较高，但对于“MOOC 学习经历让自己感到非常愉快”方面只有 70.7%的学习者认同，笔者通过对一些学习者访谈了解到，作为新生，第一次接触 MOOC 的学习，多少存在一些不适应情况，会觉得 MOOC 学习占用了课余时间，所以会感到不那么愉快。

2. 学习者深度学习能力

学习者深度学习的能力需要通过对学习者的认知、人际及个人三个领域内能力的变化情况来反映。

1）“理解创建类活动”对学习者的认知领域能力影响

本节依据前面所构建的深度学习视域下 MOOC 学习活动评价指标体系，运用 CMC 内容分析法对每一条讨论帖的交互情况进行分析，以此判定 MOOC 学习共同体之间的交互内容深度。笔者对“理解创建类活动”实施过程中产生的所有评论帖逐个进行统计分析，共计 590 条，其中各对应指标分布状况如图 4-17 所示。

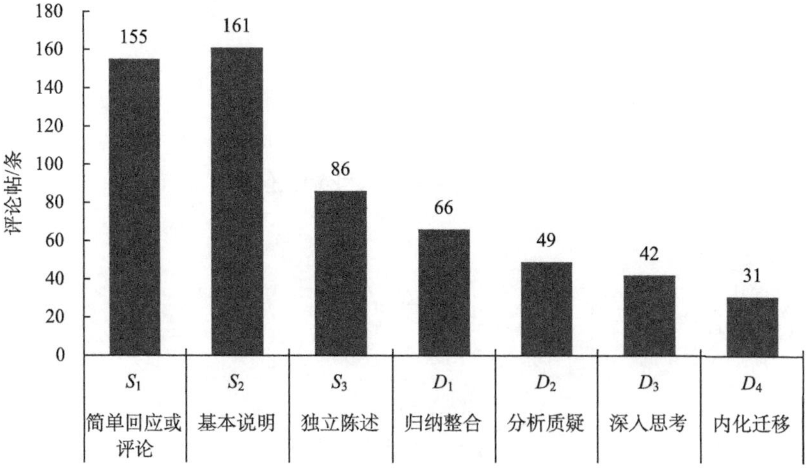

图 4-17　“理解创建类活动”网络交互内容深度直方图

对图 4-17 观察可以发现，有 68.14%（402 条）的讨论帖处于浅层学习的水平。对内容分析显示，有 155 条属于简单回应或评论，具体体现在帖子内容只是对讨论主题的少量文字回应；有 161 条属于基本说明，讨论帖的内容主要是简单地表明自己的态度和对前面主题的简单回应，如“结合领域知识和技巧的算法，使两者紧密结合”“学会计算思维的数据交换，学会创新，学会创造”“方便我们搜集资料，也可以阅读优质文章”等；有 86 条帖子是独立陈述，帖子内容上具体表现为只是对自己的观点进行独立陈述，在评价主题讨论时能够给出个人简单理由，并表述出个人的想法和思路。

在对本轮活动中产生的所有讨论帖一一分析后，发现达到深度学习领域的帖子只占到 31.86%（188 条）。其中，66 条讨论帖属于归纳整合，具体表现在学习者能够将个人看法与主题观点进行简单比较，提出自己的观点并分析说明或者对他人的问题进行深入思考；49 条讨论帖划归分析质疑，从讨论帖的内容可以看出学习者可以批判性地看待问题，在总结课程知识点的同时，反思讨论主题或他人评论，对细节提出质疑；42 条讨论帖归为深入思考，学习者能够深入地反思主题观点，并结合自己的经验与所得到的信息列出具体的个人观点和具有建设性的意见，如图 4-18 所示。另外，有 31 条讨论帖属于内化迁移，学习者经历过数天的学习思考，能够运用批判性思维看待主题和其他观点，把观点迁移到新的情景中得出新的思想或运用新观点，如图 4-19 所示。

通过上述分析得知，在“理解创建类活动”中 MOOC 学习共同体之间交互深度并不高，主要还是处于浅层学习的状态。

图 4-18 学习者深入思考讨论帖

图 4-19 学习者内化迁移讨论帖

2）“理解创建类活动”对学习者人际领域能力的影响

从问卷调查中得知，通过参与“理解创建类活动”，有 60%以上的学习者在提高网络交流沟通能力、提高团队协作能力、提高协作解决复杂问题能力三个方面都持肯定态度。有 79.61%的学习者觉得自己的网络交流沟通能力在参与 MOOC 学习活动后有了提高，有 66.25%的学习者觉得自己的团队协作能力能够通过参与 MOOC 学习活动来提高，有 66.88%的学习者觉得参与 MOOC 学习活动有利于提高自己与他人协作解决复杂问题的能力。通过这些数据可以看出，当学习者学习“理解创建类活动”时对他们人际领域能力的影响还不够明显，具体如图 4-20 所示。

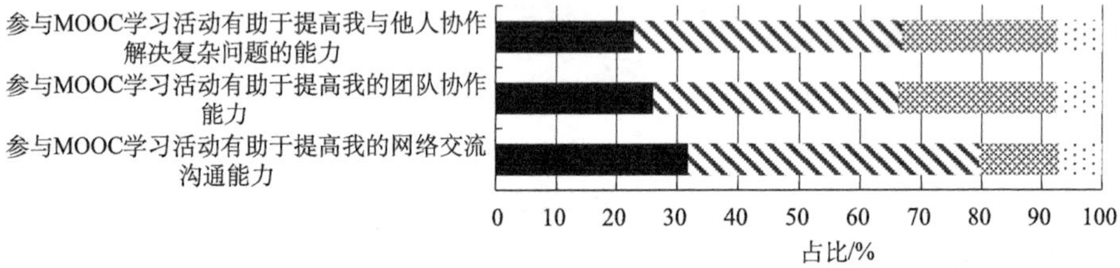

	参与MOOC学习活动有助于提高我的网络交流沟通能力	参与MOOC学习活动有助于提高我的团队协作能力	参与MOOC学习活动有助于提高我与他人协作解决复杂问题的能力
■完全符合/%	31.85	26.11	22.93
比较符合/%	47.76	40.14	43.95
一般符合/%	13.38	26.11	25.48
比较不符合/%	7.01	7.64	7.64
完全不符合/%	0	0	0

图 4-20 “理解创建类活动”对学习者人际领域能力的影响

3）“理解创建类活动”对学习者个人领域能力的影响

从问卷调查中得知，在开展过“理解创建类活动”之后，开始常常上网搜索学习资料的学习者占了 66.25%，可以独自完成老师或同学分配任务的学习者占 70.70%，开始经常反思自己做过的事情的学习者占 61.78%，有 67.52%的学习者通过参与该活动增强了创新意识。整体而言，“理解创建类活动”对学习者个人领域能力的影响不是很明显，仅仅有超过半数的学习者对以上各方面持肯定态度，具体如图 4-21 所示。

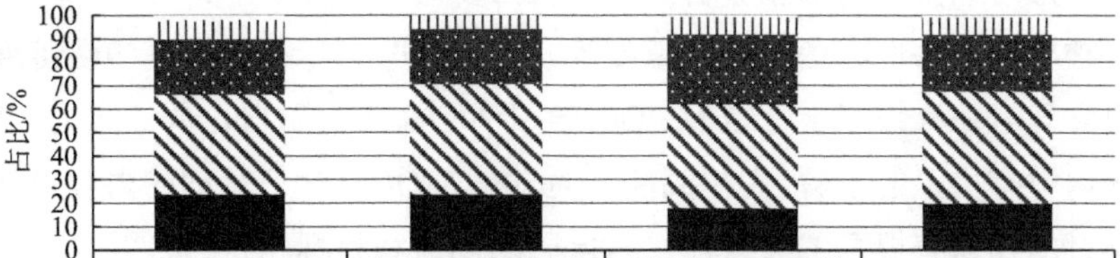

	在MOOC学习活动过程中，我会经常上网搜索学习资料	在MOOC学习活动过程中，我能够独立的完成老师或同学分配的任务	通过参与MOOC学习活动，我开始经常反思自己做过的事情	参与MOOC学习活动增强了我的创新意识
完全不符合/%	2.54	0	0.64	0.64
比较不符合/%	7.64	5.73	7.64	7.64
一般符合/%	23.57	23.57	29.94	24.20
比较符合/%	42.68	47.13	43.95	47.77
完全符合/%	23.57	23.57	17.83	19.75

图 4-21　“理解创建类活动”对学习者个人领域能力的影响

3. 资源的积累和转换

“理解创建类活动”实施一个多月以来，MOOC 平台上传的教学视频共计 44 个，相关配套 PPT 文档也是 44 份，此外还有课后作业和每章节的学习指导 11 个。以上学习资源在前面资源设计部分都有详细说明，除此之外，在任课教师的引导下开展了四个主题讨论活动，与此相关的讨论帖有 590 条。MOOC 平台上教师提供的教学视频等资源为学习者创设情境，感知 MOOC 学习过程，引导学习者在讨论模块开展主题讨论活动，最终形成以讨论帖为主的再生资源，令学习者对课程的理解得到外显化和内化。因此，“理解创建类活动”实际上加强了 MOOC 学习共同体原始资源和再生资源的生成与转换，同时加强了个人资源向群体资源的转化。

4.3.5 “理解创建类活动”效果的反思和活动设计的改进

1. “理解创建类活动”效果的反思

笔者通过对以上“理解创建类活动”的评价效果进行反思，对此次活动设计和实施的认识如下。

1）学习者对活动的元认知体验度较高

通过对调查问卷数据分析，学习者在参与“理解创建类活动”时对于 MOOC 的兴趣度、相关性、信心和满意度等元认知体验指标都有较高的认可度。其中大多数学习者在兴趣度上觉得 MOOC 学习活动非常吸引自己的注意力，并希望对所学的内容有更多的了解；在相关性方面觉得 MOOC 学习活动的内容设计与自己之前学过的知识有很高的关联性，与自己的期望和目标相符合，并且与自己的日常生活息息相关；在信心方面认为 MOOC 学习活动的难度对于自己来说正好，不会太难或太简单，在经过教师解释后很清楚自己将要从 MOOC 学习活动中学到什么；在满意度方面认为自己从 MOOC 学习活动中受益匪浅，感到非常愉快，教师在 MOOC 学习活动中给予了公正评价。

2）学习者深度学习的能力

（1）认知领域能力。此次 MOOC 学习活动中讨论帖主要在任课教师引导下开展，所以学习者之间的互动并不是很多，大部分帖子是发表自己对讨论主题的看法，而且 MOOC 学习共同体的交互层次处于浅层学习的占多数，只有少部分学习者的讨论帖内容达到深度学习范畴。笔者认为，参与 MOOC 学习的学生注册名字大多是以学号加字母的形式，学习者之间辨识度较差，所以会影响学习者之间的有效沟通；同时，此次活动的形式主要也是对教师开设的主题讨论的回应帖，即便有学习者对持有不同观点的帖子跟帖进行评价，但也是少数行为，对整个 MOOC 学习共同体的深度学习很难造成太大影响。因此，笔者考虑从提高交互层次和质量，促进学习者之间的交互深度，以寻求学习者在参与 MOOC 学习活动时能够逐步达到深度学习层面。

（2）人际领域能力。从调查问卷分析、访谈和学生讨论帖内容的分析得知，活动对学习者的人际领域能力有着积极正向的影响。绝大多数的学习者认为参与 MOOC 学习活动能够帮助自己提升网络交流沟通能力、团队协作能力和协作解决复杂问题能力。

（3）个人领域能力。从调查问卷分析、访谈得知，“理解创建类活动”对学习者的个人领域能力影响较大。大部分学习者在参与此轮学习活动后会经常上网搜索学习资料，开始能够独自完成老师或者同学所分配的任务，并对自己做过的事情经常进行反思，增强了创新意识。

3）活动有助于实现 MOOC 学习共同体的资源积累和转换

通过对第一轮学习活动开展情况的观察，以及对 MOOC 平台上各种学习资源的分析发现，活动有助于实现 MOOC 学习共同体的资源积累和转换。从主题帖的跟帖讨论情况，以及对帖子内容的分析表明，此轮活动有助于实现 MOOC 学习共同体资源的积累和个人资源向群体资源的转换。

2. 活动设计的改进

1）活动需要改进的方面

通过对“理解创建类活动”效果的反思可知，本轮活动实施过程中，MOOC 学习共同体之间的交互深度不高，需要加强改进；活动对学习者个人领域能力影响不大，应该进一步加强。

2）学习者对活动的建议

通过分析调查问卷中学习者对“请为我们提出建议帮助活动设计改进”题项的回答内容，笔者梳理出来几个高频率的活动改进建议，如图 4-22 所示。

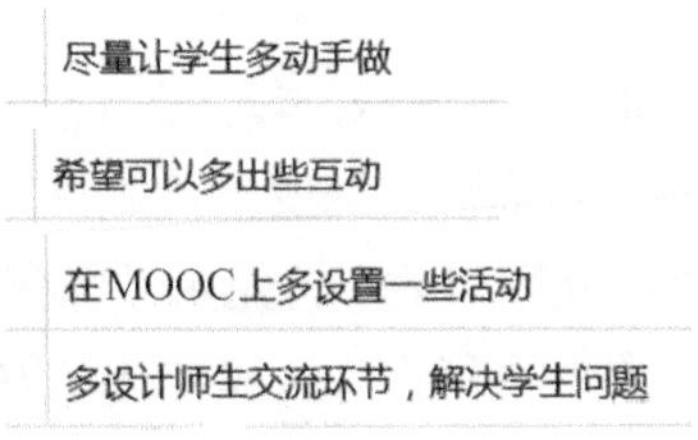

图 4-22　学习者对活动设计改进的建议

3）活动设计的改进

根据“理解创建类活动”需要改进的方面及学习者对活动设计改进的建议，结合认知理论提出的深度学习过程的阶段，笔者对后一轮活动进行了如下改进：①考虑到学生最为重要的是在学习中实践，而实践的最好内容即老师布置的作业任务，而学习者在调查问卷中也希望多些动手操作，所以将学生展示个人作品纳入学习活动设计中；②根据课程的学习进度，教师和学生会分享一些优秀的作品到讨论区，以供学习者观摩学习。学习者在个人作品展示和优秀作品分享中可以增进相互了解，共同协作建构知识，提高交互深度。

4.4 深度学习视域下 MOOC 学习活动设计——交互分享类

4.4.1 “交互分享类活动”概述

“交互分享类活动”主要是指包括在线讨论、教师在线答疑、学生互助答疑、教师分享资源和学生分享资源在内的 MOOC 学习活动。在本轮活动中，教师会在学习者之间互动方面加大引导力度。对于“交互分享类活动”的开展，教师要给予恰当的引导，及时对学生提出的问题帖进行回应，并鼓励 MOOC 学习共同体之间的互助答疑，同时教师还应对学生回答问题的高质量帖子进行筛选，以便于将学习者向深度讨论进行引导。此外，还应保证讨论帖内容的质量，如果学习者发布一些水帖，则应当及时在教师端对水帖进行屏蔽处理，以免对讨论秩序造成不良影响。对于教师和同学分享的资源应进行置顶操作，对于高质量的分享资源应给予肯定和奖励推广，提高学习者分享资源的积极性。在讨论区进行作品展示交流、资源共享等活动，从而促进学习者深度学习。

4.4.2 “交互分享类活动”设计

“交互分享类活动”是在“理解创建类活动”的基础上开展的，它们之间有着一个层层推进的关系，最终目的是促进 MOOC 学习共同体的深度学习。学习者深度参与个人作品的创作和展示，并对教师以及其他学习者的作品进行观摩学习，在作品交流中深入思考问题，从而达到深度学习的目的。

“交互分享类活动”开展流程如下：首先由教师在公告栏发布活动公告，介绍活动规则，并启动活动；其次由任课教师确定作品展示的题目，给学习者充足的时间完成各自的作品；再次在任课教师开设的作品展示主题帖下发布各自想要展示的作品；最后就是学习者之间深度交互的过程，主要包括对他人作品的观摩学习，以及教师对优秀作品的肯定和点评。此外，后期还开展了优秀资源分享的活动，以引导大家深入思考，从优秀作品的赏析中得到深入思考的契机，通过对展示作品的归纳整合，提出自己的观点和建议，分析质疑，完成对作品的感悟并使之内化成自己的思想和观点，最终达到深度学习的目的。

4.4.3　“交互分享类活动”的实施

本轮活动主要以“第 4 章 文字处理软件”相关内容开展促进深度学习的 MOOC 学习活动设计。教师在公告栏发布活动公告，开启本轮活动。要求每位学生使用 Office Word 文字处理软件完成一个文档的编辑排版，内容不限，但要求使用 MOOC 所涉及的教学内容，学以致用。在作品完成之后，每位学生使用截图工具或者图片生成工具，将各自编排好的 Word 文档制作成图片，发布到任课教师开设的作品展示主题讨论帖下，进行个人作品的分享展示。之后，在该主题讨论帖查看其他学生上传的作品，并对这些作品进行观摩和学习，包括对作品的肯定及提出修改建议等。作品展示的具体开展情况如图 4-23 所示，学习者积极按照要求对自己的 Word 文档精益求精，设计出了精美的版面。由此可以看出，学习者在 MOOC 学习过程中非常用心，且真正地学到了知识，使之能够综合利用，内化迁移。

图 4-23　学生提交的 Word 文档截图

在优秀资源分享环节，教师和学生都将自己制作或收藏的优秀 PPT 案例以视频的形式进行分享。需要特别提到的是，由于 MOOC 平台的技术原因，无法直接在讨论区上传视频，只能采用先将视频上传至第三方视频门户网站，然后通过设置网址链接到作品封面的形式。本轮活动中，任课教师分享了优秀 PPT 资源《走进莫高窟》，具体如图 4-24 所示，部分学习者也陆续将一些优质的视频资源以第三方链接的形式分享。

图 4-24　优秀资源分享《走进莫高窟》

4.4.4　“交互分享类活动”的效果评价

1. 学习者元认知体验

1）学习者对 MOOC 学习活动的兴趣度

在第二轮 MOOC 学习活动开展之后，通过调查问卷分析，关于学习者对参与“交互分享类活动”的兴趣度，有 73.33%的学习者认为“交互分享类活动”非常吸引其注意力，有 87.74%的学习者希望对所学的内容有更多的了解，具体如图 4-25 所示。

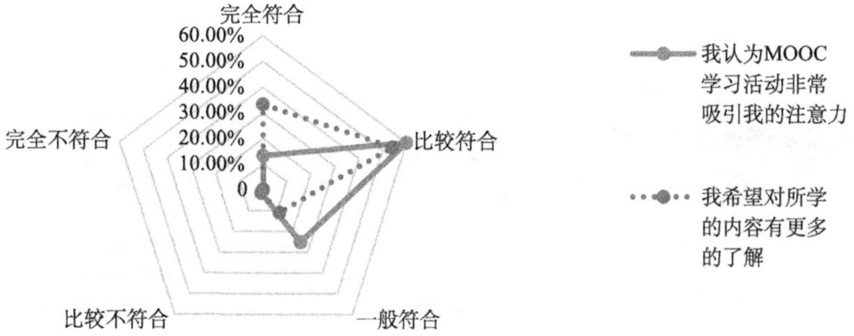

图 4-25　学习者对“交互分享类活动”的兴趣度

2）学习者对 MOOC 学习活动的相关性

通过对调查问卷数据分析，关于学习者对参与“交互分享类活动”的相关性，有 79.25%的学习者认为“交互分享类活动”所涉及的学习内容设计与其之前学过的知识有很高的关联性；有 77.78%的学习者认为本轮 MOOC 学习活动的内容设计与其期望和目标相符合；有 65.93%的学习者认为 MOOC 学习活动的内容设计与自己的日常生活是紧密相连的，具体如图 4-26 所示。

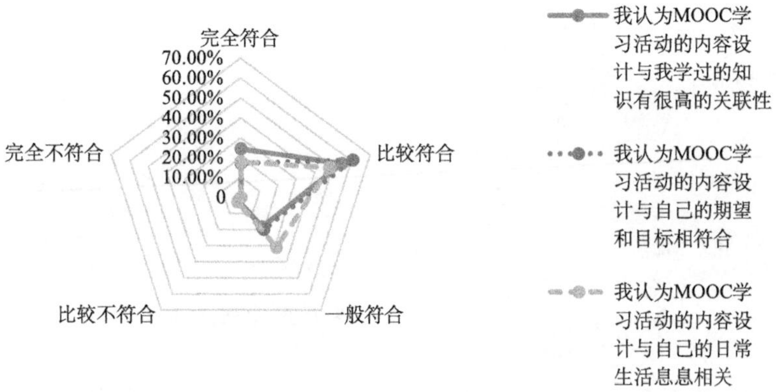

图 4-26　学习者对“交互分享类活动”的相关性认识

3）学习者对完成 MOOC 学习活动的信心

通过对调查问卷的分析，关于学习者对参与“交互分享类活动”的信心，有 66.66%的学习者认为本轮 MOOC 学习所设计的活动难度对其来说正好，不会太难，也不会太简单；有 74.82%的学习者能够在教师解释后很明白自己要从 MOOC 学习活动中学到哪些知识，具体如图 4-27 所示。

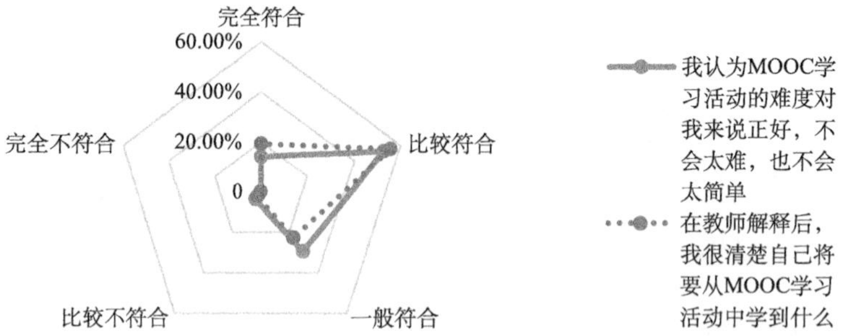

图 4-27　学习者对完成“交互分享类活动”的信心调查

4）学习者对 MOOC 学习活动的满意度

对调查问卷中反映学习者满意度情况的题项分析得知，有 80.00%的学习者认为 MOOC 学习活动能够令其有受益匪浅；参与活动的学习者中认为 MOOC 学习经历能让自己感到非常愉快的占 68.15%；有 92.60%的学习者认为在开展 MOOC 学习活动时教师对其给予了公正的评价，具体如图 4-28 所示。

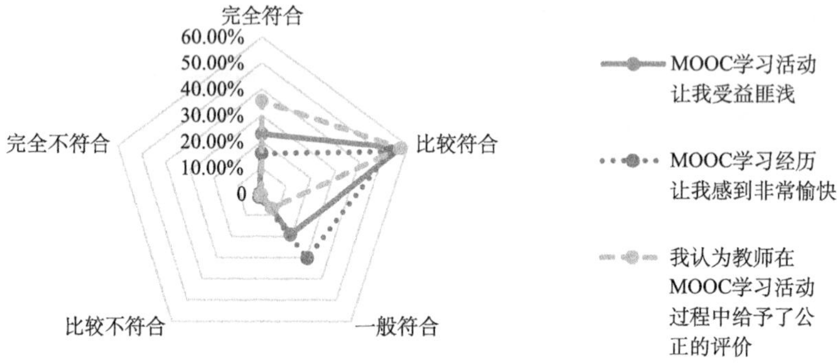

图 4-28　学习者对“交互分享类活动”的满意度调查

笔者将此次活动学习者满意度的调查结果与之前的“理解创建类活动”的学习者满意度调查结果相比较发现，各调查项的满意度几乎没有变化，前后差值分别为–0.26%、–2.55%和 0.88%。虽然各项的整体满意度没什么变化，但是值得注意的是各调查项中选择“完全不符合”和“比较不符合”的学习者较前一轮明显减少，笔者认为这也是对本次活动的一种肯定。

另外，从调查问卷中题项“请用一两句话来表达您参与活动的感受”的回答结果分析中也能感受到学习者对本轮活动的肯定，具体如图 4-29 所示。

挺好的，学到了好多之前都不知道的知识

MOOC是一个很好的平台，学到了很多东西

这个活动让我学到了很多东西

不错，学到了不少东西

有很大收获

感觉日常生活得到很大帮助

活动真实，能够有效地反映我们对MOOC学习的意见

让我学到了很多不知道的，有很大的用处

活动很好，让我受益匪浅，学到了很多知识、很多技能

图 4-29　调查问卷中“请用一两句话来表达您参与活动的感受”回答情况（二）

通过以上问卷调查和分析可知，参与 MOOC 学习活动的学生对活动的整体满意度较之前的“理解创建类活动”没有明显变化。对于“MOOC 学习活动让我受益匪浅”“MOOC 学习经历让我感到非常愉快”两个题项满意度反而略微下降，只有“教师在 MOOC 学习活动过程中给予公正评价”满意度稍微增加。通过对调查问卷中“请用一两句话来表达您参与活动的感受”题目的分析得知，学习者在此次活动中感受到了“交互分享类活动”的复杂性和任务难度的提升，导致学习者在学习过程中出现了受挫心理，反而缺失了愉快的学习体验。

2. 学习者深度学习能力

学习者深度学习的能力需要通过对学习者的认知、人际以及个人三个领域内能力的变化情况来反映。

1）“交互分享类活动”对学习者的认知领域能力影响

本节依据前期构建的深度学习视域下 MOOC 学习活动评价指标体系，运用 CMC 内容分析法对每一条讨论帖的交互情况进行分析，以此判定 MOOC 学习共同体之间的交互内容深度。笔者对“交互分享类活动”实施过程中产生的所有评论帖逐个进行统计分析，共计 456 条，其中各对应指标分布状况如图 4-30 所示。

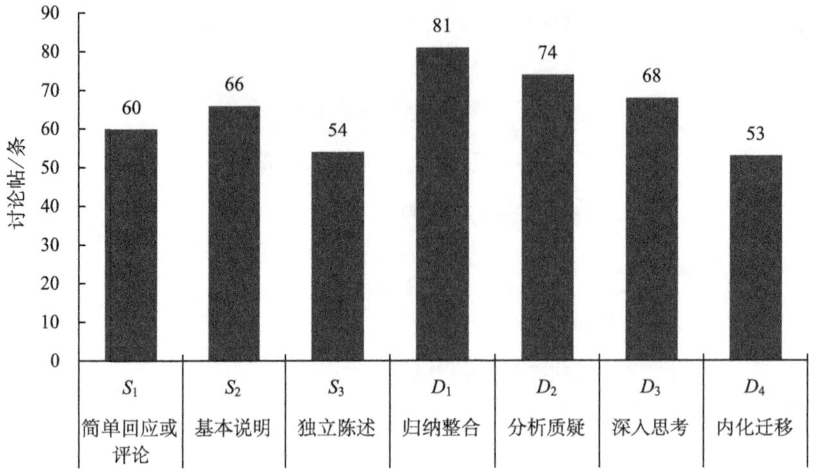

图 4-30 “交互分享类活动”网络交互内容深度直方图

对图 4-30 观察可以发现，有 39.47%（180 条）的讨论帖处于浅层学习的范畴。对内容分析显示，有 60 条属于简单回应或评论，具体体现在帖子内容只是对讨论主题的少量文字回应；有 66 条属于基本说明，讨论帖的内容主要是简单地表明自己的态度和对前面主题的简单回应，如“制作人的图片、文字的进入退出方式很多样，整体很和谐”“有非常大的吸引力，文字、图片处理技术高超”“感受到了古典的美，文字、图片的处理效果很流畅”等；有 54 条帖子是独立陈述，帖子内容上具体表现为只是对自己的观点进行独立陈述，在评价主题讨论时能够给出个人简单理由，并表述出个人的想法和思路。

在对本轮活动中产生的所有讨论帖一一分析后，发现达到深度学习范畴的帖子占 60.53%（276 条）。81 条讨论帖属于归纳整合，具体表现在学习者能够将个人看法与主题观点进行简单比较，提出自己的观点并分析说明或者对他人的问题进行深入思考；74 条讨论帖划归分析质疑，从讨论帖的内容可以看出学习者可以批判性地看待问题，在总结课程知识点的同时，反思讨论主题或他人评论，对细节提出质疑；68 条讨论帖归为深入思考，学习者能够深入地反思主题观点，并结合自己的经验与所得到的信息列出具体的个人观点和具有建设性的意见，如图 4-31 所示。另外，有 53 条讨论帖属于内化迁移，学习者经历过数天的学习思考，能够运用批判性思维看待主题和其他观点，把观点迁移到新的情景中得出新的思想或运用新观点，如图 4-32 所示。

通过上述分析得知，参与“交互分享类活动”使 MOOC 学习共同体之间交互深度有了较为明显的提高。虽然还有相当多的讨论帖处于浅层学习的状态，但是也有更多的讨论帖转向了深度学习的层次，这就代表了“交互分享类活动”对于促进学习者的深度学习是很有帮助的。

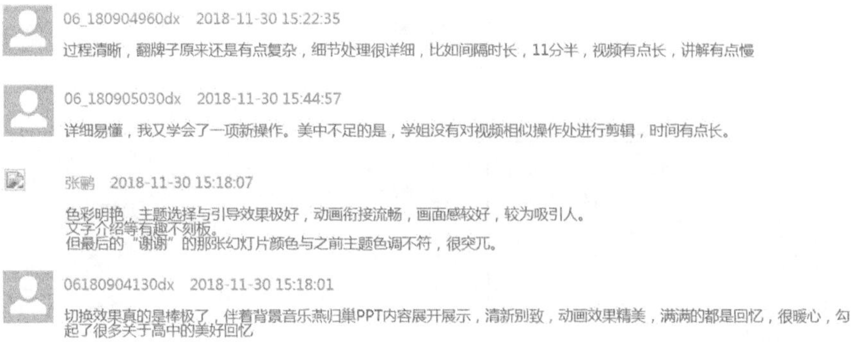
06_180904960dx　2018-11-30 15:22:35
过程清晰，翻牌子原来还是有点复杂，细节处理很详细，比如间隔时长，11分半，视频有点长，讲解有点慢
06_180905030dx　2018-11-30 15:44:57
详细易懂，我又学会了一项新操作。美中不足的是，学姐没有对视频相似操作处进行剪辑，时间有点长。
张鹏　2018-11-30 15:18:07
色彩明艳，主题选择与引导效果极好，动画衔接流畅，画面感较好，较为吸引人。
文字介绍等有趣不刻板。
但最后的“谢谢”的那张幻灯片颜色与之前主题色调不符，很突兀。
06180904130dx　2018-11-30 15:18:01
切换效果真的是棒极了，伴着背景音乐燕归巢PPT内容展开展示，清新别致，动画效果精美，满满的都是回忆，很暖心，勾起了很多关于高中的美好回忆

图 4-31　学习者深入思考讨论帖

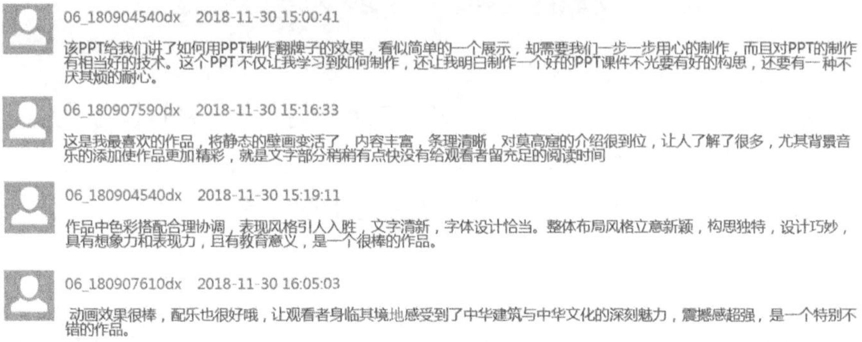
06_180904540dx　2018-11-30 15:00:41
该PPT给我们讲了如何用PPT制作翻牌子的效果，看似简单的一个展示，却需要我们一步一步用心的制作，而且对PPT的制作有相当好的技术。这个PPT不仅让我学习到如何制作，还让我明白制作一个好的PPT课件不光要有好的构思，还要有一种不厌其烦的耐心。
06_180907590dx　2018-11-30 15:16:33
这是我最喜欢的作品，将静态的壁画变活了，内容丰富，条理清晰，对莫高窟的介绍很到位，让人了解了很多，尤其背景音乐的添加使作品更加精彩，就是文字部分稍稍有点快没有给观看者留充足的阅读时间
06_180904540dx　2018-11-30 15:19:11
作品中色彩搭配合理协调，表现风格引人入胜，文字清新，字体设计恰当。整体布局风格立意新颖，构思独特，设计巧妙，具有想象力和表现力，且有教育意义，是一个很棒的作品。
06_180907610dx　2018-11-30 16:05:03
动画效果很棒，配乐也很好哦，让观看者身临其境地感受到了中华建筑与中华文化的深刻魅力，震撼感超强，是一个特别不错的作品。

图 4-32　学习者内化迁移讨论帖

2）“交互分享类活动”对学习者人际领域能力的影响

通过问卷调查可知，在参与“交互分享类活动”之后，有 80.00%的学习者认为其网络交流沟通能力有所提高，有 79.26%的学习者认为其团队协作能力提高，有 72.59%的学习者认为参与该活动提高了其协作解决复杂问题能力，具体如图 4-33 所示。

与之前的“理解创建类活动”相比，“交互分享类活动”对学习者人际领域能力影响的三个调查项都有所提升，前后差值分别为 0.39%、13.01%和 5.71%，特别是在学习者团队协作能力提高方面提升幅度最大。由此可以看出“交互分享类活动”对提升学习者团队协作能力还是很明显的，这也达到了 MOOC 学习活动设计的初衷。

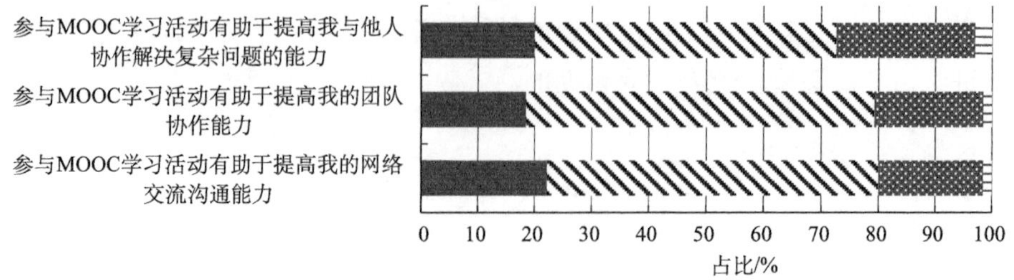

	参与MOOC学习活动有助于提高我的网络交流沟通能力	参与MOOC学习活动有助于提高我的团队协作能力	参与MOOC学习活动有助于提高我与他人协作解决复杂问题的能力
完全符合/%	22.22	18.52	20.00
比较符合/%	57.78	60.74	52.59
一般符合/%	18.52	19.26	24.44
比较不符合/%	1.48	1.48	2.97
完全不符合/%	0	0	0

图 4-33　“交互分享类活动”对学习者人际领域能力的影响

3）“交互分享类活动”对学习者个人领域能力的影响

从问卷调查中得知，“交互分享类活动”对学习者个人领域能力的影响并不显著。在开展“交互分享类活动”之后，开始常常上网搜索学习资料的学习者占了 71.11%，可以独自完成老师或同学分配任务的学习者占 70.37%，开始经常反思自己做过的事情的学习者占 61.48%，有 71.85%的学习者通过参与该活动增强了创新意识，具体如图 4-34 所示。

与之前的“理解创建类活动”相比，“交互分享类活动”对学习者个人领域能力影响的四个调查项都有不同程度的变化，前后差值分别为 4.86%、–0.33%、–0.30%和 4.33%。由此可以看出，“交互分享类活动”对学习者个人领域能力影响还是没有那么显著。

3. 资源的积累和转换

“交互分享类活动”实施了一个多月，期间教师引导大家进行资源分享、作品展示和观摩，教师和学生总共展示了 Word 排版作品 143 个，分享了优秀 PPT 作品 5 个，相应的讨论帖的总数量是 456 条。此前的原始资源和“理解创建类活动”的资源有很大的重合部分，依然以教学微视频和 PPT 文稿以及课后作业为主，但是经历过了几次活动之后，学习资源转换为 MOOC 学习共同体之间的讨论帖内容。除此之外，在笔记模块有大量再生笔记作为学习者重新创建的学习资源展现在 MOOC 平台，也可供大家查阅。

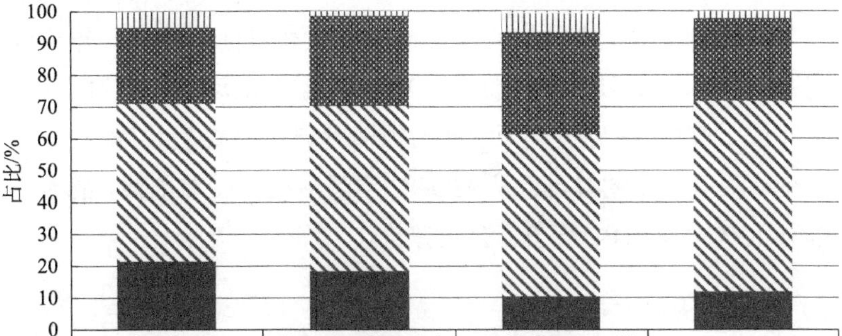

	在MOOC学习活动过程中，我会经常上网搜索学习资料	在MOOC学习活动过程中，我能够独立的完成老师或同学分配的任务	通过参与MOOC学习活动，我开始经常反思自己做过的事情	参与MOOC学习活动增强了我的创新意识
完全不符合/%	0	0	0.74	0
比较不符合/%	5.19	1.48	5.93	2.22
一般符合/%	23.70	28.15	31.85	25.93
比较符合/%	49.63	51.85	51.11	60.00
完全符合/%	21.48	18.52	10.37	11.85

图 4-34　“交互分享类活动”对学习者个人领域能力的影响

作业展示主题讨论的开展有效避免了学习者的懒惰行为，使其积极参与到活动中，不能抄袭同伴作业，同时还要花费一些精力对其他学习者的作品进行观摩。这样避免了学习者处于浅层学习的温床，使学习者在观摩反思中促进了自己的深度学习。因此，“交互分享类活动”有效地促进了学习资源由原始资源向再生资源的转换，也利于个人资源向集体资源的转化。

4.4.5　“交互分享类活动”效果的反思和活动设计的改进

1. “交互分享类活动”效果的反思

笔者通过对以上“交互分享类活动”的评价效果进行反思，对此次活动设计和实施的认识如下。

1）学习者对活动的元认知体验度较高

对调查问卷数据分析可知，学习者在参与“交互分享类活动”时对于 MOOC 的兴趣度、相关性、信心和满意度等元认知体验指标都有较高的认可度。其中大多数学习者在兴趣度上认为 MOOC 学习活动非常吸引自己的注意力，并希望对所学的内容有更多的了解；在相关性方面觉得 MOOC 学习活动的内容设计与自己之前学过的知识有很大的关联性，与自己的期望和目标相符合，并且与自己的日常生活息息相关；在学习信心方面认为 MOOC 学习活动的难度对于自己来说正好，不会太难或太简单，在经过教师解释后很清楚自己将要从 MOOC 学习活动中学到什么；在满意度方面觉得自己从 MOOC 学习活动中受益匪浅，感到非常愉快，教师在 MOOC 学习活动中给予了公正评价。

2）学习者深度学习的状况

（1）认知领域能力。“交互分享类活动”主要由两部分组成：一部分是个人作业展示和互评；另一部分是一系列的优秀作品展示活动。第一部分是让大家在完成自己的作品的同时关注其他人的作品，在比较、观摩中进行深入思考，迁移应用，达到深度学习的范畴。第二部分则是在教师的带动下，展示优秀的 PPT、视频作品，让大家在 MOOC 平台上进行学习鉴赏。在经历过上一轮活动之后，学习者基本能够适应 MOOC 平台的学习，所以大家的讨论帖质量也都有所提升。其中浅层学习范畴的交流帖比例明显下降，而关于深入反思、批判理解、迁移应用等高层次的深度学习讨论帖比例上升。但是还是有相当多的讨论帖内容属于浅层学习范畴，内容不够深入。因此，笔者考虑让学习者之间共同完成一些集体作品，来促进大家深层次的交流。

（2）人际领域能力。从调查问卷分析、访谈和学生讨论帖内容的分析得知，活动对学习者的人际领域能力有着积极正向的影响。绝大多数的学习者认为参与 MOOC 学习活动能够帮助自己提升网络交流沟通能力、团队协作能力和协作解决复杂问题能力。

（3）个人领域能力。从调查问卷分析、访谈得知，“交互分享类活动”对学习者的个人领域能力影响较大。大部分学习者在参与此轮学习活动后会经常上网搜索学习资料，开始能够独自完成老师或者同学分配的任务，并对自己做过的事情经常进行反思，增强了创新意识。

3）活动有助于实现 MOOC 学习共同体的资源积累和转换

通过对第二轮学习活动开展情况的分析发现，“交互分享类活动”有助于实现 MOOC 学习共同体的资源积累和转换。从主题帖的跟帖讨论情况，以及对帖子内容的分析表明，此轮活动有助于实现 MOOC 学习共同体资源的积累和个人资源向群体资源的转换。

2. 活动设计的改进

1）活动需要改进的方面

通过对“交互分享类活动”效果的反思可知，本轮活动实施过程中，MOOC 学习共同体之间的交互深度有所提高，但是仍然需要加强改进；活动对学习者个人领域能力的影响较“理解创建类活动”而言还是没有提升，应该进一步加强。

2）学习者对活动的建议

通过分析调查问卷中学习者对“请为我们提出建议帮助活动设计改进”题项的回答内容，笔者整理出以下较为集中的活动设计建议，如图 4-35 所示。

要多让我们自己做任务并且提交，而且能够给出建议

希望多展示一点学长学姐优秀作品

希望在手机上的MOOC平台可以和在计算机端平台功能相同

可以丰富一下活动的形式，使课程更加多样化

能多一些类似的团队合作任务

图 4-35　学习者对活动设计改进的建议

3）活动设计的改进

根据“交互分享类活动”需要改进的方面及学习者对活动设计改进的建议，结合认知理论提出的深度学习过程的更高阶段，笔者对后一轮活动进行了如下改进：①考虑到学生想要团队合作式的学习体验，共同完成学习任务，因此，后一轮活动会发布一个小组协作任务，由小组合作完成作品并放到主题展示区，供大家进行评价、鉴赏、学习。②学习者的深度学习层次还是不够高，只有少部分学习者达到了迁移应用层面，因此，在后一轮活动开展过程中，对自我评价及对他人的评价，包括对 MOOC 整体感知的评价都会加强。

4.5　深度学习视域下 MOOC 学习活动设计——评价反思类

4.5.1　“评价反思类活动”概述

“评价反思类活动”主要是指个人自评、学生互评、教师点评、投票评选以及学生撰写反思日志等一系列 MOOC 学习活动。在本轮活动中，笔者就第二轮

MOOC 学习活动效果评价和分析后进行相应的改进，尤其在加强学习者之间协作完成任务，以及评价互动方面会加大引导力度，同时会着力引导学习者开展自我反思以及课程评价活动。在本轮活动中，学习者将以小组为单位提交一个 Photoshop 作品至主题讨论区，并对他人提交的作品进行点评，发觉其他人作品的优秀之处，同时对照发现自己的不足，在评价反思中进行知识的内化迁移。

4.5.2 “评价反思类活动”设计

“评价反思类活动”是在“理解创建类活动”和“交互分享类活动”的基础上开展的，它们之间有着一个递进的关系，最终目的是促进 MOOC 学习共同体的深度学习。学习者深度参与协作作品的创作和展示，并对其他小组提交的作品进行评价，在作品交流中进行深入思考、内化迁移，达到深度学习的目的。

“评价反思类活动”开展流程如下：首先由教师在公告栏发布活动公告，介绍活动规则，并启动活动；其次由任课教师确定协作作品的题目，给学习者充足的时间完成各小组作品；再次在任课教师开设的作品展示主题帖下发布各组想要展示的作品；最后就是学习者之间深度交互的过程，主要包括对他人作品的评价交流，以及教师对优秀作品的肯定和点评。此外，在学期末前一周开展课程评价和撰写反思日志活动，以引导大家进行批判性思考，内化迁移，通过对展示作品的归纳整合，提出自己的观点和建议；对课程存在问题进行分析质疑，最终完成对整个 MOOC 学习过程的感悟，在反思和评价中达到深度学习的目的。

4.5.3 “评价反思类活动”的实施

本轮活动主要基于课程“第 8 章 多媒体应用技术”相关内容开展促进深度学习的 MOOC 学习活动设计。教师在公告栏发布活动公告，开启本轮活动。

首先要求学习者按照 4～5 人的规模自愿结成协作小组，然后由小组内部进行分工协作，完成一幅 Photoshop 作品，题材不限。各小组间成员商议所制作 Photoshop 作品的主题和方向，并通过互联网搜集所需要的素材，共同完成 Photoshop 作品的制作。在任课教师开设的主题讨论区上传 Photoshop 作品，如图 4-36 所示。学习者上传至讨论区的部分 Photoshop 作品如图 4-37 所示。学习者要对自己的作品进行阐述，并同时对讨论帖下其他小组的作品进行评价，包括对作品的肯定以及提出修改建议等。学习者对他人 Photoshop 作品的评论帖如图 4-38 所示，可以看出其内容较之前两轮活动时的帖子内容明显更具体。

图 4-36　Photoshop 作品展示主题帖

图 4-37 学生提交的 Photoshop 作品

06_180904360dx 回复 06_180904350dx 2019-01-04 13:29:15
挺有韵味的，就是琵琶的处理不是很好，如果处理好就完美无瑕了。加油啊

06_180904560dx 回复 06_180904360dx 2019-01-04 15:09:32
想法很好，很有意思，整体架构不错，但是那个透明度没有调整好。

06180905150dx 回复 06_180904850dx 2019-01-04 18:41:20
虽然和我的图片看起来一样有点不自然，但你的好像是动画风格，这就完全可以理解了，很好看哦。

图 4-38 学习者之间互评帖

在本轮活动接近尾声时，由任课教师带领大家对 MOOC 进行评价及对自己整个 MOOC 学习活动的参与情况进行反思日志的撰写。MOOC 评价（星级）及反思日志如图 4-39 所示。

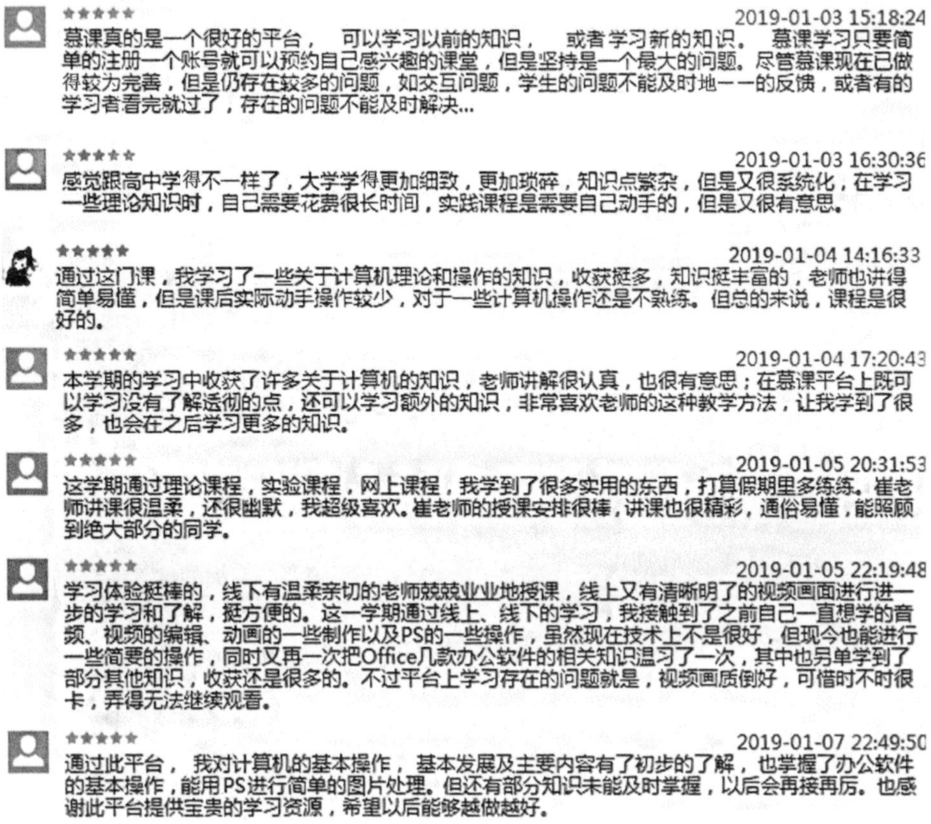

★★★★★ 2019-01-03 15:18:24
慕课真的是一个很好的平台， 可以学习以前的知识， 或者学习新的知识。 慕课学习只要简单的注册一个账号就可以预约自己感兴趣的课堂，但是坚持是一个最大的问题。尽管慕课现在已做得较为完善，但是仍存在较多的问题，如交互问题，学生的问题不能及时地一一的反馈，或者有的学习者看完就过了，存在的问题不能及时解决...

★★★★★ 2019-01-03 16:30:36
感觉跟高中学得不一样了，大学学得更加细致，更加琐碎，知识点繁杂，但是又很系统化，在学习一些理论知识时，自己需要花费很长时间，实践课程是需要自己动手的，但是又很有意思。

★★★★★ 2019-01-04 14:16:33
通过这门课，我学习了一些关于计算机理论和操作的知识，收获挺多，知识挺丰富的，老师也讲得简单易懂，但是课后实际动手操作较少，对于一些计算机操作还是不熟练。但总的来说，课程是很好的。

★★★★★ 2019-01-04 17:20:43
本学期的学习中收获了许多关于计算机的知识，老师讲解很认真，也很有意思；在慕课平台上既可以学习没有了解透彻的点，还可以学习额外的知识，非常喜欢老师的这种教学方法，让我学到了很多，也会在之后学习更多的知识。

★★★★★ 2019-01-05 20:31:53
这学期通过理论课程，实验课程，网上课程，我学到了很多实用的东西，打算假期里多练练。崔老师讲课很温柔，还很幽默，我超级喜欢。崔老师的授课安排很棒，讲课也很精彩，通俗易懂，能照顾到绝大部分的同学。

★★★★★ 2019-01-05 22:19:48
学习体验挺棒的，线下有温柔亲切的老师兢兢业业地授课，线上又有清晰明了的视频画面进行进一步的学习和了解，挺方便的。这一学期通过线上、线下的学习，我接触到了之前自己一直想学的音频、视频的编辑、动画的一些制作以及PS的一些操作，虽然现在技术上不是很好，但现今也能进行一些简要的操作，同时又再一次把Office几款办公软件的相关知识温习了一次，其中也另单学到了部分其他知识，收获还是很多的。不过平台上学习存在的问题就是，视频画质倒好，可惜时不时很卡，弄得无法继续观看。

★★★★★ 2019-01-07 22:49:50
通过此平台， 我对计算机的基本操作， 基本发展及主要内容有了初步的了解， 也掌握了办公软件的基本操作，能用PS进行简单的图片处理。但还有部分知识未能及时掌握，以后会再接再厉。也感谢此平台提供宝贵的学习资源，希望以后能够越做越好。

图 4-39　MOOC 评价及反思日志截图

4.5.4　“评价反思类活动”的效果评价

1. 学习者元认知体验

1）学习者对 MOOC 学习活动的兴趣度

通过对调查问卷分析，关于学习者对参与“评价反思类活动”的兴趣度，有95.41%的学习者希望对所学的内容有更多的了解；参与活动的学习者中认为“评价反思类活动”非常具有吸引力的占 96.95%，具体如图 4-40 所示。

2）学习者对 MOOC 学习活动的相关性

通过对调查问卷分析，关于学习者对参与“评价反思类活动”的相关性，有97.71%的学习者认为 MOOC 学习活动的内容设计与其之前的知识背景有很高的关联性，有 93.89%的学习者认为 MOOC 学习活动的内容设计与自己的期望和目标相符，有 90.84%的学习者认为 MOOC 学习活动的内容设计与自己的日常生活有着紧密联系，具体如图 4-41 所示。

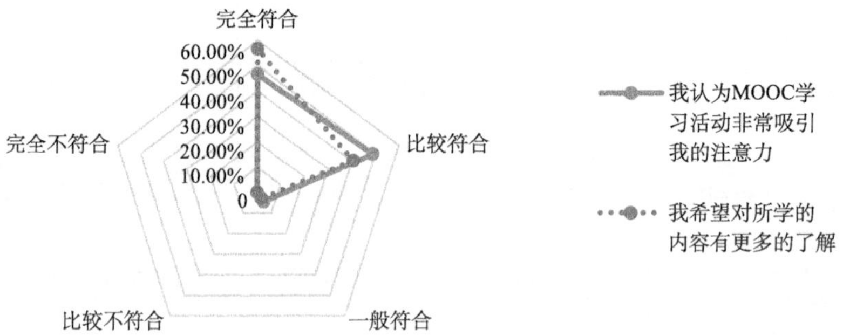

图 4-40　学习者对“评价反思类活动”的兴趣度

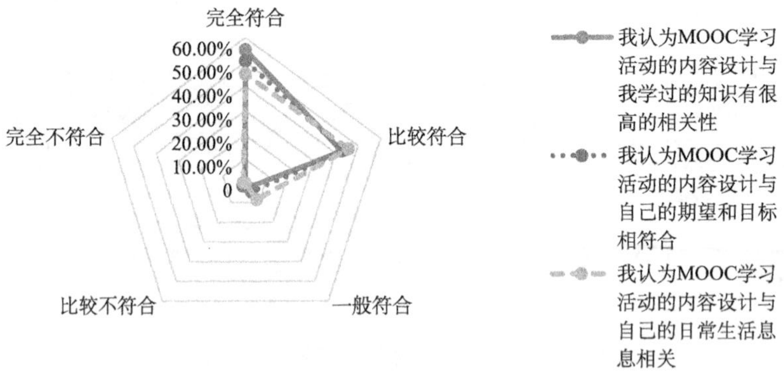

图 4-41　学习者对“评价反思类活动”的相关性

3）学习者对完成 MOOC 学习活动的信心

通过对调查问卷分析，关于学习者对参与“评价反思类活动”的信心，参与活动的学习者中认为 MOOC 学习活动的难度对其来说正好，不觉得太难或太简单的占 95.41%；有 94.65%的学习者在经过教师解释后很明白自己要从 MOOC 学习活动中学到哪些内容，具体如图 4-42 所示。

4）学习者对 MOOC 学习活动的满意度

通过对调查问卷分析，关于学习者对参与“评价反思类活动”的满意度，有 94.65%的学习者认为 MOOC 学习活动能够让其受益匪浅；参与活动的学习者中认为 MOOC 学习经历能让其感到非常愉快的占 93.13%；有 96.18%的学习者认为教师在其参与 MOOC 学习活动时给予了公正评价，具体如图 4-43 所示。

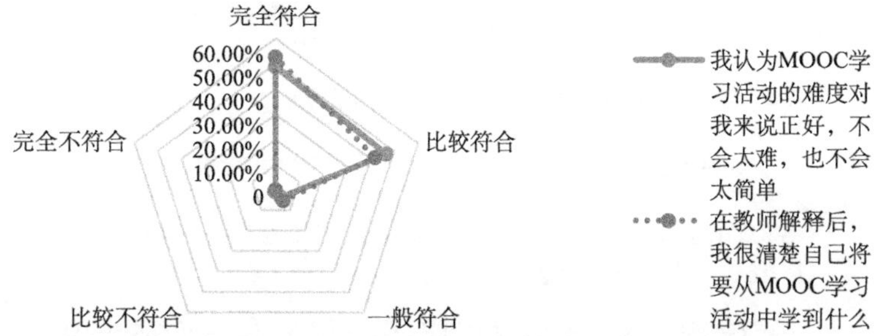

图 4-42　学习者对完成“评价反思类活动”的信心调查

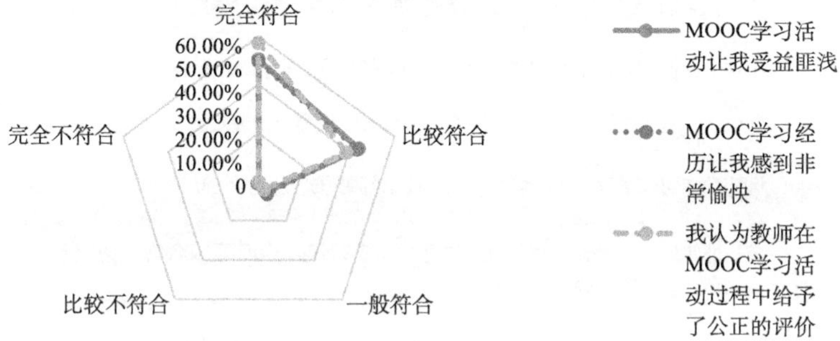

图 4-43　学习者对“评价反思类活动”的满意度调查

笔者将此次活动学习者满意度的调查结果与之前的“交互分享类活动”的学习者满意度调查结果相比较发现，各调查项的满意度均有所提高，前后差值分别为 14.65%、24.98%和 3.58%。值得注意的是各调查项中选择“非常不认同”的学习者人数为“0”，选择“比较不认同”的学习者也极少，笔者认为这也是对活动的一种肯定。本轮活动总共回收有效问卷 131 份。

另外，从调查问卷中“请用一两句话来表达您参与活动的感受”题目的回答中也能感受到学习者对该活动的肯定，如图 4-44 所示。

通过以上对问卷调查和分析了解到，参与“评价反思类活动”的学生对该轮活动的整体满意度很高，对于“MOOC 学习活动让我受益匪浅”、“MOOC 学习经历让我感到非常愉快”和“教师在 MOOC 学习活动过程中给予公正的评价”三个方面的满意度较之前的两类活动（“理解创建类活动”和“交互分享类活动”）都有较大幅度的提高，这也达到了活动设计的初衷和目的。

通过这个课充分地提高了我的创新能力和独立思考能力

在复习的时候，再看一遍MOOC，感觉期末考试必过

MOOC平台真正做到了让我们随时随地学习。感觉MOOC平台真的好用。

感觉挺好的，方便学生课后继续学习，课堂上没记住的内容，可以在课后再次学习，个人觉得非常好呀！

慕课让我能补上我上课没有听懂的知识，在不能熟练操作计算机技能时也有所帮助，总体感觉受益匪浅

参与MOOC学习活动增强了我的创新意识，团队合作意识，同时也让我感受到了信息时代“互联网+教育”模式下教育资源共享的方便快捷。

慕课平台使我可以复习平时课上没有巩固的知识，视频简短易懂

遇到了一些对生活很有帮助的东西，视频可以反复看也很方便

调查报告可以了解同学的学习倾向，让老师更好地教授学生知识

感觉非常好，能学到很多实用的东西，内容设计较全面而言简意赅，通过查询和自己操作能掌握一些知识。

图 4-44　调查问卷中“请用一两句话来表达您参与活动的感受”回答情况（三）

2. 学习者深度学习能力

学习者深度学习的能力需要通过对学习者的认知、人际及个人三个领域内能力的变化情况来反映。

1）“评价反思类活动”对学习者的认知领域能力影响

本节依据前期构建的深度学习视域下 MOOC 学习活动评价指标体系，运用 CMC 内容分析法对每一条讨论帖的交互情况进行分析，以此判定 MOOC 学习共同体之间的交互内容深度。笔者对“评价反思类活动”实施过程中产生的所有评论帖逐个进行统计分析，共计 797 条，其中各个对应指标分布状况如图 4-45 所示。

从图 4-45 中可以看出，仅有 22.33%（178 条）的帖子属于浅层学习范畴。其中有 47 条属于简单回应或评论，主要是对其他学习者 Photoshop 作品给出的简单评价和对 MOOC 的星级评分；有 55 条属于基本说明，帖子内容主要是表达学习者自己参与 MOOC 学习活动的情况，如“课程安排挺好的，很喜欢”“感觉学到了很多东西，很充实”“老师很好，讲的也都能听懂”等；有 76 条帖子属于独立陈述，在评价主题讨论时能够给出个人简单理由，并表述出个人的想法和思路。

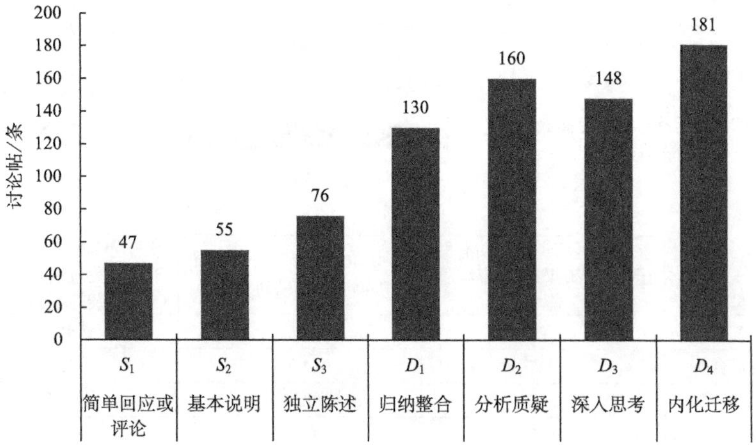

图4-45 “评价反思类活动”网络交互内容深度直方图

在对本轮活动中产生的所有讨论帖一一分析后，发现达到深度学习范畴的帖子占77.67%（619条）。其中有130条帖子属于归纳整合，体现学习者将本小组的作品与其他小组的作品进行简单对比，或者比较详细地描述自己的观点和感受，或者对小组内不同设计方案进行分析和比较，并提出建设性意见；有160条帖子属于分析质疑，从帖子内容可以看出学习者对小组协作作品的主题进行了细致的钻研，能深入思考其主旨内容，并与其他学习者进行比较、分析和探讨；有148条帖子属于深入思考，学习者通过查找相关资料或根据自己的经验，提出详细的观点、设计思路和建议。另外，有181条帖子属于内化迁移，学习者经过一段时间的思考将所要表达的想法和观点通过发表反思日志来表达，将观点与现实紧密联系，并迁移到实际的学习和生活中。

通过上述分析得知，在经历过“评价反思类活动”的实施后，学习者之间的交互内容深度较“交互分享类活动”进一步提高，讨论帖的交互内容主要处于深度学习范畴的高层。

2）“评价反思类活动”对学习者人际领域能力的影响

通过问卷调查可知，学习者参与“评价反思类活动”在提高网络交流沟通能力、提高团队协作能力、提高协作解决复杂问题能力时，有超过90%的学习者对以上几个方面都持肯定态度，具体如图4-46所示。

与之前的“交互分享类活动”相比，“评价反思类活动”对学习者人际领域能力影响的三个调查项都有较明显的提升，前后差值分别为11.16%、14.63%和19.01%。特别是关于增强学习者与他人协作处理复杂问题的能力方面提升幅度较大。

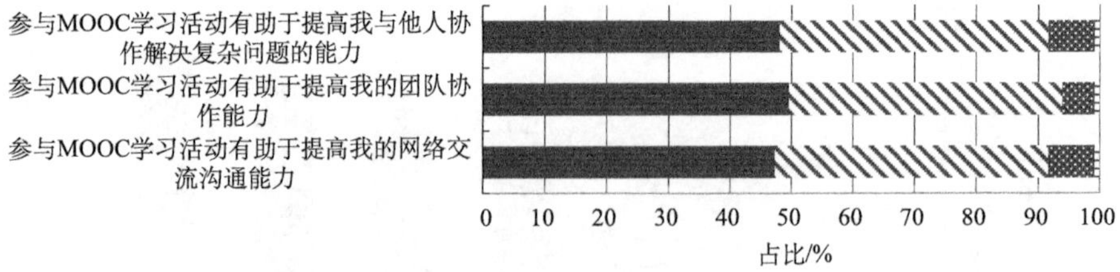

	参与MOOC学习活动有助于提高我的网络交流沟通能力	参与MOOC学习活动有助于提高我的团队协作能力	参与MOOC学习活动有助于提高我与他人协作解决复杂问题的能力
完全符合/%	47.33	49.62	48.09
比较符合/%	44.27	44.27	43.51
一般符合/%	7.63	5.34	7.63
比较不符合/%	0.77	0.77	0.77
完全不符合/%	0	0	0

图 4-46　“评价反思类活动”对学习者人际领域能力的影响

3）“评价反思类活动”对学习者个人领域能力的影响

从问卷调查中得知，“评价反思类活动”对学习者个人领域能力的影响很显著。在开展“评价反思类活动”之后，开始常常上网搜索学习资料的学习者占了92.37%，可以独自完成老师或同学分配任务的学习者占 93.89%，开始经常反思自己做过的事情的学习者占 87.02%，有 94.65%的学习者通过参与该活动增强了创新意识，具体如图 4-47 所示。

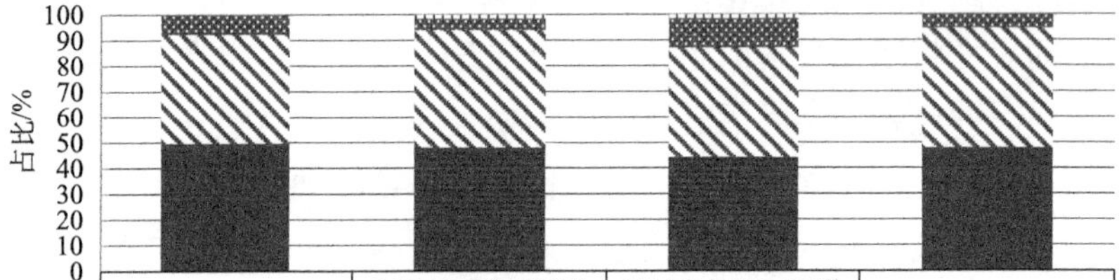

	在MOOC学习活动过程中，我会经常上网搜索学习资料	在MOOC学习活动过程中，我能够独立的完成老师或同学分配的任务	通过参与MOOC学习活动，我开始经常反思自己做过的事情	参与MOOC学习活动增强了我的创新意识
完全不符合/%	0	0	0	0
比较不符合/%	0.00	1.53	1.53	0.00
一般符合/%	7.63	4.58	11.45	5.35
比较符合/%	42.75	45.80	42.75	46.56
完全符合/%	49.62	48.09	44.27	48.09

图 4-47　“评价反思类活动”对学习者个人领域能力的影响

与之前的“交互分享类活动”相比，“评价反思类活动”对学习者个人领域能力的四个调查项都有较明显的提升，前后差值分别为 21.26%、23.52%、25.54% 和 22.80%。由此可以看出，“评价反思类活动”对学习者个人领域能力影响较大，特别是在开始经常反思自己做过的事情方面尤为显著，在独立完成所分配任务、增强学习者创新意识和上网搜索学习资料方面也较为突出。

3. 资源的积累和转换

在实施“评价反思类活动”期间，教师引导大家进行了协作作品的展示互评活动，上传的 Photoshop 作品总共 125 个，相应的讨论帖的总数量是 690 条。此前的原始资源和“理解创建类活动”的资源有很大的重合部分，依然以教学微视频、PPT 文稿及课后作业为主，但是经历过了几次活动之后，学习资源转换为 MOOC 学习共同体之间的讨论帖内容。此外再生的学习资源还有学习者对 MOOC 的评价和个人反思日志 107 条。因此，“评价反思类活动”有效地促进了学习资源由原始资源向再生资源的转换，也利于个人资源向群体资源的转化。

4.5.5 “评价反思类活动”效果的反思和活动设计的改进

1. “评价反思类活动”效果的反思

笔者通过对以上“评价反思类活动”的评价效果进行反思，对此次活动设计和实施的认识如下。

1）学习者对活动的元认知体验度较高

对调查问卷数据分析可知，学习者在参与“评价反思类活动”时对于 MOOC 的兴趣度、相关性、信心和满意度等元认知体验指标都有很高的认可度。90%以上的学习者在兴趣度上觉得 MOOC 学习活动非常吸引自己的注意力，并希望对所学的内容有更多的了解；在相关性方面认为 MOOC 学习活动的内容设计与自己之前学过的知识有很大的关联性，与自己的期望和目标相符合，并且与自己的日常生活息息相关；在学习信心方面认为 MOOC 学习活动的难度对于自己来说正好，不会太难或太简单，在经过教师解释后很清楚自己将要从 MOOC 学习活动中学到什么；在满意度方面认为自己从 MOOC 学习活动中受益匪浅，感到非常愉快，教师在 MOOC 学习活动中给予了公正评价。

2）学习者深度学习的状况

（1）认知领域能力。“评价反思类活动”中对于协作作品展示帖的评论是主要互动环节。由于学生普遍对 Photoshop 这一图像处理工具有较高的兴趣，并且都参与了作品的制作，因此互动积极性很高。根据帖子数量和学习者人数可知，平均每位学习者至少发出了 5 条评论帖，而且这次的评论帖的交互深度普遍比较接近于深度学习的较高层次，即归纳整合、分析质疑、深入思考以及内化迁移的范畴。同时，学习者对于 MOOC 课程给予了很客观的评价，也通过撰写反思日志进行了深刻的个人反思。

（2）人际领域能力。从调查问卷分析、访谈和学生讨论帖内容的分析得知，活动对学习者的人际领域能力有着积极正向的影响。绝大多数的学习者认为参与 MOOC 学习活动能够帮助自己提升网络交流沟通能力、团队协作能力和协作解决复杂问题能力。

（3）个人领域能力。从调查问卷分析、访谈得知，“评价反思类活动”对学习者的个人领域能力影响显著。有 90%以上的学习者在参与了此次学习活动后会经常上网搜索学习资料，开始能够独自完成老师或者同学分配的任务，并对自己做过的事情经常进行反思，增强了创新意识。

3）活动有助于实现 MOOC 学习共同体的资源积累和转换

通过对本轮学习活动开展情况的观察，和对 MOOC 平台上各种学习资源的分析，活动有助于实现 MOOC 学习共同体的资源积累和转换。从主题帖的跟帖讨论情况，以及对帖子内容的分析表明，此轮活动有助于实现 MOOC 学习共同体资源的积累和个人资源向群体资源的转换。

2. 活动设计的改进

1）活动需要改进的方面

通过对“评价反思类活动”效果的反思可知，本轮活动实施过程中，MOOC 学习共同体之间的交互深度大大提高，而且学习者深度学习能力也有显著提升，所以需要改进的地方并不是很多。

2）学习者对活动的建议

通过分析调查问卷中学习者对“请为我们提出建议帮助活动设计改进”题项的回答内容，笔者整理出以下较为集中的活动设计建议，如图 4-48 所示。

讨论模块提交后能不能有个"我的"选项，自己查看自己的，有时候上传了，想看一下自己的得找半天。

或许可以在主栏中增加"我的评价""我的作品"等历史的小记录，记录我们的成长及作品。开心^_^祝此活动越办越好。

希望可以多开设几门其他课或专业课等，会更受欢迎哦⊙∀⊙！

看视频时，若是后退想重看前面的内容，就会闪出来一个或两个视频界面，合起来就是两个或三个视频同时在播放，还关不掉。听起来很乱，三个视频同时播放，频率还不一样，希望这一点能改一下。

图 4-48　学习者对活动设计改进的建议

3）活动设计的改进

从"评价反思类活动"开展的结果看来效果已经很理想，但是对于 MOOC 学习活动设计而言依然有着一定的提升空间。后续对于 MOOC 学习活动设计的实践可以通过对 MOOC 平台的改良来提升，也可以引入第三方社交平台来解决一些实时交互的问题。学习反思日志可以延长至整个 MOOC 学习过程，这样有利于学习者及时反思并调整自己的学习行为，以适应学习活动，进而促进深度学习。

第 5 章　总结与展望

本书从促进学习者深度学习视角出发，构建了 MOOC 学习活动设计理论框架，并以 MOOC 学习共同体文化环境和 MOOC 平台网络支持环境为研究环境，开展了 MOOC 学习活动设计与实施的实证研究。实证研究是在本书所构建的深度学习视域下 MOOC 学习活动设计理论框架指导下进行的活动设计和实施，并在实证研究的过程中对本书所构建的理论框架进行检验和完善。现对本书的主要研究成果、研究创新点、研究不足和后续研究阐述如下。

5.1　研究的主要结论

1. 梳理 MOOC 学习活动的存在形式及学习者需求

本研究主要按照扎根理论中形成的系统化质性资料分析方法对所收集到的 MOOC 学习活动资料进行三级编码（开放编码、主轴编码、选择编码），最终形成 MOOC 学习活动存在形式的分类框架。该分类框架由三个核心范畴（13 个类别）构成，活动设计者在设计 MOOC 学习活动以及构建 MOOC 学习共同体时可以根据需要选用活动形式，从而提高设计的效率。

在对 MOOC 学习活动形式分类的基础上，笔者进一步从学习者对 MOOC 学习活动形式的感知质量入手，获取学习者的感知因子，计算指标权重，最终形成 MOOC 学习活动形式的学习者需求。这将有助于活动设计者在设计 MOOC 学习活动时把握重点，尽可能满足学习者的需求。

2. 构建深度学习视域下 MOOC 学习活动设计理论框架

本研究从方法论、模式论、环境论、效果论和管理论五个角度探讨了深度学习视域下 MOOC 学习活动设计的理论，并构建出了深度学习视域下 MOOC 学习活动设计的理论框架。

在方法论中，基于对国内外在线学习活动研究成果的分析、活动理论的指导以及对 MOOC 学习活动实践进行分析、概括，得出深度学习视域下 MOOC 学习活动设计模型。该模型包含 9 个要素，其中学习者、资源、MOOC 学习共同体、学习工具、活动规则和角色分工是 6 个核心要素，理解创建类活动、交互分享类活动、评价反思类活动是 3 个外围要素。

在模式论中，本书从在线学习活动中学习者交互协作层面进行分类，并综合运用理论演绎法、经验归纳法、借鉴创新法构建了三种在线学习协作模式，并在此基础上构建出“理解创建类活动”、“交互分享类活动”和“评价反思类活动”组织模式。

在环境论中，本书的 MOOC 学习活动设计是基于两个主要环境的：一是 MOOC 学习共同体的文化环境；二是 MOOC 学习活动的技术支持环境。

在效果论中，本书基于网络环境下深度学习的评价研究、在线学习活动评价相关研究、网络协作学习活动的互动效果评价研究、元认知理论及资源与知识转换相关研究成果的启示，采用德尔菲法构建了深度学习视域下 MOOC 学习活动评价指标体系。

在管理论中，MOOC 学习活动的管理涉及信息管理、人员管理和资源管理。本书凝练出 MOOC 学习活动信息管理、人员管理和资源管理的策略，借此引导学习者进行深度学习。

3. 深度学习视域下 MOOC 学习活动设计的实践总结

深度学习视域下 MOOC 学习活动设计的实证研究是对本书前期构建的理论框架的应用和验证。在基于设计的研究范式下，主要运用准实验研究法和行动研究法，在一个完整的学期里基于同一门课程，按照认知理论提出的深度学习的过程分阶段地在 MOOC 学习活动平台上推出三类 MOOC 学习活动设计——“理解创建类活动”、“交互分享类活动”和“评价反思类活动”，每个阶段的 MOOC 学习活动设计都是在对前边 MOOC 学习活动效果评价和反思的基础上，结合课程进度与内容经过有针对性的改进后形成的，即在设计、实施、评价、反思与改进过程中不断改进活动设计的过程。

5.2　研究的创新

1. 研究视角的创新

本书从促进深度学习的视角出发，探究 MOOC 学习活动设计的理论与实践方法，具有研究视角上的创新。

2. 研究内容的创新

（1）梳理出 MOOC 学习活动的存在形式及学习者需求。活动设计者在设计 MOOC 学习活动时可以根据需要选用活动形式，并尽可能满足学习者的需求，从而提高 MOOC 学习活动设计的效率。

（2）从方法论、模式论、环境论、效果论和管理论五个角度探讨了深度学习视域下 MOOC 学习活动设计的理论。方法论中，将 MOOC 学习活动看作一个活动系统，以学习者、资源、MOOC 学习共同体、学习工具、活动规则和角色分工 6 个核心要素，以及理解创建类活动、交互分享类活动、评价反思类活动 3 个外围要素构建出深度学习视域下 MOOC 学习活动设计模型；模式论中，提出了理解创建类活动、交互分享类活动和评价反思类活动组织模式；环境论中，将 MOOC 学习共同体的发展阶段划分为信息交流、知识建构和合作发展三个阶段，提出 MOOC 学习共同体不同发展阶段的培育策略，并总结了 MOOC 平台功能框架；效果论中，构建了深度学习视域下 MOOC 学习活动评价指标体系；管理论中，凝练出 MOOC 学习活动信息管理、人员管理和资源管理的策略。

（3）在深度学习视域下 MOOC 学习活动设计理论框架的指导下，设计并推出了三类 MOOC 学习活动，分别为“理解创建类活动”、“交互分享类活动”和“评价反思类活动”，既是对理论框架的应用、验证和进一步完善，也是 MOOC 学习活动融入 MOOC 教学的创新性实践。

5.3 研究的不足

1. 研究样本不足

本书在梳理 MOOC 学习活动形式时收集到的 MOOC 学习活动案例较少，因此，对于 MOOC 学习活动形式及学习者需求的梳理可能不够全面。另外，在开展实证研究的环节，只选择了一门 MOOC 进行活动设计，并未广泛选取各学科领域 MOOC 进行活动设计，因此，对于构建的理论框架的推广性和普适性还需要进一步的验证。

2. 研究周期较短

本书对于深度学习视域下 MOOC 学习活动设计实证研究的周期较短，只开展了一个学期。活动的实施对于学习者深度学习的认知领域能力的影响在短时间内可以显现出来，但对于学习者个人领域能力和人际领域能力的影响需要较长的时间才能体现出效果，因此，研究周期较短是本书的一个不足之处。

3. MOOC学习活动支持平台功能有限

本书是在MOOC2U平台上开展的实证研究。由于MOOC2U平台具有局限性，不能很好地实现研究所期望的所有功能，反而使研究适应了平台的功能，更多的是依赖于MOOC2U平台的原有功能。

5.4 研究展望

1. 实现个性化学习是MOOC发展的必然趋势

教育的真谛是要发展人的个性，是让每个学生得到适宜自己的最好发展。孔子“有教无类”的思想、维果斯基的“最近发展区理论”、皮亚杰的“认知理论”、马斯洛的“需要层次理论”、加德纳的“多元智能理论”及艾里克森的“心理社会发展阶段理论”都主张个性化学习。近几年，各国政府、教育界已经意识到个性化学习的重要性，并出台了相关规划和报告。英国政府于2007年发布的《2020愿景：2020年教与学评议组的报告》中提出了个性化学习亟待解决的问题。新加坡教育部于2008年发布了“ICT教育规划3”，希望通过信息技术帮助学生开展个性化学习。美国教育部于2010年颁布的《国家教育技术规划2010》中提出利用技术的力量提供个性化学习，使持续学习和终身学习成为可能。我国《教育信息化十年发展规划（2011—2020年）》也提出，为每一名学习者提供个性化学习、终身学习的信息化环境和服务；《教育信息化“十三五”规划》中也提出，网络学习空间建设应满足个性化学习需求。

“互联网+”时代的到来，特别是MOOC的兴起，带来了新的教育生态，打破了学习的时空限制，实现了优质教育资源的共享，重塑了学习方式和思维方式。MOOC提供了大量丰富的学习资源，然而，对于学习者而言很容易产生学习迷航和认知负载，导致丧失继续学习的愿望。2015年教育部出台的《关于加强高等学校在线开放课程建设应用与管理的意见》中，明确提出要主动适应学习者个性化发展。美国麻省理工学院教育学者Scharmer将MOOC发展分成四个阶段，即MOOC1.0时代（传统视频录制）、MOOC2.0时代（在视频基础上增加了练习）、MOOC3.0时代（注重同学间的互动学习，增加互评机制）和MOOC4.0时代（实现个性化学习），并指出MOOC的教学形式已经到达3.0时代，而4.0时代是一个有待突破的领域，也是未来 MOOC 的一个发展趋势。

2. 自适应学习系统是实现个性化学习的有效途径

美国高等教育信息化协会（EDUCAUSE）把自适应学习技术（adaptive learning technology）定义为“基于个人的能力或技能素养，动态调整课程内容的水平或类型，以提高学习者的主动学习和教师干预下的学习绩效”的技术。美国新媒体联盟（New Media Consortium，NMC）《地平线报告》中，自适应学习技术一直被预测为未来影响高等教育发展的关键技术。该技术 2015 年作为长期关键技术出现，2016 年与学习分析技术搭配出现在近期关键技术中，直到 2017 年独立纳入近期关键技术。由此可知，自适应学习技术从最初的不成熟，变成了成熟可行且有效的学习技术。

自适应的本质是个性化，自适应学习系统是实现个性化学习的有效途径。自适应学习系统最初是由适应性超媒体系统（adaptive hypermedia system，AHS）演变而来的。美国匹兹堡大学的 Peter Brusilovsky 给出了 AHS 的定义，即系统记录了每个用户的某些特征，在运行过程中系统会根据该用户模型适应于不同的用户。不同的研究者针对自适应学习系统的特性给予了不同的命名，如智能教学系统（intelligent tutoring system，ITS）、自适应学习支持系统（adaptive learning support system，ALSS）、适应性 e-Learning 系统（adaptive e-Learning system，AES）等，尽管名称不同，但目的是相同的，即为学习者提供适合其个体特征的适应性学习支持，使学习者更快、更有效地学习。随着自适应学习技术的快速发展，个性化学习的时代即将到来。自适应学习系统可以判断每个学习者的优势和差异，从而匹配适合的学习资源，实现个性化学习，培养个性化人才。

3. MOOC 自适应学习系统将推动 MOOC 的可持续发展

如前所述，MOOC4.0 时代的目标是实现个性化学习。从 MOOC 近几年的实践结果来看，暴露最明显的是“高注册率、低完课率”现象。为了提高 MOOC 完课率，研究者从不同的影响因素进行改善，收效甚微。目前各类 MOOC 平台大都沿袭传统课程的结构，学习者按照设定的学习内容和活动进行学习。然而，适应性的学习应该是一个网状模型，在这个模型中需要分析学习者的起点能力、学习风格、学习动机和自我效能感等，从而保证学习者的个性化学习和教师的个性化干预。

MOOC 自适应学习系统能为 MOOC 学习者提供个性化学习路径，可指引有效学习的发生，弥补个体的差异和不足。一方面，根据个性化分析为不同学习者量身定制个性化学习资源，给予其可调节内容顺序的个性化课程，适应每个学生的差异，让按需学习、自主学习成为可能；另一方面，针对 MOOC 学习者和平台之间的主客体关系，推动学习者根据自身学习偏好个性化选择资源。同时，帮助教师了解 MOOC 学习者的学习进度，并对教学内容进行调整，进行因材施教，从而提高 MOOC 完课率和教学质量，推动 MOOC 的可持续发展。

参 考 文 献

[1] 王立国, 窦艳辉. MOOC 起源及快速发展[J]. 软件导刊(教育技术), 2014(7): 57-60.

[2] 王永固, 张庆. MOOC: 特征与学习机制[J]. 教育研究, 2014(9): 112-120.

[3] 陈玮. MOOC 综述与高校图书馆应对策略[J]. 科技视界, 2015(25): 188-189.

[4] McAuley A, Stewart B, Siemens G, et al. The MOOC model for digital practice[R]. Charlottetown: University of Prince Edward Island, 2010.

[5] 郑依萌. 近五年慕课(MOOC)研究综述及背后争议[J]. 黄河之声, 2017(10): 17-19.

[6] Siemens G. Orientation: Sensemaking and wayfinding in complex distributed online information environments[D]. British Columbia: University of Aberdeen, 2011.

[7] Dewaard I, Abajian S, Gallagher M S, et al. Using mLearning and MOOCs to understand chaos, emergence, and complexity in education[J]. International Review of Research in Open and Distance Learning, 2011, 12(7): 94-115.

[8] 董晶. 慕课(MOOC)的发展现状及对高等教育的影响[D]. 济南: 山东师范大学, 2015.

[9] 李青, 王涛. MOOC——一种基于连通主义的巨型开放课程模式[J]. 中国远程教育, 2012(3): 30-36.

[10] 付检新. 基于 xMOOC 和 cMOOC 的混合教学模式研究[J]. 中国管理信息化, 2014(22): 112, 113.

[11] 王晓彤, 解继丽. 从 OER 到 MOOC: 单纯的资源到以人为本课堂的转变[J]. 楚雄师范学院学报, 2013(11): 83-87.

[12] 王宇. xMOOC 与远程开放教育融合模式研究[J]. 电脑知识与技术, 2016, 12(24): 154, 155.

[13] 林文东. 中美计算机类 MOOC 教学设计比较研究[D]. 济南: 山东师范大学, 2016.

[14] 高婕梅, 韩骏, 刘菁, 等. MOOCs 平台比较与分析——以 edX、Coursera、Udacity 平台为例[J]. 软件导刊, 2014(12): 178-180.

[15] 陈程. 美国可汗学院教学模式研究[D]. 喀什: 喀什大学, 2018.

[16] 包正委, 洪明. 英国 MOOC 平台: FutureLearn 创建原因与主要特点探析[J]. 中国远程教育, 2014(6): 65-68.

[17] 李伟鸿. 网络教学平台技术浅析[J]. 职业, 2008(33): 86-88.

[18] 沈平, 袁瑛. 基于云计算机技术的 MOOC 平台安全问题研究[J]. 软件工程, 2017, 20(12): 16-18.

[19] 于柏. 我国高等教育“慕课”发展中的问题研究[J]. 教育教学论坛, 2018(50): 127, 128.

[20] 舒子琪, 王智. 不一不异: MOOCs、网络公开课与传统课堂的比较[J]. 江西广播电视大学学报, 2015(2): 54-58.

[21] 张本灵. 基于 MOOC 资源的 SPOC 混合教学模式设计与实践——以《计算机应用基础(高职)》课程为例[J]. 辽宁科技学院学报, 2018, 20(6): 61-64.

[22] 肖琳, 乔宇涛. “SPOC+实体课堂”教学模式在研究生英语翻译课中的应用[J]. 创新创业

理论研究与实践, 2018, 1(3): 66, 67.
[23] 沈卉卉. 基于 SPOC 理念的数学拔尖创新人才混合教学模式的探索与实践[J]. 高教学刊, 2019, 99(3): 92, 93, 96.
[24] 陈明选, 张康莉. 促进研究生深度学习的翻转课堂设计与实施[J]. 现代远程教育研究, 2016(5): 68-78.
[25] Dechter R. Learning while searching in constraint-satisfaction-problems[C]//Proceedings of the Fifth AAAI National Conference on Artificial Intelligence. Palo Alto: AAAI Press, 1986: 178-183.
[26] Hinton G E. Learning multiple layers of representation[J]. Trends in Cognitive Sciences, 2007, 11(10): 428-434.
[27] Bengio Y, Courville A, Vincent P. Representation learning: A review and new perspectives[J]. IEEE Transactions on Pattern Analysis and Machine Intelligence, 2013, 35(8): 1798-1828.
[28] Marton F, Saljo R. On qualitative differences in learning: I-Out come and process[J]. British Journal of Educational Psychology, 1976, 46: 4-11.
[29] 张浩, 吴秀娟. 深度学习的内涵及认知理论基础探析[J]. 中国电化教育, 2012(10): 7-11, 21.
[30] 何玲, 黎加厚. 促进学生深度学习[J]. 计算机教与学, 2005(5): 29, 30.
[31] 布卢姆 B S. 教育目标分类学：第一分册 认知领域[M]. 罗黎辉, 丁证霖, 石伟平, 等译. 上海: 华东师范大学出版社, 1986: 42-54.
[32] 曾明星, 李桂平, 周清平, 等. MOOC 与翻转课堂融合的深度学习场域建构[J]. 现代远程教育研究, 2016(1): 41-49.
[33] 樊雅琴, 王炳皓, 王伟, 等. 深度学习国内研究综述[J]. 中国远程教育, 2015(6): 27-33, 79.
[34] 李亚娇, 段金菊. SNS 平台在促进深度学习方面的比较研究[J]. 远程教育杂志, 2012(5): 26-34.
[35] 张晓佳, 赵建华. 信息技术支持的深度学习研究综述[J]. 教育信息技术, 2015(9): 44-46.
[36] 段金菊. 技术支撑下的团队深度学习设计研究[J]. 中国远程教育, 2011(1): 44-48, 94.
[37] 李曼丽. MOOCs 的特征及其教学设计原理探析[J]. 清华大学教育研究, 2013(4): 13-21.
[38] 蒋梦娇, 邹霞. 基于 MOOCs 环境的深度学习研究[J]. 软件导刊(教育技术), 2014(7): 37-39.
[39] 秦瑾若, 傅钢善. 基于深度学习理论的 MOOC 学习活动设计——以“现代教育技术”课程为例[J]. 现代教育技术, 2017, 27(5): 12-18.
[40] 徐春华, 傅钢善. 视频标注工具支持的深度学习研究——以 MOOC 学习环境为例[J]. 现代教育技术, 2017(3): 14-20.
[41] 崔向平, 党建宁. 校际协作学习活动的存在形式及学习者需求分析[J]. 兰州文理学院学报(自然科学版), 2014, 28(6): 90-96.
[42] 王世权, 牛建波. 利益相关者参与公司治理的途径研究: 基于扎根理论的雷士公司控制权之争的案例分析[J]. 科研管理, 2009(7): 105-114.
[43] 杨卉. 教师网络实践共同体研修活动设计理论与实践[D]. 兰州: 西北师范大学, 2011.
[44] 钟志贤. 面向知识时代的教学设计框架——促进学习者发展[M]. 北京: 中国社会科学出版社, 2006.

[45] 肖君, 乔惠, 许贞, 等. 泛在学习环境下基于活动理论的移动 MOOC 设计及实证研究[J]. 中国电化教育, 2017(11): 87-94.

[46] Johnson L, Adams S, Estrada V, et al. NMC horizon report: 2016 higher education edition[R]. Austin: The New Media Consortium, 2016: 11-13.

[47] Ishak I, Alias R. Designing a strategic information systems planning methodology for malaysian institutes of higher learning(ISP-IPTA)[J]. Issues in Information Systems, 2005, 6(1): 325-331.

[48] 乔爱玲, 王楠. 网络环境中的学习活动设计模型及相关研究[J]. 电化教育研究, 2009(5): 41-47.

[49] 刘清堂. 活动理论视角下 MOOC 学习活动设计研究[J]. 远程教育杂志, 2014(4): 100-105.

[50] Britain S. A review of learning design: Concept, specifications and tools[EB/OL]. [2019-09-06]. http: //www.doc88.com/p-2774351043919.html.

[51] 杨开城. 以学习活动为中心的教学设计理论: 教学设计理论的新探索[M]. 北京: 电子工业出版社, 2005.

[52] CSALT. Home page-centre for studies in advanced learning technology-Lancaster University [EB/OL]. [2019-09-06]. http://csalt.lancs.ac.uk/csalt/.

[53] Conole G, Fill K. A learning design toolkit to create pedagogically effective learning activities[J]. Journal of Interactive Media in Education, 2005, 8(1): 1-16.

[54] Beetham H. Review: Developing e-Learning models for the JISC practitioner communities: A report for the JISC e-pedagogy programme [R/OL]. [2019-08-16]. https://www.researchgate.net/publication/247406966_Review_Developing_e-Learning_Models_for_the_JISC_Practitioner_Communities.

[55] Conole G, Littlejohn A, Falconer I, et al. The e-Learning framework-LADIE[EB/OL]. [2019-09-06]. http://www.elframework.org/refmodels/ladie/.

[56] IMS Global Learning Consortium. IMS learning design best practice and implementation guide [DB/OL]. [2019-08-30]. https://www.imsglobal.org/learningdesign/ldv1p0/imsld_bestv1p0.html.

[57] 李青. 学习活动建模[D]. 上海: 华东师范大学, 2005: 53-55.

[58] Paul R W. Critical Thinking[M]. Santa Rosa: Foundation for Critical Thinking, 1993.

[59] Garrison D R, Anderson T, Archer W. Critical thinking, cognitive presence, and computer conferencing in distance education[J]. American Journal of Distance Education, 2001, 15(1): 7-23.

[60] 俞树煜, 王国华, 聂胜欣, 等. 在线学习活动中促进批判性思维发展的问题解决学习活动模型研究[J]. 电化教育研究, 2015, 36(7): 35-41, 72.

[61] 南国农, 李运林. 教育传播学[M]. 2 版. 北京: 高等教育出版社, 2005.

[62] 李翠白. MOOC 网络学习共同体的系统构建与活动设计[D]. 南京: 南京大学, 2008.

[63] 南国农. 发展现代远程教育: 中国之路[J]. 中国远程教育, 2005(2): 127.

[64] Wenger E, White N, Smith J D, et al. Technology for communities[DB/OL]. [2019-08-30]. https: //www.researchgate.net/publication/319393411_Technology_for_Communities.

[65] 何克抗, 李文光. 教育技术学[M]. 北京: 北京师范大学出版社, 2002.

[66] 祝志庭, 钟志贤. 现代教育技术——促进多元智能发展[M]. 上海: 华东师范大学出版社,

2003.
[67] 戴维·H·乔纳森. 学习环境的理论基础[M]. 郑太年, 任友群, 译. 上海: 华东师范大学出版社, 2002.
[68] 马南南. 教师在线学习共同体的“活动引领”学习机制研究[D]. 上海: 华东师范大学, 2009.
[69] 赵宇红, 姚越. 关于在线学习共同体的几点思考[J]. 福建电脑, 2009, 25(3): 160, 183.
[70] 高丹丹, 陈向东, 张际平. 基于课程的在线学习共同体研究[J]. 远程教育杂志, 2008(4): 12-15.
[71] 訾光宾, 詹青龙. 在线学习共同体知识创新评价指标体系设计[J]. 现代电子技术, 2010, 33(2): 131-133, 136.
[72] 郄瑞丽. 在线学习共同体的社会学解读[J]. 教育理论与实践, 2018, 38(13): 61-64.
[73] 王梦云, 刘彩萍. 依托社交网络构建在线学习共同体[J]. 中国成人教育, 2014(10): 18-20.
[74] 李海峰, 王炜. 社会系统理论视域下的在线学习共同体构建[J]. 中国电化教育, 2018(6): 77-85.
[75] 张化东. 网络环境下学习共同体的特征与构建[C]// 第十届全球华人计算机教育应用会议. 北京: 清华大学出版社, 2006: 529-535.
[76] 刘奇, 陈长虹. 网络学习共同体及其构建策略研究[J]. 重庆教育学院学报, 2008, 21(3): 127-131.
[77] 范丽丽, 王云. 依托在线教育的网络学习共同体构建研究——以传课网为例[J]. 中国教育信息化, 2015(13): 36-38.
[78] Johnson S D, Suriya C, Yoon S W, et al. Team development and group processes of virtual learning teams[J]. Computers & Education, 2002, 39(4): 379-393.
[79] Grossman P, Wineburg S, Woolworth S. What makes teacher community different from a gathering of teachers? An occasional paper[J]. Curriculum, 2000: 64.
[80] Dalsgaard S. Communities of practice: turning conversations into collaboration[DB/OL]. [2019-09-19]. https://www.slideshare.net/stephendale/cop-conversations-to-collaboration- presentation.
[81] Dalsgaard C. Social software: E-Learning beyond learning management systems [J].European Journal of Open, Distance and E-Learning, 2006, 2: 1-7.
[82] Web2.0 下的门户网站建设[EB/OL]. [2019-11-10]. https://blog.csdn.net/anew673/article/details/503029.
[83] 程芬. 元认知与大学生在线英语深度学习研究[J]. 兰州教育学院学报, 2018, 34(9): 138-140, 143.
[84] 李松, 张进宝, 徐峥. 在线学习活动设计研究[J]. 现代远程教育研究, 2010(4): 68-72.
[85] 熊华军, 刘兴华. 穿越距离: 美国在线高等教育的评价与启示——基于 2011 年斯隆联盟报告的分析[J]. 比较教育研究, 2013(1): 37-41.
[86] Allen I E, Seaman J. Going the Distance: Online Education in the United States[M]. Newburyport: Sloan Consortium, 2011.
[87] 刘路, 刘志民, 罗英姿. 欧洲 MOOC 教育质量评价方法及启示[J]. 开放教育研究, 2015(5): 57-65.
[88] Ardito C, Costabile F, de Marsico M, et al. An approach to usability evaluation of e-Learning

applications[J]. Universal Access in the Information Society, 2006, 4(3): 270-283.

[89] Ozkan S, Koseler R. Multi-dimensional evaluation of e-Learning systems in the higher education context: An empirical investigation of a computer literacy course[C]// IEEE International Conference on Frontiers in Education Conference. Piscataway: IEEE Press, 2009: 1217-1222.

[90] Hassanzadeh A, Kanaani F, Elahi S. A model for measuring e-Learning systems success in universities[J]. Expert Systems with Applications, 2012, 39(12): 10959-10966.

[91] 王红艳, 胡卫平. 中国在线学习研究现状与启示[J]. 中国远程教育, 2013(8): 30-34, 95.

[92] 王佑美. 在线教学设计标准及其评价应用研究[J]. 中国电化教育, 2007(7): 60-63.

[93] 刘杨, 徐辉. 美国在线高等教育评估及启示[J]. 中国电化教育, 2007(11): 59-63.

[94] 魏顺平. 在线学习自动评价模式构建与应用研究[J]. 中国远程教育, 2015(3): 38-45, 79.

[95] 上超望, 韩梦, 刘清堂. 大数据背景下在线学习过程性评价系统设计研究[J]. 中国电化教育, 2018(5): 90-95.

[96] 沈欣忆, 胡雯璟, Hickey D. 提升在线学习参与度和学习效果的策略探究及有效性分析[J]. 中国电化教育, 2015(2): 21-28.

[97] 叶海智, 程清杰. 基于 Jigsaw 模式的在线学习活动设计与应用研究[J]. 现代教育技术, 2015(1): 87-92, 119.

[98] 胡勇, 赵凤梅. 在线学习成效的理论分析模型及测量[J]. 电化教育研究, 2015(10): 37-45.

[99] American Institutes for Research. Evidence of deeper learning outcomes[DB/OL]. [2019-04-08]. https: //www.air.org/resource/evidence-deeper-learning-outcomes-3-3.

[100] Daniel J S, Marquis C I. Interaction and independence: Getting the mixture rights[J]. Teaching at a Distance, 1979, 14(1): 29-44.

[101] Moore M G. Three types of interaction[J]. Distance Education New Perspectives, 1993, 3(2): 1-7.

[102] 王海东, 丁兴富. 在网络虚拟环境中构建学习社区[J]. 中国电化教育, 2004(11): 29-32.

[103] 王陆. 虚拟学习社区的社会网络结构研究[D]. 兰州: 西北师范大学, 2009.

[104] Misanchuk M, Anderson T. Building community in an online learning environment: Communication, cooperation and collaboration[J]. Computer Mediated Communication, 2001: 22.

[105] Henri F. Computer conferencing and content analysis[C] //Collaborative Learning Through Computer Conferencing. Berlin: Springer Verlay, 1992: 117-136.

[106] Gunawardena C N, Lowe C A, Anderson T. Analysis of a global online debate and the development of an interaction analysis model for examining social construction of knowledge in computer conferencing[J]. Journal of Educational Computing Research, 1997, 17(4): 261-269.

[107] 陈丽. 网络异步交互环境中学生间社会性交往的规律[J]. 中国远程教育, 2004(11): 19-24.

[108] Hara N, Bonk C J, Angeli C. Content analysis of an online discussion in an applied educational psychology course [J]. Instructional Science, 2000(28): 115-152.

[109] McKenzie W, Murphy D. Evaluating a communicative for web mediated collaborative learning and design[J]. Australian Journal of Educational Technology, 2003, 19(1): 100-117.

[110] 吴春林. 元认知理论及其对微格教学研究与实践的启示[J]. 电化教育研究, 2004(6): 73-76, 79.
[111] 岳好平, 施卓廷. 大学英语自主学习元认知实证研究[J]. 外语研究, 2009(4): 63-67.
[112] 汪玲, 郭德俊. 元认知的本质与要素[J]. 心理学报, 2000, 32(4): 458-463.
[113] 吴秀娟, 张浩. 基于反思的深度学习实验研究[J]. 远程教育杂志, 2015(4): 67-74.
[114] 谢幼如, 张惠颜, 吴利红, 等. 基于 ARCS 的在线开放课程自组织学习模式研究[J]. 电化教育研究, 2017(7): 43-50.
[115] 王陆, 杨卉. 基于真实性评价的教师专业学习与培训[J]. 电化教育研究, 2010(10): 107-115.
[116] 王丽, 谈云兵. 基于博客的深度学习研究——以苏州教育博客为例[J]. 中国远程教育, 2009(12): 40-43.
[117] 李翼. 教育管理辞典[M]. 海口: 海南出版社, 1999: 316.
[118] 褚宏启, 张新平. 教育管理学教程[M]. 北京: 北京师范大学出版社, 2013: 19-20.
[119] 中华人民共和国中央人民政府. 教育部关于印发《教育信息化“十三五”规划》的通知[EB/OL]. [2019-09-06]. http: //www.gov.cn/gongbao/2016-11/20/content_5133005.htm.
[120] 丁霞. 网络课程中学习活动管理系统的研究[D]. 济南: 山东师范大学, 2010: 12.
[121] 傅添. 论 NCLB 法案以来美国教育行政管理体制的改革趋势[J]. 外国教育研究, 2012, 39(2): 106-112.
[122] Allen I E, Seamon J. Changing course: Ten years of tracking online education in the United States[J]. Sloan Consortium, 2013, 43(3): 47.
[123] 董晓静, 洪明. 美国 edX 平台的运作方式、特点和面临的问题[J].中国远程教育, 2015(7): 47-51.
[124] 陈晓清. 技术联姻教育: edX 网络课程的创建、运行与挑战[J]. 江苏高教, 2014(2): 77-80.
[125] 陆丹. 我国 K-12 在线学习发展现状与策略研究[D]. 上海: 华东师范大学, 2016: 16.
[126] 慧聪网. 创新教育 改变世界: 学堂在线的四年成长之路[EB/OL]. [2019-11-10]. https://edu.hc360.com/17/173959.html.
[127] 中华人民共和国国家互联网信息办公室. 第 42 次《中国互联网络发展状况统计报告》[EB/OL]. [2019-08-20]. http: //www.cac.gov.cn/2018-08/20/c_1123296882.htm.
[128] 吴亚婕. 影响学习者在线深度学习的因素及其测量研究[J]. 电化教育研究, 2017, 38(9): 57-63.
[129] Zhao Y, Lei J, Yan B, et al. What makes the difference? A practical analysis of research on the effectiveness of distance education[J]. Teachers College Record, 2005, 107(8): 1836-1884.
[130] Anderson T. Getting the mix right again: An updated and theoretical rationale for interaction[J]. International Review of Research in Open & Distance Learning, 2003, 4(2): 65.
[131] Meyer K A, Mcneal L. How online faculty improve student learning productivity[J]. Journal of Asynchronous Learning Networks, 2011, 15(3): 37-53.
[132] 杜欣, 侯振中. 网络在线学习监控探析[J]. 中国教育信息化, 2009(6): 69-71.
[133] Ke F, Xie K. Toward deep learning for adult students in online courses[J]. The Internet and Higher Education, 2009, 12(3): 136-145.

附　　录

附录 1　“MOOC 学习活动形式的学习者需求情况”访谈提纲

亲爱的同学：

您好！MOOC 学习活动形式主要有学习指导、教学视频、实践活动、在线讨论、教师在线答疑、学生互助答疑、教师分享资源、学生分享资源、个人自评、学生互评、教师点评、投票评选和撰写学习反思等。为了探测学习者对 MOOC 学习活动形式的需求，识别影响 MOOC 学习活动感知质量的因素，请您回答以下问题：

1. 在您参与过的 MOOC 学习活动中，还有哪些活动形式是上面没提到的？请您进行补充。

2. 您所参与过的 MOOC 学习活动中哪些形式比较好？好在哪里？带给您的体验和感受是什么？

3. 您所参与过的 MOOC 学习活动中哪些形式不理想？原因是什么？带给您的体验和感受是什么？

4. 您认为高质量的 MOOC 学习活动有哪些特征？带给您什么样的学习体验？

5. 您认为低质量的 MOOC 学习活动有哪些特征？带给您什么样的学习体验？

附录 2　“MOOC 学习活动形式的学习者需求”调查问卷

亲爱的同学：

您好！感谢您参与本次问卷调查，本次问卷是为了了解您对于 MOOC 学习活动形式的需求。您的意见对本次调查非常重要，请您如实填写您的看法。非常感谢您填答本问卷！

第一部分：基本情况

班号：
姓名：
性别：
专业：

第二部分：调查问卷

请您仔细思考以下 45 个表述与自身参与 MOOC 学习活动过程中的实际情况是否相符，并从下面 7 个选项中选择最相符的程度项。

1. 我认为 MOOC 的学习指导应当明确学习目标。
   A. 非常不重要　B. 不重要　C. 不太重要　D. 一般
   E. 一般重要　F. 重要　G. 非常重要
2. 我认为 MOOC 的学习指导应当突出学习的重点和难点。
   A. 非常不重要　B. 不重要　C. 不太重要　D. 一般
   E. 一般重要　F. 重要　G. 非常重要
3. 我觉得 MOOC 学习指导中所给出的学习方法应该恰当有效。
   A. 非常不重要　B. 不重要　C. 不太重要　D. 一般
   E. 一般重要　F. 重要　G. 非常重要
4. 我认为 MOOC 学习中教学视频的清晰度很重要。
   A. 非常不重要　B. 不重要　C. 不太重要　D. 一般
   E. 一般重要　F. 重要　G. 非常重要
5. 我觉得 MOOC 学习时教学视频中应该有合适的字幕显示要点内容。
   A. 非常不重要　B. 不重要　C. 不太重要　D. 一般

E. 一般重要　F. 重要　G. 非常重要

6. 我觉得 MOOC 的教学视频应当播放流畅、不卡顿。

A. 非常不重要　B. 不重要　C. 不太重要　D. 一般

E. 一般重要　F. 重要　G. 非常重要

7. 我认为 MOOC 的教学视频声音应该清晰、无噪声干扰。

A. 非常不重要　B. 不重要　C. 不太重要　D. 一般

E. 一般重要　F. 重要　G. 非常重要

8. 我认为 MOOC 的教学视频中教师语言表达应该清楚流畅、无语序错误、无卡顿重复。

A. 非常不重要　B. 不重要　C. 不太重要　D. 一般

E. 一般重要　F. 重要　G. 非常重要

9. 我认为 MOOC 学习时课前测试的难度和数量应该适中。

A. 非常不重要　B. 不重要　C. 不太重要　D. 一般

E. 一般重要　F. 重要　G. 非常重要

10. 我认为 MOOC 学习的课后作业难度和数量应该适中。

A. 非常不重要　B. 不重要　C. 不太重要　D. 一般

E. 一般重要　F. 重要　G. 非常重要

11. 我觉得对于 MOOC 学习的测试反馈应该及时，以便于查漏补缺。

A. 非常不重要　B. 不重要　C. 不太重要　D. 一般

E. 一般重要　F. 重要　G. 非常重要

12. 我觉得个人作品创建要具备一定的挑战性和启发性。

A. 非常不重要　B. 不重要　C. 不太重要　D. 一般

E. 一般重要　F. 重要　G. 非常重要

13. 我认为 MOOC 学习时在线讨论的秩序很重要。

A. 非常不重要　B. 不重要　C. 不太重要　D. 一般

E. 一般重要　F. 重要　G. 非常重要

14. 我认为 MOOC 学习中在线讨论时网络流畅很重要。

A. 非常不重要　B. 不重要　C. 不太重要　D. 一般

E. 一般重要　F. 重要　G. 非常重要

15. 我认为 MOOC 学习时同学间的互动应当频繁一些。

A. 非常不重要　B. 不重要　C. 不太重要　D. 一般

E. 一般重要　F. 重要　G. 非常重要

16. 我认为 MOOC 学习中在线讨论的时间要控制恰当。

A. 非常不重要　B. 不重要　C. 不太重要　D. 一般

E. 一般重要　F. 重要　G. 非常重要

17. 我觉得 MOOC 学习中教师在线回答问题应当及时迅速。

A. 非常不重要　B. 不重要　C. 不太重要　D. 一般

E. 一般重要　F. 重要　G. 非常重要

18. 我觉得 MOOC 学习中教师在线答疑应当正确有效。

A. 非常不重要　B. 不重要　C. 不太重要　D. 一般

E. 一般重要　F. 重要　G. 非常重要

19. 我认为 MOOC 学习中教师在线答疑的回应要详细清晰。

A. 非常不重要　B. 不重要　C. 不太重要　D. 一般

E. 一般重要　F. 重要　G. 非常重要

20. 我觉得在学生互助答疑时教师要进行合理的引导和反馈。

A. 非常不重要　B. 不重要　C. 不太重要　D. 一般

E. 一般重要　F. 重要　G. 非常重要

21. 我认为在 MOOC 学习时教师要及时筛选出学生互助答疑中的最佳答案。

A. 非常不重要　B. 不重要　C. 不太重要　D. 一般

E. 一般重要　F. 重要　G. 非常重要

22. 我觉得对于 MOOC 学习中学生互助答疑要有合理有效的奖励机制。

A. 非常不重要　B. 不重要　C. 不太重要　D. 一般

E. 一般重要　F. 重要　G. 非常重要

23. 我认为在 MOOC 学习中教师分享的资源内容要实用。

A. 非常不重要　B. 不重要　C. 不太重要　D. 一般

E. 一般重要　F. 重要　G. 非常重要

24. 我觉得在 MOOC 学习中教师分享的资源富有趣味性会更好。

A. 非常不重要　B. 不重要　C. 不太重要　D. 一般

E. 一般重要　F. 重要　G. 非常重要

25. 我认为教师分享的资源要有清晰的导航，以便于学生更好地使用。

A. 非常不重要　B. 不重要　C. 不太重要　D. 一般

E. 一般重要　F. 重要　G. 非常重要

26. 我觉得在 MOOC 学习中学生分享资源要有合理的奖励机制。

A. 非常不重要　B. 不重要　C. 不太重要　D. 一般

E. 一般重要　F. 重要　G. 非常重要

27. 我认为在 MOOC 学习中对于学生分享的资源要及时更新资源导航，便于查找使用。

A. 非常不重要　B. 不重要　C. 不太重要　D. 一般

E. 一般重要　F. 重要　G. 非常重要

28. 我认为有必要对学生分享的资源进行监控以保证其质量。

A. 非常不重要　B. 不重要　C. 不太重要　D. 一般

E. 一般重要　F. 重要　G. 非常重要

29. 我认为 MOOC 学习中个人自评时要有一定的客观性。

A. 非常不重要　B. 不重要　C. 不太重要　D. 一般

E. 一般重要　F. 重要　G. 非常重要

30. 我认为 MOOC 学习中个人自评时要有较强的反思性。

A. 非常不重要　B. 不重要　C. 不太重要　D. 一般

E. 一般重要　F. 重要　G. 非常重要

31. 我觉得在 MOOC 学习中个人自评时能够得到一定启发。

A. 非常不重要　B. 不重要　C. 不太重要　D. 一般

E. 一般重要　F. 重要　G. 非常重要

32. 我觉得在 MOOC 学习中个人自评时能够促进深度思考。

A. 非常不重要　B. 不重要　C. 不太重要　D. 一般

E. 一般重要　F. 重要　G. 非常重要

33. 我认为 MOOC 学习中学生互评要有明确的评价方式方法。

A. 非常不重要　B. 不重要　C. 不太重要　D. 一般

E. 一般重要　F. 重要　G. 非常重要

34. 我认为在 MOOC 学习中学生互评要具备一定的批判性和反思。

A. 非常不重要　B. 不重要　C. 不太重要　D. 一般

E. 一般重要　F. 重要　G. 非常重要

35. 我认为在 MOOC 学习中对于学生互评要有清晰的评价标准。

A. 非常不重要　B. 不重要　C. 不太重要　D. 一般

E. 一般重要　F. 重要　G. 非常重要

36. 我觉得在 MOOC 学习中教师的点评覆盖面要广。

A. 非常不重要　B. 不重要　C. 不太重要　D. 一般

E. 一般重要　F. 重要　G. 非常重要

37. 我觉得 MOOC 学习中教师的点评应当具备较强的启发性。

A. 非常不重要　B. 不重要　C. 不太重要　D. 一般

E. 一般重要　F. 重要　G. 非常重要

38. 我觉得在 MOOC 学习中每个学生获得教师点评的机会要均等。

A. 非常不重要　B. 不重要　C. 不太重要　D. 一般

E. 一般重要　F. 重要　G. 非常重要

39. 我认为在 MOOC 学习中对优秀作品进行投票评选时应当有合理的投票机制。

A. 非常不重要　B. 不重要　C. 不太重要　D. 一般

E. 一般重要　F. 重要　G. 非常重要

40. 我认为在 MOOC 学习中对学生作品投票评选时评价目标要明确。

A. 非常不重要　B. 不重要　C. 不太重要　D. 一般

E. 一般重要　F. 重要　G. 非常重要

41. 我认为在 MOOC 学习中对学生作品投票评选时评价标准要清晰。

A. 非常不重要　B. 不重要　C.不太重要　D. 一般

E. 一般重要　F. 重要　G. 非常重要

42. 我觉得在 MOOC 学习中撰写学习反思应该是非强制性的。

A. 非常不重要　B. 不重要　C. 不太重要　D. 一般

E. 一般重要　F. 重要　G. 非常重要

43. 我认为在 MOOC 学习中撰写学习反思会有明显的反思效果。

A. 非常不重要　B. 不重要　C. 不太重要　D. 一般

E. 一般重要　F. 重要　G. 非常重要

44. 我觉得在 MOOC 学习中撰写的学习反思应该经常被浏览。

A. 非常不重要　B. 不重要　C. 不太重要　D. 一般

E. 一般重要　F. 重要　G. 非常重要

45. 我觉得在 MOOC 学习中撰写的学习反思应当收到丰富的反馈。

A. 非常不重要　B. 不重要　C. 不太重要　D. 一般

E. 一般重要　F. 重要　G. 非常重要

附录 3 “MOOC 学习活动的实施难点与解决方案”调查问卷

敬爱的老师：

您好！这份问卷是为了提高 MOOC 学习活动设计效率和活动质量，在对 MOOC 学习活动形式进行抽象和分类的基础上汇编而成的。请您依据自身在组织和实施 MOOC 学习活动时的经验和感受，总结以下活动形式的实施难点与可能的解决方案，非常感谢您填答本问卷！

活动形式		实施难点	解决方案
理解创建类	学习指导		
	教学视频		
	实践活动		
交互分享类	在线讨论		
	教师在线答疑		
	学生互助答疑		
	教师分享资源		
	学生分享资源		
评价反思类	个人自评		
	学生互评		
	教师点评		
	投票评选		
	撰写学习反思		

附录4　“深度学习视域下MOOC学习活动评价指标体系”专家意见征询表

尊敬的专家：

您好！我是兰州大学高等教育研究院的教师，目前正在进行“深度学习视域下MOOC学习活动评价指标体系”的研究，希望您能在百忙中抽出宝贵的时间填写此表，该表中已经初步遴选出一些评价指标，敬请您选出适合评价“促进深度学习的MOOC学习活动”的指标，并在所选指标旁边的“□”内打“√”。如果您对某项指标有异议或者其他意见，请您在备注栏或者此表的最后填写意见，非常感谢您的支持与帮助！

深度学习视域下MOOC学习活动评价指标体系

一级指标	二级指标	指标具体内容	备注（请您填写意见）
学习者元认知体验	□专注（A）	学习者是否认为MOOC学习活动非常吸引自己的注意力；学习者是否希望对所学的内容有更多的了解	
	□相关（R）	学习者是否认为MOOC学习活动的内容设计与自己学过的知识有很高的关联性、与自己的期望和目标相符合、与自己的日常生活息息相关	
	□信心（C）	学习者是否认为MOOC学习活动的难度对自己来说正好，不会太难，也不会太简单；在教师解释后是否很清楚自己将要从MOOC学习活动中学到什么	
	□满意（S）	学习者是否认为自己从MOOC学习活动中受益匪浅；学习者是否认为MOOC学习经历让自己感到非常愉快；学习者是否认为教师在MOOC学习活动过程中给予了公正的评价	
学习者深度学习能力	□认知领域能力	网络交互内容深度由低到高依次为：简单回应或评论、基本说明、独立陈述、归纳整合、分析质疑、深入思考、内化迁移	
	□人际领域能力	学习者是否认为参与MOOC学习活动有助于提高自己的网络交流沟通能力、团队协作能力、协作解决复杂问题能力	
	□个人领域能力	学习者是否会经常上网搜索学习资料、是否能够独立地完成老师或同学分配的任务、是否开始经常反思自己做过的事情、是否认为参与MOOC学习活动增强了创新意识等	

续表

一级指标	二级指标	指标具体内容	备注 （请您填写意见）
资源的积累和转换	□初始资源的建设	教师（助学者）分享的资源、学习者分享的资源等	
	□再生资源的建设	主题讨论帖、作业（作品）互评帖、交流帖、指导帖、引导帖、投票记录、反思日志、反馈帖等	
	□知识资源的建设	教师（助学者）的点评帖、对知识点的归纳帖、在线答疑帖等	

敬请您把相关意见填写在此处，再次衷心地向您表示感谢！

意见填写处：

附录 5　“学习者信息素养现状及网络学习经历”调查问卷

亲爱的同学：

您好！首先感谢您参与本调查！

本调查是为了了解您的信息素养现状及网络学习经历。您客观、真实的回答是本研究能否得到可靠结果的基础和关键，所有的回答都将被严格保密，并且您的答案无好坏、对错和高低之分。

✧　请在符合您情况的选项前打“ √ ”或在填空处填上符合您情况的内容，本问卷列出的选项均为单选。

第一部分：基本情况

1. 您的性别

○男　　○女

2. 您的学校____________________。

3. 您的专业____________________。

第二部分：调查问卷

4. 您每天上网的时间大约是：

○基本不上网　○1 小时以内　○1～3 小时　○3～5 小时　○5 小时以上

5. 您对下列软件工具的使用熟练程度：

内容 \ 等级	不会使用	了解一些	一般	熟练使用
搜索引擎（百度、Google 等）				
电子邮件				
即时通信（QQ、微信、MSN 等）				
文件上传和下载				
看网络视频				
微博、博客或个人空间管理				
Word、PPT、Excel 等办公软件				

6. 您是否参加过教育类网站的活动（如主题讨论、在线答疑、分享资源、发帖评论等）？

○是　　　　○否

附录 6　“MOOC 学习活动实施效果”调查问卷

亲爱的同学：

感谢您参与本次问卷调查。本次调查是为了了解您参与 MOOC 学习活动的感受。您的意见对本次调查非常重要，请您如实填写您的看法。非常感谢您填答本问卷！

第一部分：基本情况

性别：

专业：

第二部分：调查问卷

请仔细思考以下 17 个表述与自身参与 MOOC 学习活动过程中的实际情况是否相符，并在下边的 5 个选项中选择最相符的程度项。

1. 我认为 MOOC 学习活动非常吸引我的注意力。

A. 完全符合　B. 比较符合　C. 一般符合　D. 比较不符合

E. 完全不符合

2. 我希望对所学的内容有更多的了解。

A. 完全符合　B. 比较符合　C. 一般符合　D. 比较不符合

E. 完全不符合

3. 我认为 MOOC 学习活动的内容设计与我学过的知识有很高的关联性。

A. 完全符合　B. 比较符合　C. 一般符合　D. 比较不符合

E. 完全不符合

4. 我认为 MOOC 学习活动的内容设计与自己的期望和目标相符合。

A. 完全符合　B. 比较符合　C. 一般符合　D. 比较不符合

E. 完全不符合

5. 我认为 MOOC 学习活动的内容设计与自己的日常生活息息相关。

A. 完全符合　B. 比较符合　C. 一般符合　D. 比较不符合

E. 完全不符合

6. 我认为 MOOC 学习活动的难度对我来说正好，不会太难，也不会太简单。

A. 完全符合　B. 比较符合　C. 一般符合　D. 比较不符合

E. 完全不符合

7. 在教师解释后，我很清楚自己将要从 MOOC 学习活动中学到什么。

A. 完全符合　B. 比较符合　C. 一般符合　D. 比较不符合

E. 完全不符合

8. MOOC 学习活动让我受益匪浅。

A. 完全符合　B. 比较符合　C. 一般符合　D. 比较不符合

E. 完全不符合

9. MOOC 学习经历让我感到非常愉快。

A. 完全符合　B. 比较符合　C. 一般符合　D. 比较不符合

E. 完全不符合

10. 我认为教师在 MOOC 学习活动过程中给予了公正的评价。

A. 完全符合　B. 比较符合　C. 一般符合　D. 比较不符合

E. 完全不符合

11. 参与 MOOC 学习活动有助于提高我的网络交流沟通能力。

A. 完全符合　B. 比较符合　C. 一般符合　D. 比较不符合

E. 完全不符合

12. 参与 MOOC 学习活动有助于提高我的团队协作能力。

A. 完全符合　B. 比较符合　C. 一般符合　D. 比较不符合

E. 完全不符合

13. 参与 MOOC 学习活动有助于提高我与他人协作解决复杂问题的能力。

A. 完全符合　B. 比较符合　C. 一般符合　D. 比较不符合

E. 完全不符合

14. 在 MOOC 学习活动过程中，我会经常上网搜索学习资料。

A. 完全符合　B. 比较符合　C. 一般符合　D. 比较不符合

E. 完全不符合

15. 在 MOOC 学习活动过程中，我能够独立地完成老师或同学分配的任务。

A. 完全符合　B. 比较符合　C. 一般符合　D. 比较不符合

E. 完全不符合

16. 通过参与 MOOC 学习活动，我开始经常反思自己做过的事情。

A. 完全符合　B. 比较符合　C. 一般符合　D. 比较不符合

E. 完全不符合

17. 参与 MOOC 学习活动增强了我的创新意识。

A. 完全符合　B. 比较符合　C. 一般符合　D. 比较不符合
E. 完全不符合

第三部分：结　语

对于您花费宝贵时间填完本问卷，我们表示诚挚的感谢！为使本次调查趋于完整和全面，请您再花几分钟时间回答以下问题。

18. 请用一两句话来表达您参与活动的感受。

19. 请为我们提出建议帮助改进活动设计。